本书获云南大学"211 工程"

三期建设项目文艺学学科专项资金资助

理解的真理及其限度

——西方现代诠释学的艺术哲学向度的考察与批判

张震 著

中国社会科学出版社

图书在版编目（CIP）数据

理解的真理及其限度：西方现代诠释学的艺术哲学向度的考察与批判／张震著. —北京：中国社会科学出版社，2010.10

ISBN 978-7-5004-9178-1

Ⅰ.①理… Ⅱ.①张… Ⅲ.①解释学-研究-西方国家 Ⅳ.①B089.2

中国版本图书馆 CIP 数据核字(2010)第 195195 号

责任编辑　关　桐
责任校对　石春梅
封面设计　智　智
技术编辑　王炳图

出版发行　中国社会科学出版社
社　　址　北京鼓楼西大街甲 158 号　　　　邮　编　100720
电　　话　010—84029450（邮购）
网　　址　http：//www.csspw.cn
经　　销　新华书店
印　　刷　北京君升印刷有限公司　　　　装　订　广增装订厂
版　　次　2010 年 10 月第 1 版　　　　　印　次　2010 年 10 月第 1 次印刷
开　　本　880×1230　1/32
印　　张　11　　　　　　　　　　　　　　插　页　2
字　　数　275 千字
定　　价　28.00 元

序

中国素有"宗经"、"释经"的文化传统，并因此形成了中国知识分子对经典进行与时俱进阐释之人文传统。这种传统作为知识分子的生存方式，一定程度上在实践层面已经具有了西方意义上的本体论或存在论的意味——即"阐释经典"就是中国知识分子的存在性质与存在方式并延续至今。而西方自狄尔泰将阐释作为人文社会科学区别于自然科学的研究方法以来，经过海德格尔、伽达默尔的存在论强化，以及哈贝马斯、德里达、利科等的认识论、方法论和价值论的追问，一定程度上已经形成西方现代哲学和文艺学的主导性思潮并对中国理论界产生了广泛的影响。因此，不仅基于中国本身就是一种对经典阐释的文化特性之需要、而且也是出于西方对中国现代人文研究一种影响最大的理论流派之重视，特别是加上中国当代人文社会科学理论建设有一个"如何批判性地阐释西方经典"和"如何创造性阐释传统经典"的现实需要，对西方阐释学理论进行认真的研究、梳理和批判，就是十分重要的工作。

张震在答辩时被评为优秀博士学位论文的《理解的真理及其限度》，所进行的正是这样一种研究工作。这本著作围绕"西方现代阐释学考察"和"西方现代阐释学批判"两个纬度展开，通过作者在本书中所提出的"理解与创造"相结合的阐释学观念，具体体现出将西方现代阐释学理论与批判性地审视其可能存在的问题相结合的可贵努力。我之所以赞赏作者的这种"结合"，是因为仅有对西方现代阐释学的梳理性研究，哪怕这种梳理很下工夫，从"理论"的角度去看也是存在缺陷的。这种缺陷突出体现为研究者不能在充分意识到"理论的主体性"前提下对研究对象保持一种"可审视"的研究立场，因此也就很有可能用学界共认的且自己也不自觉的理论立场为坐标展开梳理，最终就不能使自己的西方理论研究显示独立的品格——这一缺陷，正是国内西方理论研究在研究方法、思维方式和具体结论上大同小异之根源。张震在这本专著中努力避免这样的研究状况，不管这种避免是否真正成功，也先不论作者对西方现代阐释理论的"问题发现"是否深刻与独到，但以"批判性审视西方理论"为终极目的的意识是渗透在本书的字里行间并且建立其论著的基本架构的，我认为是作者在理论必不可少的主体性道路上迈出了重要的一步，在同类研究著作中显示出鲜明而独立的特色。

这并不是说对西方现代阐释学理论进行细致的研究不太重要，而是说只有以建立自己的理论为学术研究的最高目的，一个学者才能对前人和他者的理论进行有真正价值的阐释——即阐释的目的是为了建立自己的理论做准备，阐释的性质是必须弄清思想史上不同的理论家思想上的相异点和相通点，如此才能以有距离的而不是沉湎其中的态度将思想史上各种理论的特征与得失予以清晰的揭示，从而尽量避免以一种既有理论为不自觉的思想依托去对其它理论进行分析研究的状况。在本书中，作者从西方古代对荷马和其他诗人进行解释和考证的理智游戏和中世纪的《圣经》阐释入手，以鲍姆加登、施莱格尔、施莱尔马赫、狄尔泰这些西方近代阐释学的奠基人为基础，以海德格尔、伽达默尔的阐释学的存在论转向为重心，以利科、哈贝马斯、德里达对存在论阐释学的反思和批判为延伸，为我们清晰地勾勒出西方阐释学发展的基本线索以及在这条线索上每个理论家与前人思想的相联系处与相区别处。在对他们的分析和甄别中，你首先看不出作者对哪个理论家的理论更欣赏、更情有独钟，也没有因为某个西方理论家更符合自己的理论口味而占据更多的篇幅，这说明作者在阐释学问题上最后更欣赏的其实是自己将要建立起来的理论和观念，也说明作者对西方各个时期的阐释学思想是一种尽量不带主观好恶的客观分析和评价——这里的客观不是指可以准确地描绘出各种阐释学理论的本真面目和本真含义，而是指对研究对象的长处和短处能有一种出于自己理论建构预期的恰当分析定位，从而多少可以避免将来可能出现的对研究对象因为时代变化而出现的新的阐释之"阐释之不稳定"的情况。如此一来，作者不仅避免了因为海德格尔、伽达默尔在西方阐释学上划时代的贡献而将他们的阐释学分析占据主导性篇幅，给予赫施、阿佩尔、哈贝马斯、德里达同样重要地位的阐释学介绍和评价，而且更重要的是，这种介绍和评价在作者这里是作为对中国影响最大的海德格尔、伽达默尔的哲学解释学的批判和审视而出场的。这里隐含的作者意图是：中国学者如果要建立自己的阐释学观念，不仅应该了解西方现代阐释学家是如何相互批判的，而且应该从他们的相互批判中获得尽管不能代替我们的批判但必须予以重视的批判方法之启发，所以梳理西方现代阐释学的发展，某种意义上就是分析西方现代阐释学理论家如何展开"尊重前人但又必须批判前人"的理论实践的。同时，作者对西方理论家论争关键点的细致而简略的分析还隐含着这样的意图：中国学者如果要展开对西方阐释学的批判性思考，就必须绕开和突破西方理论家之间的批判内容，而不能依附于其中哪怕一个理论家的理论作为自己批判的坐标和武器，即：西人说过的中国学者不能再说一遍，介绍西方理论家之间的批判性对话，正是为了警醒中国学者不能以西人的对话为对话。尤其是，作者还帮助我们分析出伽达默尔之后的理论家不仅是如此这般地批判伽达默尔的，也帮助我们分析出这些理论家为什么要批评伽达默尔的原因，"意义"与"含义"、"经验"与"先验"、"理解"与"批判"、"对话"与"解构"……这些有特定内涵因而不能被混淆的概念，正好揭示出后来理论家们要批判伽达默尔并且建立起自己的理论概念的原因。所以伽达默尔的哲学解释学试图在存在论意义上将这些概念均纳入"传统"或"前理解"之中，并不能就此解决每个理论家所认为的阐释学必须面对的问题——比如认识论问题和文本问题。诚如作者所说："赫施、阿佩尔与哈贝马斯对哲学诠释学的批判的立场主要是认识论的。伽达默尔尽管没有否定诠释学的认识论维度，但他对于诠释学的存在论的层面的强调，使得其哲学诠释学并未在认识论层面上真正的展开。而在德里达的解构理论这里，伽达默尔遭遇到的多方位挑战，则可以归结到文本问题：文本的意义生成和语言运作方式究竟是无限的延异与撒播，还是差异性与同一性的辩证统一？伽达默尔对此的回答主要着眼于理解经验的整体把握，但却缺少对作为被理解物的文本自身的运作方式的详细考察"。如果中国阐释学建设有自己需要解决的问题，狄尔泰、海德格尔、伽达默尔、利科、赫施、阿佩尔、哈贝马斯、德里达等等，他们的理论是否应该成为中国学者既尊重更批判的对象呢？在这样的批判性期待中，上述各理论家的理论局限会以怎样的面目向中国读者敞开呢？

事实上，从《理解的真理及其限度》中，作者提出的"理解与创造"的阐释学观念，一定程度上让我们看到了西方理论家的局限是如何在中国学者眼里开始出现的，或者准确地说，作者是努力让我们看到这样的由中国学者进行批判后的西方理论局限之敞开的。作者认为：西方"现代诠释学极为重视创造的问题。但是，诠释学视野中的创造，实际上是包含在理解的活动之中的创造或再创造´，因而是诠释学的固有的意义内在性的限度之内的创造。在我看来，这种创造的观念因为并未面对作品的世界构形、意义生成与真理发生的问题，因而缺乏存在论上的彻底性。存在论意义上的创造不能被限制在理解的概念的视野之中。就作品存在而言，创造是与理解相并列的基本的艺术经验。因此，诠释学把创造纳入理解概念的内涵之中，与其说是彰显了创造，不如说是遮蔽了创造"。在我看来，张震这种对于西方现代诠释学的局限的见解十分重要，因为"创造"是作为西方宗教精神二元世界的紧张关系而存在的一种文化无意识和元意识而存在的，所以没有一个西方理论家是直接以"创造"来作为他们的哲学、美学和文艺学的本体论命题的。像"上帝"是一种无可把握的存在一样，"创造"也是一种无可把握的灵感性存在或天才性存在。也因此，"创造"这个概念在西方并未形成专门的理论，也未有过理性意义上的方法论之探讨，但这似乎并未影响西方理论家和艺术家的创造性实践。但这种并未影响，却不能成为"创造遮蔽于理解"中是正常的理由。张震认为："理解的存在结构乃是一种先行意义设定的封闭性的循环结构。尽管这种封闭性的循环结构具有其内在的无限性、开放性与未完成性，但是，这种无限是有意义的限度内的无限，开放乃是自循环的界域内的开放，而未完成性则是动态增殖的未完成"，这种增殖并不能回答作者所说的"作品如何从意义之'无'向意义之'有'的突破与生成的问题"；"与此不同，创造的存在结构则是冒险。它具有偶在与异乎寻常的特性。它是连续性的中断与悖论式的聚集。因此，创造就其存在结构而言，恰恰是理解的封闭性与循环性的中断。创造正是理解所不能理解的东西。"张震如此理解"理解"与"创造"的区别，意味着在西方内含"创造"的"理解"，因为"理解"本身受制于伽达默尔意义上的"传统"和"循环"的制约，所以"创造"即便出场也不会发生"理解的断裂"现象，这样就可以把尼采和海德格尔出现，理解为他们分别衔接上古希腊的艺术精神和文化精神——这种原始酒神和筹划精神只不过是被西方理性文化传统遗忘或遮蔽了而已。但如果这样理解海德格尔的"诗性存在"与尼采的"酒神精神"，似乎又低估了两人对西方理性文化的"断裂意义"。所以，如果强调"断裂"对"理解"的突破，就应该引进"创造"，将"创造"与"理解"并列，由此才能弥补伽达默尔过于强调受传统规定的"理解"之不足。我认为注意到西方现代阐释学的如此问题，是张震在本书中所提出的一个重要的"中国现代阐释学何以可能"之问题。因为20世纪中国文化的现代化运动，本身就是在"受制于中国传统文化"和"受制于西方现代文化"之间徘徊的，因而很大程度上没有走出中西方文化思想传统所规定的视域，这样当然也就不可能产生突破两者视域的中国现代人文社会科学的阐释现象，自然就缺乏理论的原创性。

　　这一定程度上意味着，无论是后现代的西方阐释学，还是今天正在建设的中国阐释学与艺术解释学，在尊重伽达默尔哲学解释学的划时代贡献时，在把理解问题上升到存在论和本体论高度时，更需要将"什么样的解释"之问题纳入存在论和本体论的思考之中。如果"什么样的解释"使张震分化出"理解"与"创造"并列的结构，如果"理解"在伽达默尔那里是"理解与前理解的循环结构"，那么"创造"的内在结构是什么，就成为作者需要初步回答的问题。作者认为："创造的存在结构在一定程度上应该具有和理解相反的特征。如果理解的存在是一种循环的结构，那么，创造则是非循环、非连续的。这也就是说，与理解的意义先设相反，创造本身并不事先设定什么，因而也就不存在自我循环的可能"。某种意义上我赞同张震这样的对创造结构的理解，因为这样的理解有助于中国学者深入思考"积累"与"创造"的关系。很多学者的看法是：没有积累怎么可能凭空创造？但都混淆了"积累"有思想性质的依附和观念材料的依附的不同性质。如果是前者，我们就会依附于儒家的"仁"为世界观,而很容易只是对"仁"做与时俱进的阐释,在我看来这就不是创造,传统的理解也没有发生中断;但如果你把儒家的"仁爱"和西方的"公正"都作为观念材料来对待,用自己的思维方式统摄它们产生一个新的独特的概念来完成这种统摄,使"仁爱"和"公正"都不具有对观念性质的决定性,这才涉及"创造",也才能完成传统理解的"中断"。但问题在于:非循环的创造、理解中断的创造与作品的"意义的生成"是怎样的关系?"意义的生成"该怎样规定?是能够解释所有的作品?还是只能解释一部分经典作品?意义生成的"无"和"有"该怎样进行理解才能具有"理解的中断"之性质?艺术是否具有"理解非中断"的但是仍然有"意义的生成"的现象?这些问题,我认为是在本书中展开还不够因而有待于作者进一步思考和研究的问题。如果不能深入这些追问,"创造"与"理解"并列的愿望最后未必不会落空。

我曾经对我的研究生说:我从不要求你们接受我的看法,我更感兴趣你们能提出与学界不一样、与我也不一样、并且有充分论证和推论的观点和思想,那样我认为我才尽到培养你们成为一个独立的学者的责任,但在达到这个目标之前,你们要懂得一些基本的路径与方法,这些路径与方法包括:独特的问题、批判的意识、自己的观念生产。从本书中我已经初步看到了这样的路径与方法,所以具体的观念结论,则是可以容学界进一步讨论的。为此,我为张震这本书终于可以公开接受学界检验而欣慰。

吴　炫

2010 年 8 月 14 日于上海

目　录

导　言

　　本书尝试对西方现代诠释学①的艺术哲学向度加以考察与批判，而贯穿于这一考察与批判的核心问题，则是艺术真理②的问题。

　　何以是"艺术哲学"，而不是"美学"呢？这首先意味着，西方现代诠释学对艺术问题的思考，在总体上不是从"美"的角度而来的思考。诠释学是理解与解释之学。理解与解释，总是意义的理解与解释。因此，诠释学也可以称作意义之学："诠释学的基本功绩在于把一种意义关系从另一个世界转换到自己的世界。"③"它的应用领域包含了所有我们不能直接理解因而需要解释的努

---

　　①　诠释学，即 Hermeneutik（英文为 Hermeneutics）。国内常见的其他译名还有"解释学"、"阐释学"、"释义学"等。本书采用洪汉鼎先生的译法。理由可参看洪先生为《真理与方法》中译本所作的"译后记"。

　　②　本书所讨论的"艺术真理"中的"真理"，对应于德文中的"Wahrheit"或英文中的"truth"，也有译作"真实"。汉语现代思想中的"真理"一词有较强的逻辑化、观念化的意味，"真实"又有偏于"实在"的意思，因而在我看来，"die Wahrheit der Kunst"或"the truth of art"最好用"艺术的真"或"艺术之真"来翻译——尽管"真"在语义上又弱了一些。但一方面，"艺术真理"是一个几近约定俗成的说法，另一方面，本书依据的一些最重要的西文著作的汉译，如海德格尔《路标》中的《真理的本质》、伽达默尔的《真理与方法》等，都采用了"真理"的译法。因此，本书也继续使用"艺术真理"的提法。关于"真"、"真理"的译名的讨论可参见王路先生所著的《"是"与"真"——形而上学的基石》（人民出版社 2003 年版）。关于"艺术真实"问题的研究，可参看陆贵山先生的《艺术真实论》（中国人民大学出版社 1984 年版），朱立元先生、王文英先生的《真的感悟》（上海文艺出版社 1989 年版）等著作。

　　③　伽达默尔：《真理与方法》，洪汉鼎译，上海译文出版社 1999 年版，第 714 页。

力的意义的情境。"① 而艺术恰恰是"'意义'的根据地"②，是"意义的继承、预识与朗显"③。因此，"意义"（而不是"美"）构成了诠释学与艺术之间的基本联结点。当然，我们所说的现代诠释学，指的是作为哲学的诠释学，是作为理解与解释的哲学反思的诠释学哲学，因此，现代诠释学与艺术之间在意义问题上不是艺术诠释学的意义解读的实践关联，而是对意义问题本身加以反思的哲学关联。正是围绕意义问题，现代诠释学对艺术理解与解释的经验、方法，艺术的语言、隐喻与象征，艺术作品的存在方式、意义效果与真理内容，艺术文本④的含义结构与功能类型，艺术的传统关联、效果历史等重要问题进行了深入的思考与探究。相反，传统美学的话题，如艺术体验的审美愉悦、艺术作品的审美价值、作品形式的审美质量等，却很少受到现代诠释学的集中关注。如伽达默尔所说，现代诠释学对艺术问题的哲学思考，实际上是"蓄意把美学的系统问题转换为艺术经验的问题"⑤。也正是在此意义上，我们使用"艺术哲学"，而不用"美学"。

当然，在伽达默尔本人那里，经常使用的仍然是"美学"的概念。他在《真理与方法》一书中写道："美学必须被并入诠释学中。"⑥ 但是，他在这里所表达的意思是："诠释学本身就必须这

---

① Gadamar, *Philosophical Hermeneutics*, Editor's Introduction, Translated and Edited by David E Linge, University of California Press, 1977, Ⅻ. 中译可参见伽达默尔《哲学解释学》，"编者导言"，夏镇平、宋建平译，上海译文出版社 1994 年版，第 1—2 页。

② 徐岱：《解释学诗学与当代批评理论》，《宁波大学学报》（人文科学版），2004 年第 4 期。

③ 汉斯·昆等：《神学与当代文艺思想》，徐菲、刁承俊译，上海三联书店 1995 年版，第 26 页。

④ "文本"，即 Text（英文为 text），也译为"本文"。

⑤ Hans - Georg Gadamer, *Philosophical Hermeneutics*, Translated and Edited by David E. Linge, University of California Press, 1976, p. 97.

⑥ 伽达默尔：《真理与方法》，洪汉鼎译，上海译文出版社 1999 年版，第 215 页。

样宽泛地加以了解，它可以包括整个艺术领域及其问题。"① 这就是说，伽达默尔在此所说的美学，实际上就是对艺术经验的哲学研究。在另一个地方，伽达默尔在指责康德美学导致了美学上的主观主义的倾向时又写道："康德对判断力的某个先天原则的先验反思维护了审美判断的要求，但也从根本上否定了一种在艺术哲学意义上的哲学美学。"② 这表明，伽达默尔所赞赏的"美学"是"一种艺术哲学意义上的哲学美学"，实际上就是"艺术哲学"。如果"美学最终只有作为艺术哲学才可能存在"③，那么，我们直接使用"艺术哲学"就不是不忠实于研究对象的擅自改动了。

那么，为什么我们不直接说"西方现代诠释学艺术哲学"，而要说"西方现代诠释学的艺术哲学向度"呢？这是因为，西方现代诠释学固然包含了大量的艺术问题的哲学探究的内容，但是，它首先仍然是一种哲学，或者说是一种诠释学哲学。一方面，并不存在某种现成的、作为诠释学哲学的明确的一个部门的诠释学艺术哲学。一种"诠释学艺术哲学"还是有待建构的东西，因而仅仅保持为一种可能性，并不具备一种现实性。另一方面，现代诠释学哲学在总体上是一种非体系的哲学。尽管在思想层次上，现代诠释学哲学具备了包括存在论④、认识论与方法论

---

① 伽达默尔：《真理与方法》，洪汉鼎译，上海译文出版社 1999 年版，第 215 页。

② 同上书，第 71 页。

③ 同上书，第 74 页。

④ 存在论，即 Ontology，西方哲学中关于作为在者或是者的最一般规定即在者之在或是者之是的学问，故而译作"存在论"、"是论"。如果强调其作为世界经验之统一性根据或存在预设的含义，也可译作"本体论"。国内哲学界对此及其相关问题的讨论可参看俞宣孟先生的《本体论研究》（上海人民出版社 1999 年版）、王路先生的《是与真——形而上学的基石》（人民出版社 2003 年版）、张志伟先生的《是与在》（中国社会科学出版社 2001 年版）、萧诗美先生的《是的哲学研究》（武汉大学出版社 2003 年版），以及宋继杰先生主编的论文集《BEING 与西方哲学传统》（河北大学出版社 2002 年版）等。国内美学界的讨论可参看朱立元先生、张弘先生、高建平先生等的文章。

的较为完备的哲学层次。但它与其说是一种哲学体系①，不如说是一种哲学经验，是对作为人类生存根基的理解、意义和语言的整体世界经验的思考。在伽达默尔看来，这恰恰是让哲学回复到古希腊时期的生气勃勃的样态，恢复哲学作为思想经验本身的力量与活力："我们可以从希腊人身上学到，哲学思维并非必然要服从以一种最高原理的形式建立起来的体系性的指导思想才能执行解释的功能，相反，哲学思维总是受到某种指导的支配：它在对原始的世界经验继续思考的时候必然要透彻地思考我们生活于其中的语言的概念力和直观力。"② 因此，现代诠释学哲学在形式上常常表现为诸种相关的经验领域的松散联系，或者诸门不同学科领域的知识探究的迂回整合，因而难以进行确切的传统哲学部类的划分。在现代诠释学最成熟的形态即伽达默尔与利科的诠释学构想那里，总是同时展现出语言哲学、历史哲学、艺术哲学等多重的哲学维面。以伽达默尔为例，尽管在其巨著《真理与方法》中，哲学诠释学的探究依次在艺术、历史、语言的领域展开，但是，他既在艺术的领域中考察历史和语言，也在历史和语言的领域中考察艺术，诸领域之间并不是泾渭分明的区划关系。因此，我们在此采用了"向度"一词，是取其"方向"与"维度"的意思。方向，意指现代诠释学以艺术哲学为其内在的思想路向之一，正是其本身展现出的这一路向指引着我们的研究。维度，则表明此路向的揭示端赖研究者的自觉的艺术哲学的视角，只有在此视角之中，现代诠释学的艺术哲学的内蕴才得以彰显与耀现。

　　相对于现代诠释学在艺术哲学向度上所展现出的广阔的思想

────────

　　① 尽管我们在谈到伽达默尔和利科的诠释学哲学思想的时候，也常常使用"诠释学哲学体系"的说法，但是，这只是为了表明其思想经验本身的整体性，以及表明其哲学构造的复杂性，而不是意味着他们建构了某种"体系性"的哲学。此外，哲学的非体系性并不等于思想的非严格性。

　　② 伽达默尔：《真理与方法》，洪汉鼎译，上海译文出版社1999年版，第775页。

视野和问题领域来说，本书进行的研究远未窥及其理论风光的全域。事实上，我们在此也无意进行面面俱到的研究。我们对现代诠释学的艺术哲学向度的考察与批判，是以艺术真理问题为核心线索的考察与批判。这首先是因为，艺术真理问题本身就是西方现代诠释学的核心问题之一。诠释学作为意义的理解与解释之学，本身就关联于意义之"真"与理解之"真"的问题。对作品的意义内容的诠释学探究就已经包含了对此内容的真理性探究。不过，在哲学反思的层面上对艺术真理本身加以思考，则是现代诠释学才开始的事情。现代诠释学哲学的起点是海德格尔所发动的诠释学的"存在论转向"。诠释学的存在论转向，就是从诠释学作为方法论与认识论，向诠释学存在论的转向。事实上，诠释学从方法论、认识论向存在论的转向，同时也是诠释学的真理论的转向，即从认识论真理到存在论真理的转向。这就是说，诠释学在真理论上也越出了认识论的科学真理的范围："在经验所及并且可以追问其合法性的一切地方，去探寻那种超出科学方法论控制范围的对真理的经验。"① 这样，诠释学就与那些处于自然科学之外的真理经验，尤其是艺术的真理经验接近了。当然，海德格尔与伽达默尔的诠释学存在论的探索并不能代表现代诠释学的全部。事实上，近代诠释学所开创的诠释学的方法论与认识论探究的理路，在现代诠释学的其他重要人物那里，得到了相当程度的继承和拓展。因此，现代诠释学的艺术真理问题的探索同样包含了认识论真理的层面。其次，艺术真理问题是西方传统艺术哲学的一个核心问题。从古希腊的柏拉图与亚里士多德开始，西方哲学就致力于从真理角度对艺术问题的思考。在传统哲学的视野中，真理性构成了艺术的存在规定及其合法性的根本来

---

① 伽达默尔：《真理与方法》"导言"，洪汉鼎译，上海译文出版社1999年版，第18页。

源。正如黑格尔所说："只有在它和宗教与哲学处在同一境界，成为认识和表现神圣性、人类的最深刻旨趣以及心灵最深广的真理的一种方式和手段时，艺术才算尽了它的最高职责。"① 因此，探讨艺术真理问题乃是对现代诠释学的艺术哲学向度的考察与批判的应有之义。最后，艺术真理问题是我们自己的时代的难题。艺术在我们的时代还能够表达、揭示或显现真理吗？艺术的存在本身还葆有其真理性吗？无论如何，可以确定的是，艺术在当代处于一种"论证不足"的境况之中。用阿多诺在《美学理论》一书的开篇的话来说："自不待言，今日没有什么与艺术相关的东西是不言而喻的，更非不思而晓的。所有关涉艺术的东西，诸如艺术的内在生命，艺术与社会的关系，甚至艺术的存在权利等等，均已成了问题。"② 艺术真理曾是自明的真理，但是，如今不仅这种自明性丧失了，而且连艺术的存在权利本身都已成了问题。在这样一种境况之中，重新思考艺术真理的内涵，回应艺术状况的挑战，既是一个紧迫而严肃的任务，又带有巨大的困难性。正如伽达默尔所说："当一个新的对真理的要求与传统的形式相对抗时，艺术的合理性这一严肃的老课题就要一再被提出来。"③ 对西方现代诠释学的艺术哲学向度及其艺术真理论的考察与批判，无疑可以给我们提供不少有益的启示与帮助。

---

① 黑格尔：《美学》（第一卷），朱光潜译，商务印书馆 1979 年版，第 10 页。
② 阿多诺：《美学理论》，王柯平译，四川人民出版社 1998 年版，第 1 页。
③ 伽达默尔：《美的现实性》，张志扬等译，三联书店 1991 年版，第 2 页。

第一章　诠释学与艺术

——一个简短的历史回顾

本章的探讨只是整个研究工作的一个开端。在这里，笔者试图对作为西方现代诠释学哲学前史的古代诠释学及近代诠释学①与艺术之间的关系进行简略的梳理，以此为后面的研究工作勾画出一个基本的历史与学术的背景。也就是说，尽管一直到现代诠释学的时期，艺术哲学才真正成为诠释学的一个内在的基本向度，但在此之前，诠释学与艺术也绝不是互不相干的。通过本章的梳理，笔者试图表明，诠释学在自身的发展过程中与作为人类基本文化经验的艺术建立起了复杂的关联——尽管大体上还是一种外在的、对象化的、类比式的关联。

第一节　古代诠释学与艺术

诠释学作为理解与解释的学问在西方有着漫长的历史。正如西方几乎所有的古老学问一样，我们可以把诠释学的源头追溯到古希腊。值得注意的是，诠释学在其源头处就与我们今天作为艺术重要门类的文学发生了联系。狄尔泰在著名的《诠释学的起

---

①　本书中关于诠释学发展的分期参考了洪汉鼎先生在《诠释学——它的历史和当代发展》一书中的观点。见洪汉鼎《诠释学——它的历史和当代发展》，人民出版社 2001 年版，第 30 页。

源》一文中写道:"在古希腊,对诗人的合乎技术的解释是由于
教育的需要而发展起来的。在希腊启蒙时代,凡讲希腊语的地
方,都流行对荷马和其他诗人进行解释和考证的理智游戏。"①
所谓"合乎技术的解释",按照狄尔泰的看法,就是一种按照某
种规则进行的"达到某种可控制的客观性程度"②的解释。如果
我们遵照帕尔默对诠释学的广义说明③,我们就确乎可以把这种
"对荷马和其他诗人进行解释和考证的理智游戏"视为诠释学有
史可稽的最初起点。

　　从现代人的眼光来看,既然诠释学在起源之处就与对荷马等
诗人的作品的解释相关联,似乎就可以认为,诠释学在其根源处
就是与艺术相关的。但是,必须注意的是,这种说法只是对
"现代人"而言才是有效的。这是因为,古希腊人对艺术的看法
与我们大相径庭。塔达基维奇在《西方美学概念史》一书中认
为,古希腊人的"艺术"概念"是表示一种技艺,亦即制作某
个对象……所需的技艺;而且还可表示统领一支军队,丈量一块
土地,打动一批听众所需的技艺"④。朱光潜先生把它概括为:
"凡是可凭专门知识来学会的工作都叫做'艺术'。"⑤而对现代
人来说,当我们提到"艺术"的时候,无论其含义是如何的模

　　① 狄尔泰:《诠释学的起源》,见洪汉鼎主编《理解与解释——诠释学经典文
选》,东方出版社 2001 年版,第 78 页。

　　② 同上书,第 77 页。

　　③ 帕尔默在《解释学》一文中写道:"解释学包含了人类对以任何形式、在
任何时候和地点出现的有关解释问题的全部反思。什么时候产生了解释、理解或辨
认原文的规则和体系,什么时候就有了解释学。" (见《哲学译丛》1985 年第
3 期)。

　　④ 塔达基维奇:《西方美学概念史》,褚朔维译,学苑出版社 1990 年版,第
14 页。

　　⑤ 朱光潜:《西方美学史》,人民文学出版社 1979 年版,第 47 页。

糊与含混①，都是以启蒙运动时期所建立起来的把"美的艺术"概念当作核心的现代艺术体系②为基础和背景来谈论的。因此，对古希腊人来说，与其说作为理解与解释的技艺学的诠释学与艺术相关，不如说诠释学本身就是艺术。与此恰好形成对应的是，在古希腊人那里，诗恰恰不是艺术。尽管荷马史诗这样的伟大诗篇在古希腊的民族生活中充当着安排生活的教科书的巨大作用③，但"他们不仅将诗排除在艺术之外，甚至认为诗是艺术的反题"④。因此，对我们来说是诠释学与作为艺术的诗的关系的问题，在古希腊人那里毋宁是作为艺术的诠释学与诗的关系的问题，这里无疑有一个古代精神与现代精神之间的深刻的错位。

进一步而言，我们或许可以把处于萌芽状态的诠释学与诗人解释的关联看做一种松散的对象化的关联：作为有规则的解释技艺的诠释学与其解释对象之间的关联。但我们同样难以确证这一说法在古希腊人那里的有效性。实际上，按照海德格尔的看法，希腊人——至少是柏拉图与亚里士多德之前的希腊人——是处于这种对象化的思维方式之外的。"希腊人作为存在者的觉知者而存在"，而"由于为存在所要求和规定，存在者之觉知归属于存在"。⑤ 因此，与其说古希腊人以荷马史诗等伟大诗篇为"解释技术"的对象，不如说是荷马史诗这样的伟大文本在其自身中

---

① 参见朱狄先生《当代西方艺术哲学》的第一章第三节对"从现代各种艺术分类体系看艺术概念的模糊性"的论述。见朱狄《当代西方艺术哲学》，人民出版社1994年版，第41—50页。

② 参见塔达基维奇《西方美学概念史》，褚朔维译，学苑出版社1990年版，第22—35页；朱狄《当代西方艺术哲学》，人民出版社1994年版，第28—41页。

③ 柏拉图在《理想国》中谈到，对一般希腊人来说，"荷马是希腊的教育者"。见柏拉图《理想国》，郭斌和、张竹明译，商务印书馆1986年版，第406—407页。

④ 塔达基维奇：《西方美学概念史》，褚朔维译，学苑出版社1990年版，第112页。

⑤ 海德格尔：《林中路》，孙周兴译，上海译文出版社1997年版，第87页。

就表现出一种诠释学要求，它召唤着我们去理解与解释，而且敦促着我们去实行由其所揭示的存在与生活的真理。

当然，从诠释学自身发展的历史的追溯来看，只有逐渐从这样一种非反思的单纯的技艺实践中摆脱出来，并且发展出一种对象化的方法论意识，才可能走上独立的学科发展的道路。在狄尔泰看来，诠释学通过与智者学派的修辞学及亚历山大语文学的结合而迈出了这重要的步伐①。他还进一步指出："关于正确解释程序的方法论意识通过与亚历山大学派内帕加马语文学的对立而得到加强。"② 狄尔泰所说的对立指的是以恢复文本原意为目的的"正确解释"原则与帕加马语文学所引入的"寓意解释"原则的对立。这一对立关系在中世纪基督教的圣经诠释学里演变为圣经诠释学的语文学倾向与神学倾向的既对立又融合的复杂关系。

圣经诠释学在西方诠释学发展史上占有举足轻重的地位。狄尔泰认为："诠释学的最后形成我们应归功于《圣经》的解释。"③ 中世纪圣经诠释学作为延续至今的圣经诠释学的早期形式，同样包含了丰富的内容。洪汉鼎先生指出："中世纪诠释学的主要对象是圣经，这并不表示中世纪对圣经的信仰的狭隘化，而是表示中世纪整个文化，其中包括世俗的和科学的研究，都是在圣经的精神视域之内，因此，圣经的解释就成为中世纪人文知识的试金石。"④ 可以说，《圣经》在中世纪具有百科全书的性质。因而，尽管圣经诠释学致力于《圣经》的解释规则及其系统的建立与反思，但其影响却远远越出了单纯的文本解释与神学

---

① 狄尔泰：《诠释学的起源》，见洪汉鼎主编《理解与解释——诠释学经典文选》，东方出版社2001年版，第78—80页。

② 同上书，第80页。

③ 同上书，第83页。

④ 洪汉鼎：《诠释学——它的历史与当代发展》，人民出版社2001年版，第36页。

思辨的范围，涉及了科学、艺术等诸多方面。

　　就中世纪圣经诠释学与艺术的关系而言，最值得注意的是作为中世纪圣经解释的核心问题的"寓意解释"与艺术之间的关系。克罗齐在《作为表现的科学和一般语言学的美学的历史》一书中写道，在中世纪，"挽救古典和异教的艺术作品的方法是重新出现的寓言的解释"①。正是通过寓意解释的规则，文学与艺术作品作为基督教的信仰真理的寓意手段获得了存在的合法性。实际上，寓意解释的原则还直接地影响到了诗人和艺术家的创作及其自我解释。最著名的例子是中世纪的伟大诗人但丁。他在《给康·格兰德的信》中用寓意解释的四种意义的学说解说《神曲》：《神曲》的意义结构就有如对《圣经》的寓意解释所揭示出来的那样由字面的意义、寓言的意义、精神的意义和秘奥的意义所组成②。正如鲍桑葵所说，寓意解释的基础"是把一切可以感知的形式都从属于整整一系列精神的或伦理的解释体系"③。寓意解释原则的背后所隐含的实际上是一个基督教神学的宇宙论解释体系，宇宙的所有组成部分都在上帝的统一体那里获得相互的关联和解释。上帝是最高的善，是唯一的道德与信仰的真理，但这一真理却不是能够直接达到的，必须通过作为上帝的语言——《圣经》以及作为上帝的"活的光辉"的反映——美的艺术④等中介，并且借助于诠释学的复杂的解释技巧，人们才得以把握神的真理。由此可见，圣经诠释学与艺术之间的关系变得更为复杂了。一方面，艺术作品是作为诠释学技艺的实施的

---

　　① 克罗齐：《作为表现的科学和一般语言学的美学的历史》，王天清译，中国社会科学出版社 1984 年版，第 21 页。

　　② 参见鲍桑葵《美学史》，张今译，商务印书馆 1985 年版，第 207—208 页；也可参见朱光潜《西方美学史》，人民出版社 1979 年版，第 134—135 页。

　　③ 鲍桑葵：《美学史》，张今译，商务印书馆 1985 年版，第 208 页。

　　④ 朱光潜：《西方美学史》，人民出版社 1979 年版，第 130 页。

对象而存在的；另一方面，诠释学以艺术作为对象，与其说是诠释学自身的方法论意识的扩展，不如说是解释者倾听到了通过艺术作品传来的上帝的召唤，从艺术作品那里，解释者获得的不仅是作品的意义，而且是上帝的真理。

第二节　近代诠释学的艺术关联：鲍姆加登、施莱格尔与施莱尔马赫

　　近代诠释学是诠释学发展史上的一个崭新的阶段。在这一阶段，诠释学不仅实现了学科形态意义上的诠释学学科的建立①，而且经历了从特殊诠释学向普遍诠释学、从直接服务于解读实践的技艺学向侧重于哲学反思的系统方法论的重大转型。这一阶段的顶峰无疑是施莱尔马赫。本节将主要论述施莱尔马赫的普遍诠释学与艺术之间的关系。不过，在讨论施莱尔马赫之前，我将首先谈到另外两个同样大名鼎鼎的人物：鲍姆加登与弗·施莱格尔。

　　鲍姆加登以"美学之父"为人所熟知，但他在诠释学的发展上也作出了重要贡献。狄尔泰写道："正是在鲍姆加登这里，第二个伟大的神学的诠释学运动产生了。"② 这里所说的"第二个伟大的神学的诠释学运动"，指的是在启蒙语境中协调理性标准与基督教信仰的理性神学诠释学的兴起，鲍姆加登是这一运动

---

　　①　1654 年，丹恩豪尔出版了《圣经诠释学或圣书文献解释方法》一书。这不仅是"诠释学"作为书名第一次出现，而且标志着学科形态意义上的诠释学学科的初步建立。参见洪汉鼎《诠释学——它的历史与当代发展》，人民出版社 2001 年版，第 43 页以及 R. E. Palmer, *Hermeneutics*: *Interpretation Theory in Schleiermacher*, *Dilthey*, *Heidegger*, *Gadamer*, Northwestern University Press, 1969, pp. 34 – 38.

　　②　洪汉鼎主编：《理解与解释——诠释学经典文选》，东方出版社 2001 年版，第 85 页。

的主要先驱之一①。实际上，诠释学在鲍姆加登那里有着远为深广的运用。他不仅把诠释学作为神学的辅助学科，而且把它纳入到了美学的范域之中。在《美学》中，鲍姆加登谈道，美学不仅是一门理论学科，而且是一门实践学科，因此必然产生种种"专门的应用"，这其中就包含了"阐释学的应用"。② 在鲍姆加登看来，美学是"感性认识的科学"③，与之相应，以诗为代表的美的和自由的艺术则"可以定义为一种有关感性表象的完善表现的科学"④，因此，在美学本身中就蕴含了一种"解释感性表象的技巧"⑤，而这种解释的技巧，就是诠释学。在此，一方面，我们可以看到，鲍姆加登仍然把艺术看做是作为实践技艺学的诠释学所要处理的对象，诠释学与艺术之间仍然是一种对象化的关联；另一方面，我们必须注意到，诠释学在美学范域中的应用使得作为其对象的艺术大大扩展到了文著作品之外，音乐、绘画、雕塑等等所有的美的和自由的艺术都成为诠释学的对象，这无疑是一个巨大的进步。M. 查格在《鲍姆加登美学引论》中对此有所论述："在各种符号的广阔疆域中，美学迈出了决定性的一步，它越过了修辞学与诗学的界限进而去包容其他艺术，比如视觉艺术与音乐。解释学不是仅仅感性地意识到美学家对那种'微妙的和美的'知识的理解，而是需要对这种知识加以解释，这种解释学必须转向各种非语言符号。从'审美判断'优越性

————————

① 参见杨慧林《圣言·人言——神学诠释学》，上海译文出版社 2002 年版，第 40 页。

② 鲍姆加登：《美学》，简明、王旭晓译，文化艺术出版社 1987 年版，第 14 页。

③ 同上书，第 13 页。

④ 同上书，第 170 页。

⑤ 鲍姆加登：《美学基础教程》，转引自 N. 戴维《鲍姆加登的美学：一个后伽达默尔的反思》，《哲学译丛》1990 年第 4 期。

的角度看，鲍姆加登肯定已经预设了解释学的发展。"①

　　与鲍姆加登在诠释学上的贡献常常为人忽视相比，一度是施莱尔马赫的密友的弗·施莱格尔则受到更多的重视。狄尔泰和伽达默尔在各自的著作中都曾提及施莱格尔对施莱尔马赫的巨大影响。韦勒克在他的巨著《近代文学批评史》中甚至认为，施莱格尔"可以称为阐释学的创始人"②。韦勒克的评价无疑不够准确，但我们也可由此看到施莱格尔在诠释学史上的重要位置。就诠释学与艺术之间的关系的问题来看，施莱格尔的贡献在于把诠释学与艺术批评以及艺术史研究前所未有紧密地结合在一起。一方面，施莱格尔的众多诠释学洞见实际上都是作为艺术批评以及艺术史研究的理论反思而出现的；另一方面，施莱格尔有意识地把古老诠释学尤其是语文学诠释学的基本规则应用到了艺术批评与艺术史研究的实践中去。对此，狄尔泰写道："在施莱格尔关于希腊诗歌、歌德和博加丘的卓越著作中指导他的概念，就是作品的内在形式、著作家的思想发展史以及自成章节的文学整体。在这样一种重构了的语文学艺术的个别成就之背后，他提出了一种考证科学，即 ars critica 的设想，这种考证科学应建立于一种文学创造能力之上。这一设想与施莱尔马赫的诠释学与考证学相距甚近。"③ 我们可以发现，在施莱格尔那里，诠释学与艺术之间的关系已经开始突破了单纯的技术与技术对象之间的对象化关联，而在把自身应用于艺术批评与研究的实践之时，诠释学也获得了反思乃至重构自身的某种契机。当然，尽管在施莱格尔那里

---

　　①　M. 查格：《鲍姆加登美学引论》，转引自 N. 戴维《鲍姆加登的美学：一个后伽达默尔的反思》，《哲学译丛》1990 年第 4 期。

　　②　韦勒克：《近代文学批评史》（第二卷），杨自伍译，上海译文出版社 1997 年版，第 8 页。

　　③　狄尔泰：《诠释学的起源》，见洪汉鼎主编《理解与解释——诠释学经典文选》，东方出版社 2001 年版，第 88 页。

已经出现这种迹象，但他的诠释学思考总的来说是零散而不成系统的，他的诸多洞见还必须与一种卓越的哲学能力相结合才能得到系统深入的思考和表述。这些任务是由施莱尔马赫和狄尔泰来承担和完成的。

　　在本节的开始，我们已谈到，施莱尔马赫的诠释学构成了近代诠释学的顶峰。正是在施莱尔马赫这里，诠释学实现了从特殊诠释学向普遍诠释学、从直接服务于解读实践的技艺学向侧重于哲学反思的系统方法论的重大转型。需要说明的是，普遍诠释学的观念并非施莱尔马赫的首创。实际上，从 17 世纪末开始，就出现了种种建立普遍诠释学的设想和努力①。著名的诠释学家埃内斯蒂、克拉登尼乌斯，哲学家迈耶尔、阿斯特，语文学家F. A. 沃尔夫等都可以称作施莱尔马赫的伟大先驱。施莱尔马赫的卓越之处在于，他从康德的先验哲学以及浪漫主义诠释学那里获得了基本的哲学手段与思考动因，"不再在理解所必应用于的流传物的内容统一性里寻求诠释学的统一性，而是摆脱所有内容上的特殊性，在一种甚至不为思想怎样流传的方式所影响的方法统一性中寻求诠释学的统一性"②。也就是说，只有在施莱尔马赫这里才把一种普遍有效的理解的可能性条件的思考与一种系统的方法论反思结合起来，把普遍诠释学建立在一种方法论统一性的基础之上，从而真正完成了普遍诠释学的系统阐述与构造。用伽达默尔的话说，"只有施莱尔马赫才使诠释学作为一门关于理解和解释的一般学说而摆脱了一切教义的偶然因素"③。

　　作为系统方法论的普遍诠释学的建立，对诠释学与艺术之间

---

　　①　参见洪汉鼎《诠释学——它的历史与当代发展》，人民出版社 2001 年版，第 46—68 页。

　　②　伽达默尔:《真理与方法》，洪汉鼎译，上海译文出版社 1999 年版，第 231—232 页。

　　③　同上书，第 718—719 页。

的关系来说，同样有着重大的意义。尽管我们在前文中已经指出，从诠释学的早期发展开始，诠释学与艺术之间就存在着一种对象化的关联，这种关联的范围在鲍姆加登那里进一步从文著作品扩大到其他的非语言艺术之上，但是，这种对象化关联在诠释学自身的反思中却一直是晦暗不明的。在普遍诠释学建立之前，诠释学以其处理内容的特殊性划分为语文学诠释学、圣经诠释学及法学诠释学，因此，诠释学与艺术之间实际存在的对象化关联要么就纳入到语文学诠释学的文献考订和理解的范围之中，要么就表现为一种特殊诠释学规则在艺术领域的挪用。普遍诠释学的建立摆脱了理解内容的特殊性的困扰而把自身构造成一种一般方法论，一切需要理解之物都可以纳入到普遍诠释学的方法论反思的视野之中，由此，艺术作为诠释学对象也就摆脱了此前的缺少理论合法性的尴尬①。此外，施莱尔马赫还把诠释学的方法论的普遍性与"误解"的普遍性结合在一起。他认为，诠释学的严肃的实践"出自这样的一种观点，即误解是自行产生的，并且在每一点上我们都必须追求和寻找更精确的理解"②。也就是说，与过去整个诠释学传统——把理解视为正常情况，把误解视为异常情况，因而诠释学只是一种辅助手段——不同，施莱尔马赫把误解视作一种普遍的现象，而正是这种误解的普遍性使得诠释学不仅是普遍的而且是必要的。从这样的观点出发，艺术不再可能是某种"自明"的不需要解释的东西，而是必须成为诠释学的对象。

---

① 实际上，在普遍诠释学的方法论反思中，诠释学与艺术之间的对象化关联本身也双重化了。一方面，艺术是作为系统方法的诠释学的实践对象；另一方面，艺术诠释的实践本身又成为作为方法的系统反思的普遍诠释学的反思对象。前者正是在后者这里获得了其实践合法性的理论说明。

② 施莱尔马赫：《诠释学讲演》，见洪汉鼎主编《理解与解释——诠释学经典文选》，东方出版社 2001 年版，第 59 页。

　　值得注意的是，在施莱尔马赫这里，诠释学与艺术之间除了一种对象化的关系外，还隐含着另外一层关系——类比关系。众所周知，施莱尔马赫把诠释学称作"理解艺术"①。在他的《诠释学讲演》中，他还一再强调："只有艺术性的理解才能一致地把握文本的话语"②，"解释是艺术"③，"诠释学的整个工作可以看作艺术工作"④。英文版施莱尔马赫《诠释学与批评及其他作品》一书的编译者安德鲁·鲍维认为："施莱尔马赫在两种意义上使用'art'（Kunst）一词，一是在希腊文'techne'意义上的，表示能力、本领；一是在与新美学观念相联系的意义上，这一观念主要与康德有关，认为仅仅依靠特殊表现形式的规则不能被称之为艺术。该词所具有的这样两种相区别的意义对于其全部解释学来说是决定性的。"⑤ 由此可见，施莱尔马赫所说的"理解艺术"中的"艺术"一词不仅仅是古希腊意义上的"技艺"的意思，还有着现代意义上的"美的与自由的艺术"的含义。也就是说，诠释学本身就可以看做是一门艺术，诠释学与艺术之间是一种类比的关系。如果我们进一步结合施莱尔马赫的一些诠释学的基本观念来看，这一点就会更为清楚。施莱尔马赫诠释学与以往的诠释学的一个重大的区别在于，他不再把文本意义内容本身的准确把握作为理解的目的，而是把重构文本作者的思想、个性与意向作为诠释学的任务。由此出发，他区分了语法的解释和心理学的解释。前者关注作为语言关系的文本，后者则把文本

---

　　①　施莱尔马赫：《诠释学讲演》，见洪汉鼎主编《理解与解释——诠释学经典文选》，东方出版社 2001 年版，第 47 页。

　　②　同上书，第 48 页。

　　③　同上书，第 52 页。

　　④　同上书，第 53 页。

　　⑤　转引自金惠敏《后现代性与辩证解释学》，中国社会科学出版社 2002 年版，第 7 页。

看作精神和心理的事实；前者是外在的语言解释，后者是内在的心灵探究。两者同样重要，而且必须在解释的过程中结合起来。但是正如伽达默尔所说，"施莱尔马赫的特殊贡献是心理学解释"，而这种解释的实质就是"一种预感行为，一种把自己置于作者的整个创作冲动中的活动，一种对一部著作撰写的'内在根据'的把握，一种对创造行为的模仿"①。因而，理解与解释的活动实际上就是一种"再创造"，而创造的行为，在浪漫主义的背景中，无疑是一种艺术性的行为。也就是说，"我们试图作为言辞或本文去理解的思想构成物并不能按照它的客观内容去理解，而是要理解为一种审美构成物、艺术作品或艺术性的思想"②。不仅如此，这样一种心理学解释还对理解者提出了更高的要求。要能够对审美构成物或艺术性的思想进行再创造，理解者本身也就必须具备与创造作品的艺术家相当的艺术能力才能做到。理解者的任务是，"要与讲话的作者一样好甚至比他还更好地理解他的话语"③。这里，我们可以更明显的看到，施莱尔马赫在被理解文本的作者和浪漫主义艺术思想中的无意识创造的天才之间进行了类比，而理解者因为是有意识地对天才作品加以再创造，因此也就能做到"甚至比他还更好地理解他的话语"。也就是说，理解者是相对于创造的天才的理解的天才④。对此，伽达默尔指出："显然，施莱尔马赫在这里是把天才说美学应用于他的普遍诠释学。天才艺术家是无意识和必然有意识的再创造这

---

① 伽达默尔：《真理与方法》，洪汉鼎译，上海译文出版社 1999 年版，第 242 页。

② 同上书，第 242—243 页。

③ 施莱尔马赫：《诠释学讲演》，见洪汉鼎主编《理解与解释——诠释学经典文选》，东方出版社 2001 年版，第 61 页。

④ 施莱尔马赫在《诠释学讲演》中明确提出：诠释学艺术的成功进行"依赖于语言天才和认识个人的天才"。见洪汉鼎主编《理解与解释——诠释学经典文选》，东方出版社 2001 年版，第 53 页。

一理论得以建立的模式。"① 确实，通过以上分析我们可以看出，施莱尔马赫对理解活动的描画与浪漫主义天才说对艺术创造活动的描画有着一种同构类比的关系：

理解者（理解的天才）——理解（有意识再创造）——被理解物（艺术性思想）

艺术家（创造的天才）——创造（无意识创造）——艺术作品（艺术性思想）

由此可见，在施莱尔马赫的普遍诠释学这里，诠释学与艺术之间不仅是一种对象化的方法与方法使用的对象之间的关系，而且在基本结构上建立起了一种同构和类比的关系。如果我们进一步分析的话，可以发现，这种类比关系的建立与原来的对象化关联相比较，不仅是关联的方式发生了变化，而且在关联的重心上也发生了转移。我们所说的诠释学与艺术的对象化关联，实际上是作为技艺学的诠释学与作为其技艺实施对象的艺术作品的关联，其关联的重心是在艺术作品及其意义内容。我们所说的诠释学与艺术的类比关系，更多涉及的则是主体的行为方式的类比，也就是作为诠释学方法论主体的理解者与作为艺术创作主体的艺术家之间的类比。因此，就后者而言，正是浪漫主义的天才美学的个性形而上学构成了施莱尔马赫的普遍诠释学及其诠释学与艺术之间的类比关系的观念的哲学基础。不过，由此一来，普遍诠释学及其诠释学与艺术之间的类比关系的观念也就卷入到浪漫主义的个性形而上学的内在的理论冲突之中。这种理论冲突发生在浪漫主义的个性观念与历史意识之间。一方面，浪漫主义的历史意识依赖于个性概念

---

① 伽达默尔：《真理与方法》，洪汉鼎译，上海译文出版社 1999 年版，第 249 页。

的形而上学基础与方法论指南①，另一方面，历史意识的进一步发展必须面对历史的可理解性、统一性、延续性和开放性问题。因此，在历史意识的可理解性、统一性、开放性与个性的绝对独立性及其神秘的审美封闭性之间就形成了尖锐的理论冲突。这一冲突实际上也反映在了施莱尔马赫的普遍诠释学之中。一方面是误解的普遍性与"个体不可理解"的浪漫主义观念，另一方面施莱尔马赫又期望着"完全的理解必须产生"②。实际上，施莱尔马赫最终求助于神学，因为只有在上帝那里绝对的个性与绝对的历史性才是完美统一的。不过，这与其说是解决了问题，不如说是消解了问题。

第三节　狄尔泰诠释学与艺术理解问题

　　无论是在哲学史上还是在诠释学的发展史上，狄尔泰都是一个承前启后的重要人物。就哲学而言，"他身上一方面聚集了正在消逝的世纪的许多哲学倾向，另一方面又蕴涵了新时代哲学的出发点"③。这一说法同样可以应用到狄尔泰在诠释学史的位置上：一方面，狄尔泰继承了施莱尔马赫为代表的近代诠释学的成就，使诠释学的发展在普遍方法论的路向上进一步扩展与推进；另一方面，他把诠释学和为精神科学奠定认识论基础的哲学任务结合起来，明确地把诠释学提高为哲学的一个基本部门，从而成为真正的"诠释学哲学先驱"④，并直接启发了海德格尔与伽达

　　① 参见伽达默尔《真理与方法》，洪汉鼎译，上海译文出版社 1999 年版，第257、261 页。
　　② 施莱尔马赫：《诠释学讲演》，见洪汉鼎主编《理解与解释——诠释学经典文选》，东方出版社 2001 年版，第 65 页。
　　③ 洪汉鼎：《诠释学——它的历史与当代发展》，人民出版社 2001 年版，第 97 页。
　　④ 同上书，第 12 页。

默尔的诠释学思考和现代转向。

狄尔泰毕生的哲学事业是为"各种以社会实在和历史实在为研究主题的学科"——各种"精神科学"①——奠定认识论与方法论的基础。他认为,各种自然科学通过康德的"纯粹理性批判"的伟大工作已经获得了其知识内容的普遍有效性及其学科构造的合法性的可靠证明,而在诸门精神科学这里该任务却尚付阙如。因此,仿效康德的"纯粹理性批判"为自然科学作了认识论的奠基性工作,必须以"历史理性批判"来为诸门精神科学奠定认识论的基础。此外,狄尔泰对精神科学的认识论奠基是与精神科学的系统方法论的探索联系在一起的。这不仅是因为,从理论上说,精神科学的认识论奠基必然带来方法论的后果,而且方法论的关联将是诸门精神科学之间的重要纽带,更重要的在于,在狄尔泰看来,实证主义思潮影响下带来的对自然科学方法的滥用已经到了危及精神科学存在的合法性的地步②,因此,他的"首要任务就是证明:精神科学方法论必然不同于自然科学方法论"③。

正是在为诸门精神科学寻找认识论与方法论基础的艰难探索中,狄尔泰逐渐认识到了诠释学的哲学内涵和重要性。不过,对狄尔泰来说,这是一个漫长的过程。事实上,狄尔泰试图以之为精神科学奠定认识论与方法论基础并投入了几乎毕生心血的,不是诠释学,而是心理学。当然,狄尔泰的心理学不是当时颇为流行的实验心理学与说明心理学,而是一种"描述与分析的心理学"。这种心理学强调的是对个体"内在感受"或者说内在的

---

① 狄尔泰:《精神科学引论》(第一卷),童奇志、王海鸥译,中国城市出版社 2002 年版,第 15 页。

② 同上书,第 174—181 页。

③ 鲁道夫·马克瑞尔:《狄尔泰传——精神科学的哲学家》,李超杰译,商务印书馆 2003 年版,第 32 页。

"生命关联"的整体的结构性把握，而描述和分析则是其主要的
方法。狄尔泰认为，描述与分析的心理学所把握到的心理单元及
其内在关联是原初的简单生命事实，构成了个体之外的文化体系
与社会外在组织的最终基础，因此，描述与分析的心理学就为一
切精神科学知识提供了认识论上的普遍有效性的基本依据，而既
然所有的社会与历史实在都只能依据此种关联才能得到解释，那
么这种心理学的成果也就构成了精神科学进一步发展的基础。①
但是，在进一步的研究中，狄尔泰发现，这种从个体内在的心理
关联向个体外的社会历史现象的扩展遇到了一个难以解决的困
难：个体外的社会历史及其意义关联恰恰是超越了个体心理关联
的东西，我们如何为这种超出个体内在心理关联的东西从心理学
上提供认识论的说明呢？通过对这一难题的思考，狄尔泰将诠释
学引入到精神科学的认识论与方法论的奠基之中。

　　值得注意的是，虽然在狄尔泰的后期思想中，诠释学的思
考占据越来越大的比重，但是，狄尔泰并没有放弃以心理学作
为精神科学的认识论基础的信念，诠释学与心理学之间是一种
互补的关系。② 因此，狄尔泰的诠释学实际上是一种心理学的
诠释学。③ 这尤其体现在狄尔泰对体验、理解与表达的关系问
题的思考上。

　　体验，无疑是狄尔泰哲学的最核心的范畴之一——或许还是
最有影响的范畴之一，按照伽达默尔的说法，"正是狄尔泰首先

---

　　① 参见谢地坤《走向精神科学之路——狄尔泰哲学思想研究》，江苏人民出版
社 2003 年版，第 23—44 页；李超杰《理解生命——狄尔泰哲学引论》，中央编译出
版社 1994 年版，第 73—85 页。
　　② 参见倪梁康《自识与反思——近现代西方哲学的基本问题》，商务印书馆
2002 年版，第 328—329 页。
　　③ 李超杰：《理解生命——狄尔泰哲学引论》，中央编译出版社 1994 年版，
第 73 页。

赋予这个词以一种概念性的功能，从而使得这个词不久发展成为一个受人喜爱的时兴词"①。狄尔泰在不同时期对这一概念作出过不太一致甚至差异颇大的许多规定。大体上来说，在狄尔泰的前期哲学这里，"体验"基本上是与"内在经验"、"内在知觉"等同义②，指的是一种内在自明的心理关联的把握。在后期哲学这里，则更强调一种内部经验与外部经验的结合与沟通，强调一种打破了主客二元对立的所与的直接性："对体验的意识是具有内容的意识……体验不是摆在这种体验的人面前的一个对象。对我来说，体验的存在与呈现给我的东西是无法区分开的。"③ 不过，不论是在前期还是后期，对狄尔泰来说，体验都是原初性的生命单元和心理范畴，"它是直接以生命为基础建立起来的"④。因此，以心理学为精神科学的认识论与方法论基础，实际上也就是以体验为出发点的认识论与方法论奠基。但是，正如我们在上文已经提过的那样，狄尔泰在这里遇到了如何从个体生命体验向根本不为个体所体验的社会历史关联过渡的难题。他认识到，"虽然体验为我们提供了具有很多细节的生命的实在，但我们似乎只知道一个特殊的物，这就是我们自己的生命。在我们自己的生命中，包含着关于某种独特之物的知识，任何逻辑的帮助都不能克服这一局限。这植根于我们的生命得以体验的方式之中。只有理解可以克服个人体验的局限性，同时又赋予个人生命知识的

---

① 伽达默尔：《真理与方法》，洪汉鼎译，上海译文出版社1999年版，第79页。

② 谢地坤：《走向精神科学之路——狄尔泰哲学思想研究》，江苏人民出版社2003年版，第61页。

③ 狄尔泰：《精神科学的结构》，见李超杰《理解生命——狄尔泰哲学引论》"附录"，中央编译出版社1994年版，第191页。

④ 狄尔泰：《历史中的意义》，艾彦、逸飞译，中国城市出版社2002年版，第5页。

特征"①。也就是说，体验必须依赖于理解才能克服自我封闭的局限性，将个体体验的狭隘性引向整体和一般，把体验的主观内涵转化为生命知识。这是因为，在狄尔泰看来，理解总是个体与个体之间的相互理解，而相互理解就能够使我们获得多个个体所共同具有的东西。理解的共同性还可以进一步扩大至民族、国家乃至整个人类上去，因而也就"拓宽了个人生命的地平线"②。当然，这并不意味着狄尔泰放弃了体验作为精神科学的出发点的地位，实际上，理解本身也以体验为前提，理解就是一种"再体验"。狄尔泰认为，理解的最高方式就是一种"移入"、"转换"，"在这种方式中，精神生命的整体参与到理解之中。这种方式就是模仿和重新体验"③。问题在于，尽管经过理解的补充，体验的范围拓展到了个体之外的共同体，但是，这种拓宽岂不仍然是主观性范围内的拓宽吗？事实上，如果仅仅将体验与理解连接在一起，而且仅仅将理解视作是体验的延伸或变形，就并不能真正完成从个体生命体验向根本不为个体所体验的社会历史关联过渡的任务。因此，随着思考的深入，尤其是将诠释学引入到一般认识论的哲学思考之中，狄尔泰开始强调"表达"的绝对中介的作用。所谓"表达"，在狄尔泰的语境中，可以理解为"生命表现"、"生命客观化"或者"精神客观化"。从这些表述我们可以发现，表达同样是建立在生命体验的基础之上的。表达总是有所表达，而表达所表达的实际上就是生命的体验。不过，表达并不是体验的附加物，而是体验的内在需要。体验的自我封闭性不仅限制了体验的广度，而且限制了体验的深度。"因为有意识

①　狄尔泰：《精神科学的结构》，见李超杰《理解生命——狄尔泰哲学引论》"附录"，中央编译出版社 1994 年版，第 192 页。

②　同上。

③　狄尔泰：《对他人及其生命表现的理解》，见洪汉鼎主编《理解与解释——诠释学经典文选》，东方出版社 2001 年版，第 103 页。

的生命所具有的这个狭小的领域，就像一个岛屿那样从我无法接近的那些内心深处浮现出来。但是，表达可以把某些东西从这内心深处提升出来；表达具有创造性。"① 也就是说，表达作为生命体验内容的客观化，并不是死板的再现，而是创造性地区分、整理和充实，表达成了体验自我超越的基本的途径。不过，表达还并不就是认识，毋宁说，它仅仅在体验的基础上提供了另一个出发点。不仅如此，表达所具有的外在性反而成了人们获得真正的生命知识的某种障碍。因此，正如体验需要表达的外化一样，表达也需要理解的转化。在《诠释学的起源》一文中，狄尔泰写道："我们把这种我们由外在感官所给予的符号而去认识内在思想的过程称之为理解。"② 也就是说，理解就是我们通过表达的中介去认识体验的过程。我们可以看到，理解在这里仍然是与体验相关的，但不再是直接与体验结合在一起，而是必须经过表达作为中介环节。实际上，在狄尔泰后期思想中，表达的中介地位几乎具有决定性的意义。他写道："理解始终以生命的客观化为其主题。"③ 在笔者看来，这里所说的"主题"，有三层含义：① 理解以表达为直接对象。这意味着，理解在这里不再仅仅是一个心理学的术语，而且是一个诠释学的术语，它与一种"合乎技术的理解"即解释的方法论相关联。② 表达构成了理解的基础，表达作为生命的客观化使得客观化的理解成为可能。这意味着，理解不仅关乎形式和内容的准确性，而且关乎有关理解内容的普遍有效性和客观性问题。③ 对表达的理解意味着生命客

---

① 狄尔泰：《历史中的意义》，艾彦、逸飞译，中国城市出版社 2002 年版，第72 页。

② 狄尔泰：《诠释学的起源》，见洪汉鼎主编《理解与解释——诠释学经典文选》，东方出版社 2001 年版，第 76 页。

③ 狄尔泰：《精神科学的结构》，见李超杰《理解生命——狄尔泰哲学引论》"附录"，中央编译出版社 1994 年版，第 199 页。

观化的最终实现。这意味着，理解与解释及其成果已成为确立精神科学的认识论基础的核心。正是在这些意义的基础上，狄尔泰才说："与体验的主观性相对，理解的整体揭示生命的客观化。生命的客观化的实现，即生命在多种结构性系统中的外在化的实现，成了精神科学的另一个基础。"① 这"另一个基础"，实际上就是诠释学。当然，如我们反复强调的那样，这并不意味着心理学及体验概念不再是精神科学的认识论基础了。狄尔泰对此有很好的总结："只要人们体验人类的各种状态、对他们的体验加以表达，并且对这些表达进行理解，人类就会变成精神科学的主题。"② 因此，"精神科学的发展既取决于体验不断深化的过程，也取决于使这些科学的内容日益显露出来的趋势；同时，它还取决于理解过程在精神的所有各种客观化方面的扩展，取决于日益完善的、从方法论角度进行的、把心理内容从那些对于生活的不同表达之中抽取出来的过程"③。

　　以上对狄尔泰对体验、理解与表达的关系问题的思考作了一个概要的论述。我们可以发现，正是在把体验、理解与表达之间的关系思考为精神科学的核心问题时，诠释学作为精神科学的一般方法论以及认识论基础的意义才得到了彰显。因此，这一论述为我们进一步考察狄尔泰对诠释学与艺术之间的关系的看法提供了理论的铺垫。

　　首先需要指出的是，就狄尔泰继承了施莱尔马赫的作为系统方法论的普遍诠释学的基本构想以及大部分主张而言，他对诠释学与艺术之间的关系的理解大致上没有超出施莱尔马赫的范围。

---

① 狄尔泰：《精神科学的结构》，见李超杰《理解生命——狄尔泰哲学引论》"附录"，中央编译出版社1994年版，第197页。

② 狄尔泰：《历史中的意义》，艾彦、逸飞译，中国城市出版社2002年版，第8页。

③ 同上书，第10页。

与施莱尔马赫相似，狄尔泰也主要把诠释学看作一种方法论，只不过更明确地与精神科学联系了起来。他谈道："理解和解释是各门精神科学所普遍使用的方法。在这种方法中汇集了各种功能，包含了所有精神科学的真理。"① 艺术，在狄尔泰的精神科学体系中，属于作为次级理论的文化体系。既然诠释学是各门精神科学的普遍方法论，那么对艺术的研究也不例外。这表明，在狄尔泰这里，诠释学与艺术之间首先仍是一种方法论及其实践对象的关系。此外，就狄尔泰把理解规定为一种"重新体验"而言，他仍然继续了施莱尔马赫那里的把理解活动与艺术的主体行为方式加以类比的做法。狄尔泰写道，"理解本身是一个与作用过程本身相反的活动"，"重新体验是沿着事件的路线的创造"。② 这种思路与施莱尔马赫所说的作为"再创造"的理解如出一辙。这也进一步表明，狄尔泰基本上是在施莱尔马赫的普遍诠释学的框架的基点上来看待诠释学与艺术之间的关系问题的。

问题的复杂之处在于，尽管狄尔泰基本上接受了施莱尔马赫所提供的诠释学构想并以之为基点来思考艺术问题，但是，由于他所试图解决的任务本身无论在哲学的广度还是深度上都远远超出了施莱尔马赫，因而，他的思考却又常常表现为对施莱尔马赫原有构想的突破。这样一种复杂的情形尤其表现在后期狄尔泰对艺术作品理解问题的思考上。

在后期的一份重要文稿中，狄尔泰尝试对理解本身进行分类③。他认为，可以把理解区分为基本形式与高级形式。理解

---

① 狄尔泰：《对他人及其生命表现的理解》，见洪汉鼎主编《理解与解释——诠释学经典文选》，东方出版社2001年版，第93页。

② 同上书，第103页。

③ 同上书，第96—102页。

的基本形式，就是"对一个单一的生命表现的解释"①。这种
理解的过程建立在表达与被表达之物之间的一种有规则的恒常
联系或者说类比推理的逻辑关系之上。因此，理解的基本形式
实际上是一种具有牢固的确定性的简单理解，它不需要追溯到
最初的生命关联。理解的高级形式，则是建立在理解的基本形
式的基础之上的一种更复杂的理解。狄尔泰写道："在理解的
基本形式中已经埋下了向高级形式过渡的种子。一个特定的生
命表现和理解者之间的内在距离越大，越容易产生不确定性。
我们试图克服这些不确定性……向理解的高级形式的过渡就产
生了。"② 也就是说，高级形式的理解发端于理解的意义不确定
性的问题。为了达到意义理解的确定性，就必须从个别的生命
表现上升到生命关系的总体。狄尔泰认为，这类似于一种归纳
推理。因此，理解的高级形式的特征就是："从表现出发，通
过一种归纳推理，理解一种整体关系。"③ 在狄尔泰看来，艺术
作品的理解就属于这样一种高级形式的理解。不仅如此，艺术
作品的理解还表现为高级形式的理解之中的一种最为卓越的形
式。当狄尔泰在讨论理解的高级形式作为一种从个别生命表现
到生命关系总体归纳推理的过程的时候，他写道："进行这种
推理的先决条件是关于精神生命及其与生活环境和外部环境的
关系的知识。因为给定的生命表现数量有限，基本关系又不确
定，所以，对这种推理的结果只能要求一种或然性。"④ 也就是
说，理解的高级形式尽管目的是为了达到意义的确定性，但由于
人类知识本身的不完善性，其推理的结果仍是不确定的。因此，

---

① 狄尔泰:《对他人及其生命表现的理解》，见洪汉鼎主编《理解与解释——
诠释学经典文选》，东方出版社 2001 年版，第 96 页。
② 同上书，第 99 页。
③ 同上书，第 101 页。
④ 同上书，第 100 页。

在理解的高级形式中，意义理解将是一个无限的任务。但是，狄尔泰接下来又谈到，对伟大的艺术作品的理解则可以帮助我们克服这一缺陷。他举例说："一出戏剧在上演。不仅无文学修养的观众完全置身于情节中，根本不会想到剧本作者，而且，有文学修养的人也可能受其中所发生的事件的吸引。于是，他的理解指向决定命运转变的情节关系、人物性格和各要素之间的相互影响。的确，只有在这种情况下，他才能享受所描述的生活片断的完整现实。只有这时，一个理解和重新经历的过程才会完全地在他身上实现出来。"① 正是在这里，我们发现了狄尔泰与施莱尔马赫的一个重大的差异。尽管狄尔泰仍然把艺术作品的理解视为一个"重新经历"或者说重新体验的过程，但是，这里的重新体验和经历的已不再是施莱尔马赫所强调的对艺术家的创造心理过程及其个性、意向和思想的重构，而是指向作品本身所展示出来的生命关系及其结构，在这一过程中，"根本不会想到剧本作者"。

　这无疑是一个重大的转变。它表明，在晚期狄尔泰这里，尽管诠释学与艺术之间还是一种对象化和类比的关系，但是，这关系的重心却重新又转移到了艺术作品及其意义内容上来。不仅如此，我们还可进一步发现新的东西。实际上，在狄尔泰看来，艺术作品的理解之所以有区别于其他的高级形式的理解的特权，其根源在于艺术作品的存在方式的独特性。在我们提到的这篇文稿中，狄尔泰对理解的分类是建立在对表达——在狄尔泰的体验、理解与表达的核心范畴的划分中，艺术作品无疑属于表达的范畴——的分类的基础之上的。他认为，艺术作品属于表达的最高等级——"体验表达"。他写道："在产生体

---

　　① 　狄尔泰：《对他人及其生命表现的理解》，见洪汉鼎主编《理解与解释——诠释学经典文选》，东方出版社 2001 年版，第 100—101 页。

验表达的生命和这种表达所促成的理解间有一种特殊的关系，因为表达所能包含的精神关系比任何一个反省所能觉察的精神关系更多。"① 体验表达区别于其他表达方式之处就在于其包含的精神关系和生命关联的丰富性。但是，正因为其丰富性，也带来了其意义的不确定性——就像生命本身的意义的丰富与复杂一样，所以，"体验表达和它所表达的精神性关系只是可以非常近似地被看做理解的基础"②。也就是说，体验表达的可理解性的真正根基存在于该表达的体验内容与生命整体关联的关系之中，而表达与其直接内容的关系则只是一个"近似"的基础。由此带来的一个重大后果在于，"体验表达不属于真或假的判断，而属于非真实性和真实性的判断，因为装假、说谎和欺骗在这里都突破了表达与被表达的精神性东西间的关系"③。这里所说的"真或假"，指的是逻辑上的真与假，而"非真实性与真实性"则是指心灵的真实与非真实，或者说是生命本质显现的真实性与非真实性的问题④——对狄尔泰来说实际上就是生命哲学意义上的真理与非真理的问题。这句话的意思也就是说，体验表达并不涉及逻辑正误问题⑤，而只涉及生命本质的真实显现与否的问题，装假、说谎和欺骗都是生命本质的非真实显现。但是，作为体验表达之一的伟大艺术作品则超越了这一真实与非真实的问题。在狄尔泰看来，一般的体验表达之所以不能回避真实与否，

---

① 狄尔泰：《对他人及其生命表现的理解》，见洪汉鼎主编《理解与解释——诠释学经典文选》，东方出版社 2001 年版，第 95 页。

② 同上。

③ 同上。

④ 参见谢地坤《走向精神科学之路——狄尔泰哲学思想研究》，江苏人民出版社 2003 年版，第 73 页。

⑤ 在同一文稿中，狄尔泰写道，"我们必须关注那些逻辑公式的表达无法理解的问题"。见洪汉鼎主编《理解与解释——诠释学经典文选》，东方出版社 2001 年版，第 102 页。

在于它们都处于日常生活的利益影响之下。一般的体验表达直接与表达者的利益相连，因而，为了利益，表达者常常会有意欺骗。但是，伟大的艺术作品则不同。"由于在伟大的艺术作品中，一种精神性东西脱离了其创作者——诗人、艺术家和作家，于是，我们进入了这样一个领域：在这里欺骗停止了。没有任何真正伟大的艺术作品可以根据在此起支配作用而后还要进一步展开的关系，来声称用一个陌生的思想内容蒙骗了它的作者，甚至根本不表明关于作者的任何东西。"① 在这里，狄尔泰并非简单地重复艺术审美的"非功利性"的传统，他实际上是在艺术作品的存在方式的层面上来谈论这一问题的。艺术作品的存在是一种自立的存在，它摆脱了它的创作者。这种摆脱不仅是形式上的自立，而且也是内容上的自立，它本身就构成了一个活生生的生命整体。狄尔泰写道："作品本身是真实的、稳定的、可见的和持续的，所以，对它的艺术上有效的和确定的理解将成为可能。于是，在知识与行为的边缘处，产生了这样一个领域：在这个领域中，生命似乎在一个观察、反省和理论所无法进入的深处袒露自身。"② 艺术作品使得生命的本质得以显现，在"深处袒露自身"，因而，艺术作品的存在本身就是一个真理性的存在，它"本身是真实的、稳定的、可见的和持续的"，也正是这种真理性存在使得"对它的艺术上有效的和确定的理解将成为可能"。

必须承认，上一段落中后面部分的解释超出了狄尔泰的原文所说的。但是，正是经由海德格尔与伽达默尔的存在论转向之后的现代诠释学哲学的角度，我们或许才能更清楚看到狄尔泰是在

---

① 狄尔泰:《对他人及其生命表现的理解》，见洪汉鼎主编《理解与解释——诠释学经典文选》，东方出版社 2001 年版，第 95 页。

② 同上。

何种意义上成为现代诠释学哲学的先驱。不仅如此，狄尔泰在同一文稿中论述也可以支持我们的解释的合理性。在谈到艺术作品的理解——"重新体验"——所指向的不是创作者的心理状态，而是作品本身所展示出来的生命关系及其结构之后，狄尔泰还探讨了"这种重新体验对于我们对精神世界之把握的重大作用"①。他认为，就日常个体而言，其特有的生命历程在自身形成了一种稳固的规定。在这种规定中，存在于他生命中的诸多可能性受到了极大的限制。现在，对艺术作品的理解"为他打开了一个更为广阔的可能性的范围，而这些可能性在他的现实生命中是不存在的"②。因此，狄尔泰谈到，受生命现实束缚和决定的人可以"通过艺术进入自由"③。如果我们在生命本质的真实显现或海德格尔的"去蔽"、"让……自由"的意义上考虑真理的话，那么，狄尔泰在这里确乎谈论的就是通过艺术理解向我们展露的真理。

　　实际上，正是在真理问题上暴露了狄尔泰哲学的内在矛盾，即精神科学认识论思考与生命哲学倾向的矛盾。一方面，如前文所述，狄尔泰在艺术作品的理解之中把握到了生命本质呈现的真理。关于生命，狄尔泰曾经说过："生命是什么，都体现在经验中。我们可以体验生命，但生命对我们来说仍然是个谜。"④ 也就是说，生命自我呈现的真理是一种经验性的、流动的、开放的真理。另一方面，狄尔泰的精神科学认识论思考又深受他竭力限制其范围的自然科学和实证主义模式的影响。伽达默尔谈道，对狄尔泰来说"精神科学作为科学就应当具有像自然科学一样的

---

①　狄尔泰：《对他人及其生命表现的理解》，见洪汉鼎主编《理解与解释——诠释学经典文选》，东方出版社 2001 年版，第 104 页。

②　同上。

③　同上书，第 105 页。

④　转引自费迪南·费尔曼《生命哲学》，李健鸣译，华夏出版社 2000 年版，第 105 页。

客观性"①。因此，狄尔泰所追求的精神科学的真理在很大程度上又是一种如自然科学一样有着认识论客观性与实证可靠性的真理。② 不仅如此，伽达默尔还指出，这种自然科学模式的真理观念最终在狄尔泰那里还是占有主导地位。这一点也可以从上文讨论过的狄尔泰对艺术理解问题的思考中得到证明。在狄尔泰看来，艺术作品理解的卓越之处并不在于其开放性与丰富性，反而在于其绝对的可确定性。我们可以发现，这一说法实际上与后文中所说的艺术作品理解使得生命可能性的敞开是矛盾的。我们还可从上文引用过的另一句话中看出同样的矛盾。狄尔泰写道："作品本身是真实的、稳定的、可见的和持续的，所以，对它的艺术上有效的和确定的理解将成为可能。于是，在知识与行为的边缘处，产生了这样一个领域：在这个领域中，生命似乎在一个观察、反省和理论所无法进入的深处袒露自身。"③ 无论是艺术作品存在方式的独特性也好，还是艺术作品存在的生命哲学意义上的真理性也好，都成了"对它的艺术上有效的和确定的理解将成为可能"的条件。这进一步表明，自然科学模式真理观主导了狄尔泰对艺术及其真理问题的思考。实际上，这种真理观还直接影响到狄尔泰对诠释学本身的看法。自然科学模式的真理观是一种认识论和方法论确定性意义上的真理，它相信通过适当的方法就可以达到客观可靠的真理。因此，狄尔泰对诠释学的看法始终没有真正越出方法论诠释学的范域，因而它对诠释学与艺术之间的关系的理解在总体上也并未真正超出施莱尔马赫的视野。正因为这一视野的限制，狄尔泰在讨论了"通过艺术进入自由"

---

　　① 伽达默尔：《真理与方法》，洪汉鼎译，上海译文出版社 1999 年版，第309 页。

　　② 同上书，第 308 页。

　　③ 狄尔泰：《对他人及其生命表现的理解》，见洪汉鼎主编《理解与解释——诠释学经典文选》，东方出版社 2001 年版，第 95 页。

之后，接下来又写道："理解建立在一种特殊的个人的创造性之上，在对他人和过去的模仿和重新体验中这一点表现得多么清楚！但是，因为作为历史科学的基础，理解是一个重要的和持续的任务，所以，个人的创造性就变成了一种与历史意识共同发展的技术。……这种技术是文献学的基础，而关于这一门技术的科学就是诠释学。"① 由此可见，尽管狄尔泰"由于事物本身的逼迫"②，而被导向了去克服他所继承的诠释学的方法主义观念，但最终他还是回到这一观念上来。

---

① 　狄尔泰：《对他人及其生命表现的理解》，见洪汉鼎主编《理解与解释——诠释学经典文选》，东方出版社 2001 年版，第 105 页。

② 　伽达默尔：《真理与方法》，洪汉鼎译，上海译文出版社 1999 年版，第 671 页。

第二章　理解的真理:哲学诠释学的艺术哲学之维

通过上一章对作为西方现代诠释学哲学前史的古代诠释学及近代诠释学与艺术之间的关系的简略梳理，我们可以看到，诠释学在自身的发展过程中与艺术建立起了复杂的关联。这种关联是一种对象化的、类比的关联，因而也是一种外在的关联。所谓的"外在"，指的是就诠释学本身来说并不包括对艺术问题的探讨，或者说，艺术本身并不构成一个诠释学的问题，因而，两者之间的关系是一种非内在相关的、"外在"的关系。只有到了现代诠释学的阶段，诠释学与艺术之间才建立起内在的关联。从现代诠释学作为一种哲学理论的角度来看，可以说，艺术哲学构成了现代诠释学哲学的一个内在的基本向度。这一点尤其表现在作为现代诠释学的经典形态的伽达默尔的哲学诠释学之中。也正是在伽达默尔的哲学诠释学之中，艺术真理问题凸显为现代诠释学艺术哲学向度的核心问题。

第一节　诠释学的存在论转向

西方现代诠释学以一次根本性的转折为起点和标志。这一转折被称为"诠释学的存在论转向"。所谓"诠释学的存在论转向"，就是诠释学从方法论、认识论向存在论的转向。可以发现，这一转向实际上是在哲学层次上的转向。用利科的话说:

"他们的贡献因此不能看做是狄尔泰工作的单纯延伸，而是应该认为，他们企图在认识论研究活动的底层深掘，以揭示其本体论的条件。"① 也就是说，"转向"之所以为"转向"，就在于诠释学的发展不再是在施莱尔马赫与狄尔泰所开辟的诠释学方法论与认识论的路向上推进，而是把诠释学与存在论层面上的探究结合起来，在存在论的视域中重新为诠释学定位，进而把诠释学的问题看做是存在论的问题。这无疑是诠释学发展史上的又一次巨大的转变，以致利科称之为诠释学的"第二次哥白尼式的巨变"②。

诠释学的存在论转向的发动者是海德格尔，而在他所开辟的路向上继续推进并建立起完整的存在论诠释学的哲学体系的则是伽达默尔。本节将围绕存在论转向这一线索对海德格尔的诠释学思想加以讨论。在此之前，首先需要说明的是，海德格尔作为开一代风气的哲学大师对现代诠释学哲学的影响极其深远。用波兰学者希米克的话说，"海德格尔对当代释义学的影响简直难以估量"③。但是，要全面讨论海德格尔对现代诠释学的影响并非本书的任务。因此，我们把讨论限制在海德格尔对诠释学存在论转向的发动这一问题上。

大致而言，海德格尔对诠释学存在论转向的直接发动主要表现在两个方面。其一是他对"诠释学"这一术语的独特理解和使用；其二则是他对作为诠释学的中心概念的"理解"与"解释"的存在结构及其存在论意义的探讨。事实上，这两个方面是紧密联系在一起的。

---

① 利科：《诠释学的任务》，见洪汉鼎主编《理解与解释——诠释学经典文选》，东方出版社 2001 年版，第 421 页。

② 同上。

③ M. J. 希米克：《马克思主义和释义学传统》，《哲学译丛》1990 年第 2 期。

海德格尔对"诠释学"这一术语的使用上最为明显的独特之处是他在诠释学和现象学之间建立起了本质上的关联。早在1919 年的一次名为《哲学观念与世界观问题》的讲座中，海德格尔就谈道："作为对体验的体验、对生命的理解，现象学的直观乃是解释学的直观。"① 可以发现，海德格尔在这里对诠释学一词的理解，还带有浓厚的狄尔泰的色彩。不过，这里也已经反映出了海德格尔的独特的现象学路向，即现象学的思想方法必须奠基于诠释学的原初经验之上。这一路向在 1927 年出版的巨著《存在与时间》中表现得更为明显与成熟，而且摆脱了狄尔泰的生命诠释学的影响的痕迹。

众所周知，在《存在与时间》中，海德格尔把"存在的意义"问题作为自己探究的主题。在他看来，对存在意义问题的澄清是使得任何存在论研究成为可能的条件。因此，他把这一探究称作"基础存在论"的探究。如何来着手这一探究呢？存在始终是存在者的存在。因而，关于存在的意义问题，必须通过对一种与存在有着根本关联的存在者的研究才能着手和进入。这种与存在有着根本关联的存在者就是"此在"。因为，唯有此在才能向存在发问，这表明，此在在发问之前就已经与存在本身有所交涉有所领会（Verstehen，即诠释学中的"理解"一词），而该交涉与领会本身就是由存在所规定的，此在不得不关涉存在。海德格尔把此在所不得不关涉的存在称作"生存"。他认为："其他一切存在论所源出的基础存在论必须在对此在的生存论分析中来寻找。"② 不过，这里只解决了存在意义问题探究的着手点问

---

① 海德格尔：《形式显现的现象学：海德格尔早期弗莱堡文选》，孙周兴编译，同济大学出版社 2004 年版，第 19 页。

② 海德格尔：《存在与时间》，陈嘉映、王庆节译，三联书店 1999 年版，第 16 页。

题，还没有解决进行此探究的方法问题。在海德格尔看来，现象学就是进行探究的方法。通过对现象学一词的两个组成部分"现象"和"逻各斯"所意指的东西的描述，海德格尔认为，现象学就是"让人从显现的东西本身那里如它从其本身所显现的那样来看它"①。但是，海德格尔指出，这样一种界定只是一种形式上的界定。要真正理解现象学，必须进一步追问现象学那"要人来看"的东西究竟是什么。海德格尔认为，之所以需要这样一种"让人从显现的东西本身那里如它从其本身所显现的那样来看它"的现象学，就是因为那个"要人来看"的东西首先与通常是被遮蔽着的。"它首先与通常恰恰不显现，同首先与通常显现着的东西相对，它隐藏不露；但同时它又从本质上包含在首先与通常显现着的东西中，其情况是：它构成这些东西的意义与根据。"② 在海德格尔看来，这个隐藏不露的东西，就是存在者的存在。因此，现象学在内容上的规定就是存在论，"存在论只有作为现象学才是可能的"③。值得注意的是，正是在这里，现象学与诠释学之间的本质关联被建立起来了。现象学是存在论以存在者之存在为把握的课题，而存在者之存在实际上也就是存在者的存在意义与根据，因此，海德格尔所说的现象学就不再是胡塞尔意义上的纯粹意识直观的现象学，而是存在者的存在意义的理解与解释的现象学。但是，意义理解与解释的问题实际上一直就是诠释学的问题。因此，在海德格尔的基础存在论探究中，现象学与诠释学是一体的。结合前面所说的以此在为基础存在论探究的着手点的观点，我们也就可以理解海德格尔所说的话了。

---

① 海德格尔：《存在与时间》，陈嘉映、王庆节译，三联书店 1999 年版，第 41 页。
② 同上书，第 41—42 页。
③ 同上书，第 42 页。

他说，"此在的现象学就是诠释学"①。

　　既然此在的现象学就是诠释学，而此在的现象学作为此在的生存论分析的工作，本身就构成了探究存在意义问题的基础存在论，那么，我们也可以说此在的诠释学也就是基础存在论。问题在于，这里的"诠释学"究竟是一个什么层次上的概念呢？我们会看到，这一问题在海德格尔那里是——甚至有意是——模糊不清的。对海德格尔来说，现象学与诠释学是一体的。也许我们可以通过他对现象学的层次规定来讨论这一问题。海德格尔明确地指出，"'现象学'这个词本来意味着一个方法概念"②。那么，我们也可以说，诠释学也是一个方法概念。但是，海德格尔又提道，"就课题而论，现象学是存在者的存在的科学，即存在论"③。这表明，现象学并不仅仅只有形式方法上的规定，同样有课题内容上的规定。它就是存在论。实际上，海德格尔还进一步指出："存在论与现象学不是两门不同的哲学学科，并列于其他属于哲学的学科。这两个名称从对象与处理方式两个方面描述哲学本身。"④ 无论我们是否赞成海德格尔对哲学的看法，但我们可以由此确定的是，现象学既是一种方法，也可以从方法的角度指涉存在论本身。那么，这样一种规定是否适用于诠释学呢？海德格尔似乎并未明确表明这一点。我们只能大致上推断这一点应该是成立的。或者我们可以赞成这样一种模糊的说法："释义学在海德格尔那里并不是一种狭义的方法论，而是显示在者之在的本体论的方法论，从在者之在或此在的存在只有通过它来揭示这一点来看，也可以直接把它看作就是海德格尔那种广义上的原

---

① 海德格尔：《存在与时间》，陈嘉映、王庆节译，三联书店 1999 年版，第 44 页。
② 同上书，第 32 页。
③ 同上书，第 44 页。
④ 同上书，第 45 页。

初的本体论。"① 无论如何，在海德格尔这里，诠释学与存在论
问题的关联是其首要的关联，这已经是与近代诠释学的一个巨大
的区别。②

但是，我们也应该看到，诠释学这种与存在论问题的首要关
联本身——用海德格尔的方式来说——在存在论上是还未得以澄
清的。只有作为诠释学的中心概念的"理解"（Verstehen，领
会）与"解释"的存在结构及其存在论意义得到了深入的探讨，
前者才具有哲学上的合法性。

上文中我们已经谈到，海德格尔认为，存在意义问题的探究
需要以此在为着手点，因为此在总是处于与存在有所关涉有所领
会（理解）的处境之中。这里已经暗示着，此在与理解在本质
上是相关联的。到《存在与时间》的第五章，海德格尔进一步
明确指出，理解本身就是此在的基本存在方式。在海德格尔看
来，此在总是筹划着的此在。此在作为在它的存在之中与其存在
本身发生交涉的存在，其存在的关键全在于怎样去存在（是）。
这"怎样去存在"不是说预先已经设定好了某种去存在的路线，
不是某种现成的存在，而是说去种种可能性中去存在。可能性是
筹划出来的。所以，此在就是能在，就是筹划的存在。海德格尔
认为，理解即是筹划。"领会于它本身就具有我们称之为筹划的
生存论结构。领会把此在之在向着此在的为何之故加以筹划，正
如把此在之在向着那个使此在的当下世界成为世界的意蕴加以筹

① 张汝伦：《意义的探究——当代西方释义学》，辽宁人民出版社1986年版，第141页。
② 海德格尔在《存在与时间》中还区分出四重意义上的诠释学。他基本上把诠释学看做"解释工作"本身。而在派生的意义上，他也肯定了作为精神科学方法论的诠释学。限于篇幅，本书对此不作讨论。参见海德格尔《存在与时间》，陈嘉映、王庆节译，三联书店1999年版，第44页。

划。"① 也就是说，存在之理解就是存在之筹划，就是此在的存在可能性的展开，就是此在之此。正是在此意义上，理解本身就是此在的存在方式。

不过，仅仅把理解规定为筹划还不是其充分的规定。海德格尔认为，理解不仅是筹划，而且是"被抛的筹划"。所谓"被抛的筹划"，就是"此在作为被抛的此在被抛入筹划活动的存在方式中"②。这里有两层意思。首先，此在是被抛的此在。海德格尔认为，此在的存在不仅在理解中展开，而且在"现身"中展开。"我们将在现身与领会中看到组建此在去是它的'此'的两种同等源始的方式。"③ 因此，理解总是现身的理解，现身总是理解的现身。何谓现身呢？现身，即"现身情态"，意指此在总是处于一种"有情绪"的存在状态之中。哪怕是"没情绪"也是一种情绪，此在总是有情绪的在。因此，现身情态恰恰以最直观的方式在存在论的层次上揭示出此在的一种基本的存在状况：它存在而且不得不存在。海德格尔把这种"它在且不得不在"称作此在的"被抛境况"④。不仅如此，海德格尔还指出，被抛即是"在世"，"在世"构成了被抛在内容上的含义。按照海德格尔的分析，在世之世的结构是一种意蕴关联的整体，因此，被抛在世也就意味着此在存在总是已指引联络于作为意蕴关联整体的世界之中。进一步来说，"被抛的筹划"也就意味着筹划总是被抛在世的筹划。这也就是说，筹划作为此在存在可能性的筹划不是为所欲为的筹划，此在"向来已经陷入某些可能性"⑤，此

①　海德格尔：《存在与时间》，陈嘉映、王庆节译，三联书店 1999 年版，第 169 页。
②　同上。
③　同上书，第 155 页。
④　同上书，第 157 页。
⑤　同上书，第 168 页。

在的筹划是在此在在世所展开的意蕴关联中的筹划，此在在筹划之先就已经被抛入这一世界境况中了，被抛在世是筹划的基础与根据。但是，"被抛的筹划"还有第二层意思。它不仅意味着此在不得不存在，而且意味着此在不得不以筹划的方式存在，此在总已被抛入到筹划这已存在方式中。"只要此在存在，它就筹划着。此在总已经——而且只要它存在着就还要——从可能性来领会自身。"① 也就是说，此在不可能不筹划，筹划并不是此在可以选择或抛弃的某种可有可无的行为，此在的存在就是筹划本身。这又意味着，作为筹划的理解，并不把它向之筹划的东西，即此在存在的可能性，作为某种固化了的专题来把握。后者作为一种主观意向的行为，已经取消了所领会、筹划之事的可能性质。领会着的被抛的筹划是把可能性本身作为筹划之物，让可能性本身作为可能性来存在。用海德格尔的话说："领会作为筹划是这样一种存在方式——在这种方式中此在恰恰就是它的种种可能性之为可能性。"②

　　"被抛的筹划"作为理解的存在结构，还表现在作为理解的成形活动的解释之中。海德格尔认为，理解的筹划活动本身就具有使自身成形的可能性，这种理解使自身成形的活动就是解释。从这一意义上说，理解与解释是统一的。海德格尔认为，解释具有"某某东西作为某某东西"的结构，正是这一结构造就着被理解的存在可能性的明确性。但是，有如理解的被抛的筹划的结构一样，解释作为结构本身还有一个理解的"前结构"。也就是说，必须有先行的理解和"作为"，解释才能够是理解的成形并表现出作为的结构。"必须先有可能被道出的东西，道出才是可

---

　　① 　海德格尔：《存在与时间》，陈嘉映、王庆节译，三联书店 1999 年版，第169 页。

　　② 　同上。

能的。"① 那么，理解的前结构又是如何构成的呢？海德格尔认为，理解的前结构由"先行具有"、"先行视见"和"先行掌握"构成的。先行具有指要有所理解和解释总是奠基于先已有所理解和把握的因缘整体和存在者特有的存在建构；先行视见指理解与解释总是从一定的先行被引导的着眼点来进行理解和解释；先行掌握则指理解和解释之前已经从先行具有与先行视见而标示和预设了某种概念方式。因此，"把某某东西作为某某东西加以解释，这在本质上是通过先行具有、先行视见与先行掌握来起作用的。解释从来不是对先行给定的东西所作的无前提的把握"②。用通俗的话说，也就是任何解释之初都必然有某种先入之见，它作为随着解释就已经设定了的东西是先行给定的，也是无法摆脱的。海德格尔举例说："准确的经典注疏可以拿来当作解释的一种特殊具体化，它固然喜欢援引'有典可稽'的东西，然而最先的'有典可稽'的东西，原不过是解释者的不言而喻、无可争议的先入之见。"③ 在这里，我们可以发现一种循环。解释是理解的成形，但这种理解本身却又依赖于作为先行具有、先行视见、先行掌握的前理解。在海德格尔看来，这种循环是不可避免的。与其说这种循环是一种逻辑错误，不如说正是这种循环正确描述出了理解与解释的存在结构。因此，"决定性的事情不是从循环中脱身，而是依照正确的方式进入这种循环"④。实际上，我们由此回过头来看"被抛的筹划"，也同样是一种循环与勾连的结构。筹划总是被抛在世的筹划，而被抛也总是被抛入筹划的在世方式之中。

----

　　① 海德格尔：《存在与时间》，陈嘉映、王庆节译，三联书店 1999 年版，第174 页。
　　② 同上书，第 176 页。
　　③ 同上。
　　④ 同上书，第 179 页。

这种被抛与筹划、理解与解释和前理解之间的循环与勾连的结构是否也需要得到存在论上的澄清呢？海德格尔认为，要完成这一任务，只有根据时间状态上的存在解释才能达到。在海德格尔看来，时间构成了对存在的一切理解与解释的基本视野，作为此在生存论环节的理解与解释本身也必须从时间性上得到根本的阐释。通过对"先行到死"中显露的此在的本真能在的整体性的说明，海德格尔认为，此在源始的生存论结构根据就是时间性本身，其结构是"曾在的将来从自身放出当前"①。也可以说，此在就是时间性，此在作为时间性本身就是一个"曾在"、"将来"与"当前"相互勾连循环的结构。因此，被抛与筹划、理解与解释和前理解之间的结构必须以此在时间性结构自身的勾连循环为根据才能得以最终阐明。海德格尔认为，被抛总是被抛在世，被抛的存在建构是"已经在……中"，因而，被抛与时间三维之中的曾在相对应。同样，筹划作为存在可能的筹划是指向将来的，因为只有将来才能使此在作为能在而存在，因此，筹划的结构是"先行于自身"的结构，在时间的三维中与将来相对应。而作为被抛的筹划的日常平均样态的沉沦无论是其"闲言"、"好奇"，还是"两可"的样态，都是把自身延留于当前化的现成事物，因而，沉沦与时间的三维中的当前相对应。因此，被抛的筹划既意味着曾在的将来，也在日常平均状态上意味着此曾在的将来的当前化。可以看到，被抛的筹划的时间结构就是此在的时间结构。因而，正是后者构成了前者的存在论依据。不仅如此，作为被抛的现身、作为筹划的理解，以及作为两者的流俗状态的沉沦本身又有着整体的时间结构。以理解为例，在理解的存在结构中，理解的前结构与曾在相对应，理解与作为理解之成形

---

① 海德格尔：《存在与时间》，陈嘉映、王庆节译，三联书店 1999 年版，第372 页。

的解释与将来相对应，而作为理解与解释的衍生样式的命题则与当前相对应。正如海德格尔所总结的那样："领会首要地奠基于将来（先行与期备）。现身情态首要地在曾在状态（重演与遗忘）中到时。沉沦在时间性上首要地植根于当前（当前化与当下即是）。然而领会也是向来'曾在'的当前；现身情态也作为'当前化的'将来到时；当前也从一种曾在的将来'发源'和'跳开'，并且由曾在的将来所保持。在这里就可以看到：时间性在每一种绽出样式中都整体地到时，即生存、实际性与沉沦的结构整体的整体性，也就是说，操心之结构的统一，奠基于时间性当下完整到时的绽出统一性。"① 因此，不仅仅理解作为现身的理解即被抛的筹划必须从时间状态上来阐释，理解的存在结构本身就是时间性。在时间性的维度上，理解作为此在的存在方式得到了最终的阐明。

综上所述，海德格尔不仅以他独特的理解和使用方式把"诠释学"直接与存在论关联在一起，而且对理解的存在结构及其作为此在存在方式的存在论意义进行了深入的探讨。从以下的论述我们可以看到，尤其是后者，构成了诠释学存在论转向的真正起点。正如伽达默尔在《真理与方法》的"第二版序言"中所说："我认为海德格尔对人类此在的时间性分析已经令人信服地表明：理解不属于主体的行为方式，而是此在本身的存在方式。本书中的'诠释学'概念正是在这个意义上使用的。它标志着此在的根本运动性，这种运动性构成此在的有限性和历史性，因而也包括此在的全部世界经验。既不是随心所欲，也不是片面夸大，而是事情的本性使得理解运动成为无所不包和无所不在。"②

① 海德格尔：《存在与时间》，陈嘉映、王庆节译，三联书店1999年版，第398页。
② 伽达默尔：《真理与方法》"第2版序言"，洪汉鼎译，上海译文出版社1999年版，第6页。

第二节　哲学诠释学的基本内容

伽达默尔无疑是现代诠释学哲学最具代表性的人物。作为海德格尔的学生，伽达默尔把自己的"哲学诠释学"理解为海德格尔所发动的诠释学的存在论转向的推进与发展。不过，海德格尔的思想并非伽达默尔哲学诠释学的唯一资源。对伽达默尔来说，柏拉图的对话艺术、亚里士多德的实践智慧、黑格尔的辩证法以及精神哲学、施莱尔马赫以来的近代诠释学传统、狄尔泰的精神科学诠释学、胡塞尔的现象学等等，都构成了其哲学诠释学的思想资源。因此，伽达默尔的哲学诠释学本身有着极为丰富的内容与复杂的意蕴。本节旨在对伽达默尔的哲学诠释学的基本内容加以简要的介绍。这样的介绍必然带有对伽达默尔思想的简化的痕迹。这似乎是难以避免的。如果下面的论述能大致勾勒出哲学诠释学的理论内核的基本轮廓，我们的任务也就达到了。

一　前见、权威与传统

海德格尔对理解的存在结构及其作为此在存在方式的存在论意义的深入探讨构成了伽达默尔诠释学思考的出发点。尤其是海德格尔对理解的前结构的揭示，可以推演出重要的诠释学后果。如前所述，海德格尔所说的理解的前结构是由"先行具有"、"先行视见"和"先行掌握"构成的。伽达默尔的任务就在于进一步在诠释学上对此加以充实化与具体化。这一任务演化成伽达默尔对理解与解释的"隶属性"的强调。不过，需要指出的是，这只是伽达默尔诠释学的一个方面。在另一方面，正如海德格尔所说："解释领会到它的首要的、不断的和最终的任务始终是不让向来就有的先行具有、先行视见与先行掌握以偶发奇想和流俗之见的方式出现，它的任务始终是从事情本身出来清理先行具有、先行视见与先行掌握，从而保障课题的科学性。"① 理解与解释还面临着从事情本身出发对理解的前结构进行清理的任务，这是一种"批判性"的任务。我们将会看到，在伽达默尔的诠释学哲学思想中，既有隶属性的维度，也有对此隶属性进行清理的批判性的维度。这两个维度之间的关联及其紧张关系构成了伽达默尔哲学诠释学的一条核心线索。

伽达默尔把海德格尔所说的理解的前结构统称为"前见"。他认为，海德格尔的分析已经表明，无前见的理解是不可能的。前见并不仅仅是理解的障碍，相反也是理解得以可能的根本前提。因此，问题并不在于期望人可以做到一种无前见的理解，而是以前见为理解的积极可能性，并把前见带入理解与解释活动之中去经受由事情本身而来的不断更新的意义筹划运动的检验。只有这样，才能区分出"合理的前见"与"不合理的前见"。需要注意的是，这样的观点带有强烈的挑战意味。因为，一种无前见的理解恰恰是启蒙运动以来大多数西方近代思想家所渴望达到的理想。因此，伽达默尔认为，对前见在理解与解释活动中的积极性的认可，实际上构成了对启蒙运动以来的西方近代思想的批判。

在伽达默尔看来，启蒙思想对无前见的理解的坚持，本身就是一种前见，而且是一种不合理的前见。这尤其表现在启蒙思想抽象地把作为启蒙的终极标准的"理性"与作为前见的来源之一的"权威"绝对对立起来的观点上。伽达默尔认为，权威尽管也可能成为阻碍理解的偏见的来源，但也有可能是一种真理的源泉。与启蒙思想家把权威与"盲目的服从"关联起来相反，伽达默尔认为，权威与服从并无直接关系，而是基于某种承认与

---

　　① 海德格尔：《存在与时间》，陈嘉映、王庆节译，三联书店1999年版，第179页。

认可的行动，即"承认和认可他人在判断和见解方面超出自己，因而他的判断优先"①。与此相关，"权威不是现成被给予的，而是我们去争取和必须去争取的"②。前一方面表明，权威是一种理性的行为，因为只有理性才能觉察到自己的局限性，并承认别人能有更好的见解。后一方面表明，权威基于承认权威者的一种自由的接受和认可行为。因此，伽达默尔写道："权威的真正基础也是一种自由和理性的行动。"③ 在后文中我们可以看到，这是伽达默尔哲学诠释学思想引起最多争议的观点之一。

　　与对权威的正名相关联，伽达默尔进一步为作为主要权威形式的传统正名。伽达默尔认为，传统同样不是与理性与自由对立的。相反，"传统常常是自由和历史本身的一个要素"④。正如伽达默尔对权威概念加以重新阐释一样，他也重新对传统概念加以规定。在他看来，传统并不是某种固化的实体，而是处于不断的流动变迁状态之中。传统是"活的传统"。而传统之所以处于流变之中，正是由于人的参与，或者说，人不得不参与。因此，"甚至最真实最坚固的传统也并不因为以前存在的东西就自然而然地实现自身，而是需要肯定、掌握和培养。传统按其本质就是保存，尽管在历史的一切变迁中它一直是积极活动的"⑤。事实上，在伽达默尔这里，传统可以视为此在的时间性或者说历史性生存本质的具体化。也就是说，传统本身就具有时间性与历史性的结构，传统的流变实际上就是过去与现在的中介，而人作为一种历史性存在也总是处于某种传统之中。因此，人与传统的关系

　　① 伽达默尔：《真理与方法》，洪汉鼎译，上海译文出版社 1999 年版，第 358页。
　　② 同上。
　　③ 同上书，第 359 页。
　　④ 同上书，第 361 页。
　　⑤ 同上。

不是一种对象化的主客体关系，而是具有海德格尔所说的"在世"一样的"在……之中"的结构，是一种存在关系。正是在传统这里，前见与权威获得了存在论意义上的合法性。也正是在此意义上，伽达默尔谈道，传统的要素"构成精神科学的真正本质及其鲜明的特征"①。

二　时间距离、效果历史与视域融合

伽达默尔对前见、权威与传统的正名，突出了理解的历史隶属性问题。也就是说，理解总是以前见为条件的、为某种权威所引导的，因而总是隶属于某种历史文化传统的理解。但是，在伽达默尔看来，这并非是对理解行为的完整描述。事实上，理解自身总是面临着一种批判性的区分合理的前见与不合理的前见、真正的权威与虚假的权威的任务。理解是如何完成这一任务的呢？在伽达默尔看来，对这一批判性任务的考察，把一种"在以往的诠释学中完全处于边缘地带的东西"②　突出出来了。这就是"时间距离"。

伽达默尔把时间距离称作"在以往的诠释学中完全处于边缘地带的东西"，实际上是针对施莱尔马赫为代表的浪漫主义诠释学而言的。在后者那里，理解意味着对作者意向内容的重新体验和复制，因此，理解者与被理解物的时间距离仅仅是一种构成理解的障碍因而需要克服的消极的东西。但在伽达默尔看来，这种观点忽视了时间距离的重要诠释学意义。他以我们对当代艺术的判断为例来说明这一点。由于我们在理解当代艺术作品之时受制于过多的前见与影响，比如媒体的宣传、流行的风尚等等，所

---

① 伽达默尔：《真理与方法》，洪汉鼎译，上海译文出版社 1999 年版，第363页。

② 同上书，第379页。

以我们常常难以正确把握当代艺术作品的真实内容与意义。只有在经历过我们所说的"时间的考验"或者说"时间的过滤"之后，这些作品的真正本性才得以显露。时间距离遏制了对被理解物的利益关联与特殊偏爱等等妨碍理解的前见，从而使理解物的真正意义从混杂状态中被过滤出来。因此，伽达默尔写道，"时间距离才能使诠释学的真正批判性问题得以解决"①。

　　时间距离所解决的理解的批判性任务并不与理解的历史隶属性相对立，而是以后者为基础。时间距离的批判性运作并不意味着彻底驱除作为理解的存在论前提的理解前结构。它所进行的仅仅是对合理前见与不合理前见、真正权威与虚假权威的区分。不仅如此，时间距离的诠释学批判功能还表现在新的促成理解的前见的产生之上。时间距离的过滤过程并没有一种封闭的界限，而是在一种不断运动和扩展的过程中被把握的。这意味着，每一时代的不同理解者都是按照他们时代的自己的方式来理解作为被理解物的历史流传物。在伽达默尔看来，这恰恰意味着新的理解源泉的不断产生，意味着被理解物的新的意义关系的展现。这是因为，被理解物作为一种历史流传物也是一种历史性存在，因此，被理解物的真实意义并不完全依赖于其最初的作者与读者，而是同时由理解者的历史处境，因而也是由整个客观的历史进程所规定的。时间距离的作用就在于把被理解物从最初的作者与读者的偶然性那里解放出来，置身于更为广阔的历史处境之中。由此可见，时间距离的批判性理解任务的执行与理解的历史隶属性处于一种紧张的关系之中，一方面，批判性理解是对理解隶属性内容本身进行清理，另一方面，时间距离的批判性理解任务的执行又构成了理解的历史隶属性的真正实现。这种紧张关系构成了伽达

---

① 伽达默尔：《真理与方法》，洪汉鼎译，上海译文出版社 1999 年版，第 383 页。

默尔所说的"理解的历史性"的完整内容。

正是在这里，我们达到了伽达默尔哲学诠释学的核心概念——"效果历史"。所谓效果历史，就是同为历史性存在的理解者与被理解物处身于其中的交互影响的历史。用伽达默尔的话说："真正的历史对象根本就不是对象，而是自己与他者的统一体，或一种关系，在这种关系中同时存在着历史的实在以及历史理解的实在。一种名副其实的诠释学必须在理解本身中显示历史的实在性。因此我就把所需要的这样一种东西称之为'效果历史'。"① 由此可见，效果历史的关键之处就在于把被理解之物理解为一种自我与他者的统一体，理解为一种历史实在与历史理解的实在的关系整体。在伽达默尔看来，诠释学的真正位置就处于这种自我与他者、历史实在与历史理解的实在的关联之中。所以，"理解按其本性是一种效果历史事件"②。这里所用的"事件"一词值得注意。这表明，与其说效果历史是一种意识，不如说是一种存在。在一切理解中，不管我们是否明确意识到，效果历史的影响总是在起作用。不过，这反过来也表明，诠释学的反思必须把效果历史承认为理解的一个普遍原则。因此，效果历史意识本身也就构成了理解过程本身的一个要素。"效果历史意识在一个如此彻底的意义上是终究的，以致我们在自己的整个命运中所获得的存在在本质上也超越了这种存在对其自身的认识。"③

在伽达默尔这里，效果历史的这种自我与他者、历史实在与历史理解的实在的统一关系还可以用"视域融合"的概念来说

---

① 伽达默尔：《真理与方法》，洪汉鼎译，上海译文出版社 1999 年版，第 384—385 页。

② 同上书，第 385 页。

③ 伽达默尔：《真理与方法》"第 2 版序言"，洪汉鼎译，上海译文出版社 1999 年版，第 11 页。

明。视域就是看视的区域，它意味着从某个立足点出发所能看到的一切。在理解过程中，理解者的视域与被理解物的视域交融在一起。不过，这并不意味着，理解者的视域与被理解物的视域起先各自独立存在，在理解中两者才产生接触。事实上，无论是理解者的视域还是被理解物的视域，都是在理解过程中才得以形成的。因此，"正如没有一种我们误认为有的历史视域一样，也根本没有一种自为的现在视域。理解其实总是这样一些被误认为独自存在的视域的融合过程"①。当然，这同样不意味着理解者的视域与被理解物的视域是无差别的。理解本身经验着自我与他者视域之间的紧张关系，而理解的批判性任务就在于把这种紧张关系有意识地暴露出来。不过，在伽达默尔看来，这仅仅是理解过程中的一个阶段，理解的最终任务还是在于把这样的彼此区别的视域结合起来。这种结合并不是某个视域对另一视域的吞并，而是两者向一个更高的普遍性的共同提升。视域这一概念的优越性在于，它本身就包含着一种扩展与提升的含义。因此，"在理解过程中产生一种真正的视域融合，这种视域融合随着历史视域的筹划而同时消除了这视域。我们把这种融合的被控制的过程称之为效果历史意识的任务"②。

三　理解、解释与应用

在伽达默尔看来，效果历史概念的提出的一个重大价值在于重新发现了被浪漫主义诠释学所遗忘的作为诠释学基本问题的"应用"问题。

前文已经谈到，诠释学在以施莱尔马赫为代表的浪漫主义诠

---

① 伽达默尔：《真理与方法》，洪汉鼎译，上海译文出版社 1999 年版，第 393 页。

② 同上书，第 394 页。

释学那里实现了从特殊诠释学到一般诠释学的转向。我们并未提到的是，这种方法论的统一性的建立的一个契机在于施莱尔马赫认识到了理解与解释的同一性。施莱尔马赫认为，"解释与理解的区别只是像外在的讲话与内在的讲话的区别一样"[1]。也就是说，解释并不是一种理解之后的附属行为，而是理解的外在表现形式，两者在实质上是同一的。正是这样一种认识提供了在方法论上把特殊诠释学统一起来的契机。因为，既然理解与解释是同一的，那么，各种特殊文本的解释方法实际上都是理解的普遍方法论的不同表现形式而已。伽达默尔高度评价了施莱尔马赫的这一观点。不过，在他看来，理解与解释在方法论上的同一性的发现却是以遗忘诠释学的应用问题为代价的。应用所涉及的是理解的意义内容的问题。因此，只有重新把应用作为诠释学问题的基本要素纳入诠释学的哲学思考当中，才能克服施莱尔马赫的方法论诠释学仅在形式层面寻找诠释学的普遍性的弊端。

在伽达默尔看来，理解行为的效果历史原则揭示了应用在诠释学中的重要位置。何谓"应用"？伽达默尔所说的应用，并不是我们经常所理解的把某种理论或规则应用到实践中去。毋宁说，应用在这里是一个诠释学的概念。伽达默尔写道："应用决不是把我们自身首先理解的某种所与的普遍东西事后应用到某个具体情况，而是那种对我们来说就是所与本文的普遍东西的理解。"[2] 也就是说，理解就是应用。它指的是，我们要对被理解物有正确的理解，就是在某个特定的时刻与某个特定具体的境况中对其进行理解，理解任何时候都已经包含有一种旨在沟通普遍与特殊、过去与现在、自我与他者的具体应用了。伽达默尔还进

---

① 　转引自伽达默尔《真理与方法》，洪汉鼎译，上海译文出版社1999年版，第239页注①。

② 　同上书，第438页。

一步援引了亚里士多德的伦理学中对道德知识与实践智慧的讨论，并由此表明，诠释学与那些纯粹的理论知识不同，诠释学本身就是一门与具体的诠释学处境相关的实践的学问与智慧，因此，应用可以说是诠释学的核心问题。他写道："我们已经证明了应用不是理解现象的一个随后的和偶然的成分，而是从一开始就整个地规定了理解活动。所以应用在这里不是某个预先给出的普遍东西对某个特殊情况的关系。研讨某个流传物的解释者就是试图把这种流传物应用于自身。……其实解释者除了这种普遍的东西——本文——外根本不想理解其他东西，也就是说，他只想理解流传物所说的东西，即构成本文的意义和意思的东西。但是为了理解这种东西，他一定不能无视他自己和他自己所处的具体的诠释学境况。如果他想根本理解的话，他必须把本文和这种境况联系起来。"① 在伽达默尔看来，施莱尔马赫所发现的理解与解释的同一必须扩展为理解、解释与应用的同一，"应用，正如理解和解释一样，同样是诠释学过程的一个不可或缺的组成部分"②。

四 问答逻辑与对话辩证法

把应用重新确立为诠释学的核心问题，既是诠释学的效果历史原则推演的结果，也反过来深化了对效果历史本身的认识。作为被理解物的普遍意义内容在具体历史境况中的构成与显现，效果历史事件既是理解的事件也是应用的事件，因而表现出一种根本的开放性。伽达默尔认为，通过对问题的结构的观察，我们能更好地理解这种开放性。

---

① 伽达默尔：《真理与方法》，洪汉鼎译，上海译文出版社 1999 年版，第 416—417 页。

② 同上书，第 395 页。

在伽达默尔看来，"问题的本质就是敞开和开放可能性"①。这是因为，问题之所以为问题，就在于被问之物具有问题性，即被问之物必须是悬而未决的，或者说，被问之物经由提问被暴露于一种无保护的敞开状态之中，因而显露出诸种不同的回答的可能性。因此，提问就是暴露与开放，问题的出现开启了被问之物的存在。不过，问题的开放性并不是无边际的，它其实包含了由问题本身的视域所划定的某种界限。提问总蕴含了某种特定背景或前提。这种背景或前提起到了为问题的回答规定基本的意义方向的功用。因此，就像理解以理解的前结构为其前提一样，问题的开放性也是一种特定背景中或特定前提下的开放。由此可见，问题的结构与理解的结构有着惊人的相似性。实际上，在伽达默尔看来，与其说问题的结构与理解的结构相似，不如说理解作为效果历史事件本身就具有问题的结构——他把这种结构称作"问答逻辑"。某流传物成为理解与解释的对象，这就意味着该流传物对理解者提出了一个问题。理解该流传物，就是去理解这个问题。但是，这个问题本身又是流传物通过作为理解者的我们提出来的。也就是说，为了回答流传物向我们提出的问题，我们这些被问的人就必须着手去提出问题。我们试图重构流传物好像是其回答的问题，而这一做法本身是在某种提问过程中进行的。因此，理解的过程也就是问与答的转换与推进的过程。这显示出理解事件的问答逻辑的结构。

可以看到，理解作为问与答的转换与推进，实际上就是"对话"。对话的特征就是在问与答、证明与反驳、相互争论与达成一致的过程中进行一种意义交往。因此，理解的经验也就是对话的经验。伽达默尔写道："把诠释学任务描述为与本文进行

---

①　伽达默尔：《真理与方法》，洪汉鼎译，上海译文出版社1999年版，第384页。

的一种谈话，这不是一种比喻的说法——而是对原始东西的一种
记忆。"① 这里所说的"原始东西"，指的就是对话，因为对话与
理解一样，都是原初的存在经验。不仅如此，伽达默尔还进一步
援引柏拉图的辩证法概念来讨论对话的经验。这是因为，辩证法
在柏拉图那里就是对话艺术，对话构成了柏拉图辩证法的本质特
征。在柏拉图的对话录中，苏格拉底与其对话者在一问一答、一
来一往的对话中不断将问题引向深入，直到他们所讲的东西的真
理最后涌现出来。在伽达默尔看来，这种对话的艺术就是对话辩
证法，它构成了问答逻辑以及效果历史的深层结构。因为对话辩
证法的展开的过程也就是真理展开的过程，或者说，真理本身引
导着对话辩证法的展开。这种真理的展开超越了对话的参与者的
个人意见而进入了一种客观性的领域。用伽达默尔的话说："在
其真理中所出现的东西是逻各斯，这种逻各斯既不是我的又不是
你的，它是这样远远地超出谈话伙伴的主观意见，以致谈话的引
导者自身也经常是无知的。"②

五　理解的语言性与诠释学的普遍性观点

理解事件的问答逻辑结构及其对话辩证法的揭示对伽达默尔
的哲学诠释学建构有着根本的意义。如果说，理解的前结构的探
究、效果历史关系的发现以及应用问题的重新提出，意味着在海
德格尔那里已经揭示出的理解的历史性上升为诠释学的基本原
则，那么，在问答逻辑与对话辩证法这里则指引着理解的语言性
的凸显。在伽达默尔这里，理解的语言性的凸显，意味着诠释学
存在论转向的真正完成。

---

①　伽达默尔：《真理与方法》，洪汉鼎译，上海译文出版社 1999 年版，第 473
页。

②　同上书，第 472—473 页。

　　问答逻辑与对话辩证法建立在语言性的基础之上。考虑到问答逻辑与对话辩证法对诠释学现象的构成意义，我们可以推论，语言性本身也必须被证明为诠释学的本质要素。在伽达默尔看来，可以从两个方面来对此加以说明。首先，语言性构成了诠释学对象的基本规定。这并不是说，理解的对象必须是语言的谈话或作品，而是说，被理解物的本质就在于通过语言的媒介而存在，因而最好的诠释学对象就是具有语言性质的东西。伽达默尔认为，这可以通过文字性作品在理解对象中的优越性得以证明。文字性作品的一个根本特征就在于其意义内容脱离了一切心理学因素而纯粹地显露出来，因此，对文字性作品的理解最好地显示出了理解的真正任务在于对被理解物的意义内容的参与。其次，语言性还构成了诠释学过程的规定。伽达默尔认为，这一点在施莱尔马赫那儿就已被承认了。施莱尔马赫揭示了理解与解释的同一性，而一切解释都是以语言为媒介进行的。因此，语言就是理解本身得以进行的普遍媒介。伽达默尔进一步指出，理解包含了应用的要素，因而理解就是意义的具体化，而意义的具体化也就意味着把意义理解的实际内容用语言表达出来。不过，理解以语言为媒介并不是说我们先有了某种非语言性的理解然后再寻找某种语言符号工具表达出来，毋宁说，理解本身就是被语言性地构成的。要理解这一点，就必须对语言的本质加以重新把握。

　　语言的本质需要在语言和世界的关系中来把握。与近代以来的大多数语言学以及语言哲学把语言和世界的关系视为一种对象关系不同，伽达默尔把语言本身看做一种原初的世界经验。在伽达默尔看来，语言并非一种生活在世界之中的人类的工具或装备，好像人们先是生活在一个无语言的世界中，然后配备上语言这种装备来处理、控制这个世界。语言已经是人类的语言，人对世界的拥有是在语言的基础之上并在语言中得以表现的。没有独立于语言的世界，也没有独立于世界的语言："不仅世界之所以

只是世界，是因为它要用语言表达出来——语言具有其根本此在
也只是在于，世界在语言中得到表述。"① 因此，语言与世界实
际上是一种相互隶属的关系。

　　回到理解的语言性的问题上来，我们可以看到，作为世界经
验的语言或者说人类世界经验的语言性给予了伽达默尔对理解经
验的分析一种更为广阔的视域。正如世界和语言的相互隶属关系
一样，理解与语言也是一种相互隶属的关系。理解和语言各自通
过对方获得了其自身的现实性。一方面，理解即是对话，它在对
话的过程中具体化自身；另一方面，对话即是相互理解，语言只
有在相互理解的过程中构成自身的现实。在伽达默尔看来，这里
指明了一种普遍的——存在论的结构："能被理解的存在就是语
言。"② 与前文中我们提到的伽达默尔从诠释学对象与过程两个
方面来证明理解的语言性相似，这里也同样涉及理解的对象与过
程两个方面。不过，经过对语言与世界的本质关联的探讨，这里
的内涵已经大大扩展了。从过程上说，理解不仅是以语言为媒
介，而且自身就是语言构成的过程。从对象上说，不仅是语言构
成理解的对象，而且是语言所关联的世界本身成为理解的对象。
"能被理解的东西只是语言。这就是说，它具有这样的性质，只
有从自身出发才能向理解显示。"③ 综合这两个方面，可以说，
正是语言构成了理解经验的存在论规定。值得注意的是，理解的
语言性并不是与理解的历史性相分离的。语言作为世界经验同样
把历史经验包括在自身之中。反过来说，历史的经验也正是在语
言中得到保存和变化。伽达默尔指出："通过语言媒介而进行

①　伽达默尔：《真理与方法》，洪汉鼎译，上海译文出版社1999年版，第566
页。
②　同上书，第606页。
③　同上。

的，因而我们在解释本文的情况中可以称之为谈话的乃是一种真正历史的生命关系。理解的语言性是效果历史的具体化。"①

　　因此，伽达默尔把理解的语言性的探讨视作诠释学存在论转向的最终完成。用海德格尔的话说，"语言是存在之家"②。对诠释学经验的存在论探究必须落实到语言存在论的层面。伽达默尔把语言的存在论地位称作"语言中心"。他写道："我们的整个世界经验以及特别是诠释学经验都是从语言这个中心出发展开的。……唯有语言中心，这种同存在物总体相关的语言中心，才能使人类有限的——历史的本质同自己及世界相调解。"③ 也正是在语言存在论的层面，伽达默尔重新提出了"诠释学普遍性"的观点。在他看来，语言的世界经验有其"绝对性"，它超越了一切存在状态的相对性，因为被作为存在者所认识和看待的一切实际上都已经被语言的世界经验视域所包围。而理解的语言性则说明了理解与语言的相互隶属性。"因为人类的世界关系绝对是语言性的并因而是可理解性的。正如我们所见，诠释学因此就是哲学的一个普遍方面，而并非只是所谓精神科学的方法论基础。"④ 可以发现，伽达默尔所说的诠释学普遍性不仅是形式上的普遍性，而且是其意义内容上的普遍性，它包括了"此在的全部世界经验"。

六　精神科学中的真理问题

　　在《诠释学的任务》一文中，利科论及海德格尔与伽达默

---

　　① 伽达默尔：《真理与方法》，洪汉鼎译，上海译文出版社 1999 年版，第 497页。

　　② 海德格尔：《路标》，孙周兴译，商务印书馆 2000 年版，第 366 页。

　　③ 伽达默尔：《真理与方法》，洪汉鼎译，上海译文出版社 1999 年版，第584—585 页。

　　④ 同上书，第 607 页。

尔的诠释学思考的区别时谈道，伽达默尔曾"认真地考虑了狄
尔泰的问题"①。"狄尔泰的问题"也就是精神科学的问题。实际
上，我们可以看到，《真理与方法》正是以"人文主义传统对于
精神科学的意义"开始其漫长而曲折的论述的。由此可见精神
科学问题在伽达默尔诠释学思考中的重要位置。

　　不过，与其说伽达默尔"考虑了狄尔泰的问题"，不如更准
确地说他"重新考虑了狄尔泰的问题"。在伽达默尔看来，狄尔
泰的精神科学思考并没有真正摆脱自然科学模式的影响。狄尔泰
试图从方法论上为精神科学奠定基础的企图，表明狄尔泰多么深
地被近代主体形而上学以及科学方法论概念所限制。伽达默尔认
为，我们必须追问"在精神科学领域内，究竟有多少东西意味
着方法"②。在伽达默尔看来，"方法"本身就是近代主体形而上
学与科学论思考的核心概念。我们可以回想，构建了西方近代哲
学基础的正是培根的《新工具》和笛卡尔的《谈谈方法》。因
此，要超越主体形而上学和正确把握精神科学的本质，就必须超
越方法的问题。从《真理与方法》一书来看，"真理"就是伽达
默尔所指示的超越近代方法思考的途径。因此，我们可以把真理
问题看作伽达默尔的哲学诠释学的核心主题。在《真理与方法》
的导言中，伽达默尔写道："本书探究的出发点在于这样一种对
抗，即在现代科学范围内抵制对科学方法的普遍要求。因此本书
所关注的是，在经验所及并且可以追问其合法性的一切地方，去
探寻那种超出科学方法论控制范围的对真理的经验。"③ 这种超
出了科学方法论控制范围的真理经验就是精神科学所处理的经

---

　　① 利科：《诠释学的任务》，见洪汉鼎主编《理解与解释——诠释学经典文
选》，东方出版社 2001 年版，第 429 页。
　　② 伽达默尔：《真理与方法》，洪汉鼎译，上海译文出版社 1999 年版，第 8 页。
　　③ 伽达默尔：《真理与方法》，"导言"，洪汉鼎译，上海译文出版社 1999 年
版，第 17—18 页。

验，而哲学诠释学探究的任务就在于为这些科学之外的经验的真理要求提供论证。所以，伽达默尔的这部皇皇巨著又以这样的话结束："我们整个研究表明，由运用科学方法所提供的确实性并不足以保证真理。这一点特别适用于精神科学，但这并不意味着精神科学的科学性的降低，而是相反证明了对特定的人类意义之要求的合法性，这种要求正是精神科学自古以来就提出的。在精神科学的认识中，认识者的自我存在也一起在发挥作用，虽然这确实标志了'方法'的局限，但并不表明科学的局限。凡由方法的工具所不能做到的，必然而且确实能够通过一种提问与研究的学科来达到，而这门学科能够确保获得真理。"①

　　需要说明的是，尽管真理是伽达默尔哲学诠释学的核心概念，但他却从未对此概念作出明晰的定义。因此，有论者抱怨说，"他所使用的是一个从来没有明确规定的真理概念"②。不过，在笔者看来，遵循伽达默尔自己的思路，这是可以理解的。伽达默尔所说的真理既不是传统认识论的符合论真理，也不是传统形而上学的实体化真理，而是与海德格尔所说的无蔽以及作为无蔽与遮蔽的争执的存在的真理相同层次上的真理，可以称作一种存在论的真理，这种真理本身就构成了我们所说的概念定义方法的前提。因此，伽达默尔对精神科学的真理的考察也是存在论层面上的考察，是对真理的存在方式的考察。事实上，我们可以把哲学诠释学的全部内涵就视作这样一种对真理存在方式的考察。这一点可以结合我们上文中对哲学诠释学诸论题的勾勒来看。伽达默尔对前见、权威与传统的"正名"，实际上就是在表

---

① 伽达默尔：《真理与方法》，洪汉鼎译，上海译文出版社 1999 年版，第 626 页。

② 伯恩斯坦：《超越客观主义与相对主义》，郭小平等译，光明日报出版社 1992 年版，第 193 页。

明，精神科学的真理的本质性的东西并不是如自然科学所认为的那样一种独立于我们之外的客观实在的东西，而是一种先在的隶属关系。当然此种隶属关系并不是绝对的无差别的同一，而是以时间距离作为实现其隶属关系的批判性契机。因此，精神科学的真理可以被经验为一种效果历史的真理。结合到效果历史的问答逻辑结构来看，真理也具有问题的结构："期待一个回答本身就已经预先假定了，提问题的人从属于传统并接受传统的呼唤。这就是效果历史意识的真理。"① 进一步而言，效果历史在被揭示为一种对话辩证法的过程中向作为普遍世界经验的语言提升。这表明，真理的存在具有语言性。而把握其语言性的关键就在于对话辩证法，所以，真理实质上就是对话的真理："对话就是对话双方在一起相互参与着以获得真理。"② 不过，无论是效果历史还是对话，在哲学诠释学的视域中都是被统一到作为此在基本存在方式的理解之上的，因此，在伽达默尔看来，精神科学的真理实际上就是理解的真理。也可以说，正是通过诠释学的存在论转向，精神科学的真理作为理解的真理超越了方法的真理，"真理问题不再是方法问题；它是显现存在为一个其存在在于理解存在的存在的问题"③。

第三节　艺术哲学的维度

　　诠释学经由海德格尔所发动和伽达默尔所完成的存在论转向扩展为一种普遍哲学，它包容了此在的全部世界经验。这表明，

---

　　① 伽达默尔：《真理与方法》，洪汉鼎译，上海译文出版社 1999 年版，第 485 页。

　　② 伽达默尔：《赞美理论》，夏镇平译，上海三联书店 1988 年版，第 69 页。

　　③ 利科：《存在与诠释学》，见洪汉鼎主编《理解与解释——诠释学经典文选》，东方出版社 2001 年版，第 253 页。

一切人类行为都可以纳入作为普遍哲学的诠释学的领域之中，并且构成诠释学思考的课题与内容。也就是说，诠释学的普遍性把这样一种任务的实现看作证明自身的必要途径：无论我们从何种特殊的人类经验的领域出发，最终我们都能达到诠释学的普遍性。用伽达默尔的话说，"我的体系的目的从一开始就指向诠释学经验的普遍性，假如这种诠释学经验是一种普遍的经验，那么它就应该是从任何一个出发点都能达到的"[①]。从此意义上来看，作为人类基本经验与重要文化现象的艺术就不能不被包括在诠释学探讨的范围之中，成为诠释学的重要内容。因此，在作为现代诠释学哲学前史的古代与近代诠释学的发展历程中所逐步建立起来的诠释学与艺术之间的外在的、对象化的、类比的关联方式就发生了改变，艺术经验的探讨本身就构成了诠释学探究的固有内容和特殊领域。就此而言，我们可以说，诠释学与艺术在此建立起了一种内在的关联。

　　但是，仅仅以这种方式来谈论诠释学与艺术在现代诠释学哲学阶段的内在关联问题，实际上是把问题大大的简单化了。这给我们的一种看法仿佛是：我们先有了一个诠释学的普遍视域，此后就可以把包括艺术等等在内的各种人类经验纳入到诠释学研究的领域之中，就好像我们先有了一个名为诠释学的口袋，只等着把各式各样的东西都装入这个口袋并贴上诠释学的标签一样。事实上并非如此。在伽达默尔那里，与其说有了一个诠释学普遍性视域之后把艺术纳入其中，不如说是诠释学在向作为一种普遍哲学的哲学诠释学的扩展过程中发觉自己不得不与艺术问题发生联系。艺术问题不仅仅作为一个可有可无的部分被包含在哲学诠释学之中，而是在其中占有一个关键性的——甚至是决定性的位

[①]　伽达默尔：《真理与方法》，洪汉鼎译，上海译文出版社1999年版，第629页。

置。只有在这个意义上，我们才可能谈论诠释学的艺术哲学向
度。

伽达默尔的《真理与方法》一书由三个部分组成：1. 艺术
经验里真理问题的展现；2. 真理问题扩大到精神科学里的理解
问题；3. 以语言为主线的诠释学存在论转向。这三个部分分别
构成三个领域：艺术领域、历史领域和语言领域。关于这样的布
局与结构方式的理论考虑，伽达默尔在不同的场合曾加以反复说
明。在 1965 年的"第二版序言"中，伽达默尔谈道："诠释学
观点的普遍性在其他方面也不能被任意地限制或丢弃。如果我为
了确保理解现象的合理范围而从艺术经验开始，这决不只是一种
写作布局上的考虑。"[1] 而在 1972 年的"第三版后记"中，伽达
默尔进一步写道："我通过审美意识的批判和对艺术的反思——
而不是直接通过所谓的精神科学——发展出一种普遍的哲学诠释
学立场，这绝不意味着要避开科学的方法要求，而是对诠释学问
题所占据的领域的首次测定，这个领域不能用任一种科学来标志
而只能用诠释学领域来标志，它把先于一切科学方法需要的前定
领域暴露在光天化日之下。因此，艺术经验在多重意义上都是很
重要的。"[2] 在这两处说明中，伽达默尔都表明了把艺术经验作
为哲学诠释学探究的第一个领域不仅仅是形式上的安排，而是有
其理论内容的深远考虑。尤其值得我们注意的是，伽达默尔明确
地把艺术经验问题的探究与"理解现象的合理范围"或"诠释
学问题所占据的领域"联系起来，这实际上也就是把艺术问题
与诠释学的普遍性问题联系起来。正是艺术问题的探讨，能够

---

① 伽达默尔：《真理与方法》，"第二版序言"，洪汉鼎译，上海译文出版社
1999 年版，第 7—8 页。

② 伽达默尔：《真理与方法》，洪汉鼎译，上海译文出版社 1999 年版，第 759
页。

"确保理解现象的合理范围"，而且此探讨"是对诠释学问题所占据的领域的首次测定"。可以推断，在艺术经验问题与诠释学的普遍性问题之间，有一种根本性的关联。这种根本性的关联究竟是一种什么样的关联呢？

　　1985 年，85 岁高龄的伽达默尔写作了著名的《在现象学与辩证法之间———一种自我批判的尝试》。在这篇文章中，伽达默尔对一系列重要问题进行了思考。问题之一是：艺术这个例子真的能构成一般诠释学能得以展开的领域吗？他写道："我的回答是：我的诠释学理论的出发点对我来说正是在于，艺术作品乃是对我们理解的一种挑战，因为它总是不断地摆脱掉穷尽一切的处境并把一种永远不能克服的抵抗性同企图把艺术作品置于概念的同一性的倾向对置起来。"① 在这里，伽达默尔指出了艺术经验的一个重要特征：在艺术作品的理解之中所出现的正是艺术作品本身。也就是说，对于一件艺术作品，我们既不是像对待某个传递信息的报道那样把其中所具有的信息统统接受，也不是我们能以随意的主观态度加以对待和赏玩的什物。毋宁说，艺术作品抵抗着我们的理解，挑战着我们的前见。我们对艺术作品的理解是一个意义事件：作品打动了我们，把我们卷进它自身建立的世界。因此，艺术经验从根本上说总是超越了任何主观的解释视域的。不管是艺术家本人的视域，还是接受者的视域，都不是衡量一部艺术作品的意义的可靠尺度。在伽达默尔看来，这无疑有着深远的诠释学意义。这表明，艺术经验与作为此在存在方式的理解经验在经验方式上是相同的。正如前文所言，理解是一种效果历史的事件。这意味着，"理解甚至根本不能被认做是一种被认为是一种主体性的行为，而是被认为是一种置身于传统过程中的

────────────

　　① 伽达默尔：《真理与方法》，洪汉鼎译，上海译文出版社 1999 年版，第 635 页。

行动，在这过程中过去和现在经常得以中介"①。而艺术经验作
为一种意义事件也是一个经验者置身于艺术经验本身之中的行
为，在此过程中同样包含有历史的中介："我们必须承认艺术传
统的世界——我们在如此多的人类世界中通过艺术获得的辉煌的
同时性——决不仅仅是我们自由地接受或拒斥的一种对象。当一
部艺术作品攫住我们之时，它就再也不让我们重新自由地撇开它
并仅仅按照我们自己的观念接受或拒斥它，这难道不是真的吗？
那些千百年流传下来的艺术创造物并非是为了这种审美接受或拒
斥而创作的，这难道不也是真的吗？历史上任何一个属于真正活
力的文化的艺术家都会把这作为他的创作意图：他的作品将会从
其作品本身所说的意义上被接受，他的作品将会在人类的生活世
界之中有其自身的位置。"②

　　因此，在伽达默尔看来，艺术经验本身中就存在着某种广泛
的诠释学结论："诠释学现象的整个领域都出现在艺术经验的背
后。"③ 不过，这岂不也就意味着，艺术经验本身就是一种存在
论意义上的理解经验吗？这无疑需要证明。在伽达默尔看来，这
里的关键问题就在于怎样去对待和理解艺术经验。"我们对待艺
术经验，不是追问它自身认为是什么，而是追问这种艺术经验真
正是什么，以及什么是它的真理，即使它不知道它是什么和不能
说它知道什么——就像海德格尔在与形而上学自身认为是什么的
对立中探问什么是形而上学一样。"④ 艺术经验总是对艺术作品

---

　　① 伽达默尔：《真理与方法》，洪汉鼎译，上海译文出版社 1999 年版，第
372 页。

　　② Hans - Georg Gadamer, *Philosophical Hermeneutics*, Translated and Edited by Da-
vid E. Linge, University of California Press, 1976, pp. 4 - 5.

　　③ Ibid. , p. 208.

　　④ 伽达默尔：《真理与方法》，洪汉鼎译，上海译文出版社 1999 年版，第
128 页。

的经验。因此，必须把探问以这种方式被经验的艺术作品本身的存在方式作为首要的工作。这种探究也是一种存在论意义上的探究。实际上，伽达默尔在《真理与方法》第一部分中正是使用了这样的标题：艺术作品的存在论及其诠释学的意义。帕尔默认为，这一标题表明，"本体论、诠释学和艺术在《真理与方法》中达到了一致"①。

一　作为出发点的游戏概念

伽达默尔对艺术作品的存在方式的探究以"游戏"概念作为出发点。他说："我们选取曾在美学中起过重大作用的概念即游戏作为首要的出发点。"② 这表明，伽达默尔之所以选取游戏概念作为出发点有其美学史的考虑：自康德和席勒以来，游戏已成为艺术本质探讨的重要观念之一。但是，伽达默尔对游戏本身的理解却与康德、席勒大相径庭。对他来说，游戏概念恰恰超越了以康德、席勒为代表的美学主观主义。"如果我们就与艺术经验的关系而谈论游戏，那么游戏并不指态度，甚而不指创造活动或鉴赏活动的情绪状态，更不是指在游戏活动中所实现的某种主体性的自由，而是指艺术作品本身的存在方式。"③

伽达默尔认为，游戏的首要特征在于：只有当游戏者全神贯注于游戏之时，游戏才完全成其为游戏。也就是说，游戏的存在方式不允许游戏者像对待一个对象那样去对待游戏，游戏相对于游戏者的主体意识有其优先性。因此，与其说游戏者是游戏的主体，不如说游戏本身才是游戏的主体。那么，游戏如何游戏呢？

---

①　帕尔默：《海德格尔的本体论和伽达默尔的哲学诠释学》，成中英主编：《本体与诠释：中西比较》第三辑，上海社会科学院出版社 2003 年版，第 328 页。

②　伽达默尔：《真理与方法》，洪汉鼎译，上海译文出版社 1999 年版，第 131 页。

③　同上书，第 130 页。

伽达默尔借助于游戏概念的词语史指出，游戏总是一种往返重复的自行运动。在此运动中，游戏在不断地重复中更新和回到自身。通过这种运动与更新，游戏表现出一种规则与秩序。不过，这种规则与秩序并不是外来的，更不是游戏者带入游戏中的。这些规则与秩序实际上正是游戏对于构成其实质的往返重复运动的预先规定和安排，它们恰恰构成了游戏自身的某种本质。因此，游戏的表现是一种自我表现："游戏表现的功能在于，最终结果并不是任何一种随意性的东西，而是只能如此被规定的游戏活动。因而，游戏最终只是游戏运动的自我表现而已。"① 既然游戏被限制在自我表现上，那么，也就可以说，游戏的存在方式就是自我表现。不过，所有表现活动就其可能性而言都是一种为了某人的表现。不仅如此，正是在为其表现的某人的存在——哪怕是想象性的存在——那里，游戏才真正实现其作为自我表现的存在。因此，不仅游戏者是游戏存在本身的构成要素，观赏者同样是游戏存在的构成要素。"游戏本身却是由游戏者和观赏者所组成的整体。"② 甚至可以认为，对游戏存在而言，观赏者是更具本质意义的构成要素，因为只有观赏者才实现了游戏之为游戏的东西。

　　可以看到，对游戏的存在特征和结构的刻画对伽达默尔的艺术作品的存在方式的探讨起到了指导性的意义。与游戏的非对象性特征和游戏作为游戏主体相似，"艺术作品决不是一个与自为存在的主体相对峙的对象，这恰恰就是我们为反对审美意识的衡量水准而必须把握的艺术经验。艺术作品其实是在它成为改变经验者的经验中才获得它真正的存在。保持和坚持什么东西的艺术经验的'主体'，不是艺术经验者的主体性，而是艺术作品本身"③。

---

① 伽达默尔：《美的现实性》，张志扬等译，三联书店 1991 年版，第 37 页。
② 伽达默尔：《真理与方法》，洪汉鼎译，上海译文出版社 1999 年版，第 141 页。
③ 同上书，第 132 页。

与游戏作为一种不断往复更新的自我表现的存在相似，艺术作品的意义也超越了其作者与读者的视域，并在被经验的过程中不断得以更新，把自身展现为一种自我表现的存在。而对观赏者在游戏中的本质地位的揭示，对于艺术经验来说则成为某种决定性的东西。艺术作品的意义经验的更新，一方面超越了作者与读者的视域，另一方面却又是在其观赏者——读者——理解者那里实现的。以戏剧为例，"尽管它们所表现的是一种完全自身封闭的世界，却好像敞开一样指向观赏者方面。在观赏者那里它们才赢得它们的完全意义"①。由此可见，艺术作品存在的结构实际上就是一种游戏的结构，游戏就是艺术作品本身的存在方式。

二　"向构成物的转化"与象征

　　尽管艺术作品的存在结构就是游戏的结构，游戏毕竟不是艺术作品。游戏要真正作为艺术作品，还必须进一步加以规定。对此规定，伽达默尔称之为"向构成物的转化"。只有通过这种转化，游戏才赢得它的理想性，以致游戏本身就可视为艺术作品。"这样，游戏具有了作品的特质，功能的特质，而不仅是能量的特质。在这种意义上，我就称游戏为一种构成物。"②

　　要把握"向构成物的转化"的含义，首先需要正确理解"转化"概念的含义。在伽达默尔看来，转化不是变化。变化属于质的领域，属于实体的某种偶性的领域。在变化中，发生变化的东西同时又作为原来的东西而存在。反之，转化是指某物一下子和整个地成了其他的东西，而这其他的东西则作为被转化成的东西成为该物的真正的存在。所以，转化就是指早先存在的东西不再存在。但这也就是指，被转化成的东西是真实的、独立存在

---

　　①　伽达默尔：《真理与方法》，洪汉鼎译，上海译文出版社1999年版，第141页。
　　②　同上书，第143页。

的东西。什么是被转化成的东西呢？这就是构成物①。所谓构成物，就是自我构成之物，它"好像是由内向外构成其自身的格式塔"②。转化概念所表明的意义只有在构成物这里才得以实现，它本身就表明了被称之为构成物的那些东西的独立和超然的存在方式。那么，游戏作为艺术何以表现为"向构成物的转化"呢？在伽达默尔看来，实际上游戏本身就意味着这样一种转化：在游戏中，原先的游戏者就是不再存在的东西，而真正的存在仅仅是游戏者所游戏着和自我表现的东西。如果我们把诗人和艺术家看做游戏者的话，这也就意味着在艺术游戏中，真正的存在是艺术作品的存在。不仅如此，艺术游戏的转化还意味着从实在向艺术的转化，即从现实世界向艺术世界的转化："艺术作品的世界——在此世界中游戏是这样完全地表现于其整个过程中——事实上就是一种完全转化了的世界。"③ 现实世界表现为一种杂乱的意义线索和关联，其中交织着种种期待与失望的经验。但在艺术作品之中，几乎所有的意义关联都被完成和实现了，以致没有任何意义线索消失在空无之中。也就是说，艺术作品的世界是一个意义整体的世界，它就是一种独立的自我构成与自为尺度的构成物，它由现实世界转化而来。

　　值得注意的是，尽管艺术作品作为一种构成物是一种独立、超然的存在，但是这并不是说艺术作品乃是一个独立自足的实体性存在。联系到观赏者在游戏中的本质地位来看，毋宁说艺术作品的存在实际上是作品及其作品经验的关系统一体。伽达默尔指出，我们不仅要看到，游戏就是构成物，而且还要看到，构成物

---

　　①　Gebilde，也可译作"构成形象"。
　　②　伽达默尔、杜特：《解释学　美学　实践哲学：伽达默尔与杜特对谈录》，金惠敏译，商务印书馆 2005 年版，第 57 页。
　　③　伽达默尔：《真理与方法》，洪汉鼎译，上海译文出版社 1999 年版，第 146页。

也就是游戏。"游戏就是构成物——这一命题是说：尽管游戏依赖于被游戏过程，但它是一种意义整体，游戏作为这种意义整体就能够反复地被表现，并能反复地在其意义中被理解。但反过来说，构成物也就是游戏，因为构成物——尽管它有其思想上的统一——只在每次被展现过程中才达到它的完全存在。"①　也就是说，一方面，艺术作品的存在是一种意义整体的存在，它超越了艺术理解的经验，并在理解中反复地在其意义中被理解；另一方面，艺术作品的意义就是理解中的意义，作为意义整体存在的艺术作品存在只有在具体的理解过程中才实现和达到其完全存在。因此，"向构成物的转化"这一命题所涉及的实际上就是艺术作品的意义显现的方式的问题，或者说是艺术作品的意指性特征的问题。

　　在 1974 年所作的著名的"萨尔茨堡大学演讲"（即《美的现实性》）中，伽达默尔进一步引入了"象征"概念来探讨这一问题。和他使用的"游戏"概念一样，这里的"象征"概念同样有其独特的含义。事实上，在《真理与方法》中，象征概念作为浪漫主义的主观主义美学的重要概念受到了伽达默尔的批判。因而，与主观主义美学把象征同主体的主观体验相联系不同，伽达默尔在《美的现实性》中把象征视作艺术经验的人类学基础之一。在他看来，象征暗含了一种与整体世界经验的联系，就好像艺术作品所意指的是一种意义整体的经验一样。不过，这并不意味着与此伴随的一种与整体契合并最终把握该整体的希望肯定能兑现。艺术作品本身是无法替代的。艺术作品并非一个单纯的意义承担者，毋宁说，艺术作品的意义建立在它自身的存在之上。而这也就是说，艺术作品的意义是以象征的方式显

---

　　①　伽达默尔：《真理与方法》，洪汉鼎译，上海译文出版社 1999 年版，第 151 页。

现的，因为，"象征并不单纯是指示出一种意义，而是使意义出现，它本身就体现着意义"①。由此可见，作为构成物的艺术作品也就是象征。象征与"向构成物的转化"在结构上是一致的。不仅如此，伽达默尔还进一步指出，"象征就是那种人们由此重新认出某件事的东西"②。什么是重新认出呢？重新认出并不是再一次地看见某物，而是一种再认识。"重新认识不是一套拼合起来的东西，而是指把某物作为人们已经了解的东西来认识。每一种重新认识都已经为在先所接受的知识成分所译解而且被提高到精神的东西上来了。"③ 因此，艺术作品作为象征有一种认识功能。这不仅是说，象征的经验就是再认识的经验，在再认识之中被认识的东西达到其真实存在，而且是说，艺术作品作为象征本身就提出了一种进行认识的任务，这一任务是一个无止境的任务，因为我们理解得越多，就再认识得越多，艺术作品的意义总是超出了我们的主观视域所能完全把握的界限。在伽达默尔看来，这正是艺术作品的意指性的开放性特征：艺术作品的意义显现，就是意义的增殖。

三　节日与艺术作品的时间结构

通过象征经验对艺术作品意指忄生的整体性与开放性特征的揭示，已经涉及了艺术作品存在的自身同一性问题。既然艺术作品的意义显现就是意义的增殖，艺术作品的意义整体性在这样的增殖过程中还能保持其存在的同一性吗？在伽达默尔看来，这一问题必须在时间性的维度上加以解决。这样也就提出了对艺术作品作时间性解释的任务。

---

① 伽达默尔：《美的现实性》，张志扬等译，三联书店 1991 年版，第 56 页。
② 同上书，第 78 页。
③ 同上书，第 79 页。

伽达默尔认为，通过对节日庆典活动的时间结构的研究可以帮助我们完成对作品的时间性考察的任务。节日的一个特征在于：节日是重复出现的。但是，重复出现的节日却保持自身为同一个节日。不仅如此，节日只有在变迁与重复之中才真正作为节日而存在。因此，节日的重复出现与节日的本质存在相关。伽达默尔认为，节日的本质就在于它是被庆祝的日子："节日活动仅仅由于它被庆祝而存在。"① 何谓庆祝？庆祝就是把平时由于种种原因分散了的人们聚拢起来。因此，庆祝也就是"同在"和"参与"，它意味着参加节日的人把自身完全投入到节日的庆祝之中。从时间的角度来说，庆祝就是这样："人们必须停留下来，以待那一时刻的到来。在人们庆祝节日的时候，节日从头到尾占有着当时的整个时间。节日的时间就是被庆祝的时间，它不是分解为互相脱节的时刻的连续。"② 也就是说，与日常生活中的那种把时间当作有待填充、支配、分割的时间的经验相反，节日的时间是一种自身充实的、实现了的时间。伽达默尔称之为"属己的时间"③。它是一种内在于自身的充实的时间结构，而不是必须等待某种东西填充进去的空无的时间："人们惯常支配时间时的那种计算的、安排的特性，在节庆中由于这种时间的静止状态而被消除了。"④

在伽达默尔看来，艺术作品的时间结构同样是这种属己的时间。事实上，人们经常把艺术作品视作一种有机的生命统一体恰恰说明了这一点。认为艺术作品是一种有机的生命统一体，就是认为艺术作品是一个在其自身中被结构起来的统一体。而这也就

---

① 伽达默尔：《真理与方法》，洪汉鼎译，上海译文出版社 1999 年版，第 161 页。
② 伽达默尔：《美的现实性》，张志扬等译，三联书店 1991 年版，第 68 页。
③ 同上书，第 70 页。
④ 同上。

是说，艺术作品和节日一样，不是通过其时间上延伸着的可计算
的持续性，而是通过它自身的内在的时间结构来规定。因此，艺
术作品存在的自身同一性正是由这种属己的时间的特性来保证
的。既然艺术作品具有一种属己的时间，那么，任何理解者试图
理解该艺术作品也就必须进入艺术作品自身的时间之中。艺术作
品仿佛把自身从日常的时间进程中隔离开来，成为一个独立的世
界。不过，所谓属己的时间并不是与我们的生命隔绝的一种时
间，相反却是我们所有人都从自己的生活经历而熟知的本真时间
经验："属己的时间的基本形式是：童年时代、青年、成年、老
年和死亡。"① 因此，理解者在把自己投入到艺术作品的内在时
间的同时，也在其中找回到了真正属于自己的时间。反之，艺术
作品的时间也只有通过理解者的时间才能实现。因此，过去与现
在，艺术作品的时间与理解者的时间，都被沟通和统一到艺术作
品的时间性结构本身。这就是伽达默尔所说的"同时性"："'同
时性'是属于艺术作品的存在。……这里'同时性'是指，某
个向我们呈现的单一事物，即使它的起源是如此遥远，但在其表
现中却赢得了完全的现在性。所以，同时性不是意识中的某种给
予方式，而是意识的使命，以及为意识所要求的一种活动。这项
使命在于，要这样把握事物，以使这些事物成为'同时的'，但
这也就是说，所有的中介被扬弃于彻底的现在性中。"②

四　存在论与诠释学的结论

伽达默尔对艺术作品存在的考察是存在论意义上的考察，因
此，需要从上述分析中进一步引申出存在论的结论。而这也就意

①　伽达默尔：《美的现实性》，张志扬等译，三联书店 1991 年版，第 70 页。
②　伽达默尔：《真理与方法》，洪汉鼎译，上海译文出版社 1999 年版，第
165 页。

味着，必须把游戏、构成物或象征、节日等概念和经验统一起来思考。可以发现，在伽达默尔这里，能够把它们统一起来的概念是"表现"。游戏的存在方式就是自我表现。构成物与象征概念意味着：艺术游戏表现为一种意义整体并在一种意义整体的经验中被表现。艺术作品的节日性则进一步表明作品存在于表现之中，时间变迁中的所有正确表现对作品而言都是"同时性"的作品存在。因此，对表现概念的进一步探究将揭示出作品存在考察的存在论意义。

　　首先需要指出的是，伽达默尔所说的表现概念与表现论美学的表现概念并无联系。从伽达默尔的立场来看，后者正是他所批判的主观主义思维的典型事例。对他来说，表现不是一种主观行为，而是一种存在方式："如果艺术不是一簇不断更换着的体验——其对象有如某个空洞形式一样时时主观地被注入意义——'表现'就必须被承认为艺术作品本身的存在方式。"① 既然游戏就是艺术作品的存在方式，而游戏本身又是自我表现的存在，所以，艺术作品的存在方式也就是表现。但是，这仅仅是作为艺术作品存在方式的表现的一个方面；在另一个方面，表现还意味着作品自身所表现之物的表现。在讨论"向构成物的转化"之时，我们已经看到，艺术作品作为一种意义整体构成了一个艺术性的世界，这一世界是由实在的现实世界转化而来的。对艺术来说，实在的现实世界经过转化不再存在。但是，这也就意味着，实在的现实世界在艺术世界中才获得了自己的真实存在。在伽达默尔看来，这也是一种表现。因此，伽达默尔所说的表现概念有着双重性：一方面是作品的自我表现，另一方面则是作品所表现之物的表现。他还认为，"真正的艺术经验无需有所区分就经历了这

_____

　　① 伽达默尔：《真理与方法》，洪汉鼎译，上海译文出版社1999年版，第150页。

种表现的双重性"①。也就是说，表现的双重意义最终又是统一的。实际上，作品的自我表现同时也就是对作品所表现之物的表现：既然作品的存在方式就是自我表现，那么作品自身作为被表现之物的表现就只有在其表现中得以表现。因此，这两重表现的统一就是作品的存在。

我们的问题是，从这种对表现概念的探究可以引申出什么样的存在论结论呢？在伽达默尔看来，对表现概念的双重意义的揭示已经隐含着一个重要的本体论的洞见。既然作品存在作为表现既是作品的自我表现，也是作品所表现之物的表现，那么，对于艺术作品来说，重要的东西就在于其所表现的东西如何在其自我表现中表现出来。而这首先意味着，我们既不是简单地被引向被表现的东西，也不是停留于对表现自身的形式质量的审美静观。表现其实总是本质性地与所表现之物联系在一起，甚至就包括在所表现之物自身的存在之中。因此，原本的存在与表现的存在之间就有着一种存在论上的交织性与不可分离性。也就是说，表现在存在论意义上总是与原本的存在相关联，而原本的存在正是在表现中达到了表现。但是，表现自身就是存在，因而，表现又是比单纯的模拟还要多的东西，不过这种更多的东西同样属于被表现的原本的存在。因此，伽达默尔指出，对作为作品存在方式的表现来说，"每一种这样的表现都是一种存在事件，并一起构成了所表现物的存在等级。原型经过表现好像经历了一种在的扩充"②。也就是说，作为表现的艺术作品存在本身就是一种存在事件。在此存在事件中，作品所表现之物与作品的自我表现交织在一起。在作品存在的事件中，不仅存在达到了表现，而且达到

---

① 伽达默尔：《真理与方法》，洪汉鼎译，上海译文出版社 1999 年版，第 178 页。

② 同上书，第 182 页。

了一种更为丰富的表现，或者说，存在就表现为存在的扩充本身。这就是从表现概念引申出的存在论结论。

前文中我们谈到，在伽达默尔的哲学诠释学中，存在论与诠释学是一体的。因此，从作为艺术作品存在方式的表现概念所引申出的存在论观点也包含有进一层的诠释学的结论。在对游戏的自我表现的存在的探讨之中，我们已经了解到，表现总是为了某人的表现。伽达默尔认为，正是在这种"为……表现"的结构，"对于艺术的存在就成为决定性的东西"①。也就是说，艺术的表现按其本质就是为某人而存在的，表现自身中就包含着与它为之表现的人的本质关联。伽达默尔把这种艺术为之表现的人称之为观赏者。因此，观赏者作为艺术表现的本质要素也参与到存在的扩充之中。甚至可以认为，正是观赏者的参与才使得艺术表现的存在的扩充成为可能。因为表现不可能脱离作为为之表现者的观赏者而存在。那么，这是怎样的一种参与和扩充呢？伽达默尔认为，在这里，参与不是主体的自我意识的行动，而是一种遭受和转化，即一种忘却自身而投入到艺术作品的世界中的存在行为。但也正是在向艺术世界投入和转化中，观赏者又在更高层面上重新获得了自身。在伽达默尔看来，这表现为一种意义的连续性："观赏者与自己本身的连续性是与观赏者的狂热的自我忘却性相适应的。正是从他作为观赏者而丧失自身这一点出发，他才有可能指望达到意义的连续性。"② 这种意义连续性的获得并不是主体形而上学意义上的空洞的自我意识的肯定，而是在经由艺术转化之后的更真实的作为意义整体之中的自我存在的把握，也就是说，是把观赏者自身引入艺术世界所构成的意义关系的更

---

① 伽达默尔：《真理与方法》，洪汉鼎译，上海译文出版社1999年版，第140页。

② 同上书，第166页。

大整体之中，因而也就表现为一种存在的扩充。因此，艺术表现作为一种存在事件，也就是一种意义事件。对伽达默尔来说，意义的领域也就是诠释学的领域。意义的显现方式在存在论上就是理解。因此，观赏者就是理解者。"艺术作品就是那种需要被观赏者接受才能完成的游戏。所以对于所有本文来说，只有在理解过程中才能实现由无生气的意义痕迹向有生气的意义转换。"①

　　而这也就意味着，艺术经验也就是存在论意义上的理解的经验。因此，艺术问题在这里也就转化为哲学诠释学的问题。在伽达默尔看来，只有从诠释学的视域出发，艺术经验的真实存在及其存在论意义才得以被正确地对待。他说："事实上，诠释学本来就必须这样宽泛地加以理解，它可以包括整个艺术领域及其问题。"② 很明显，这里所说的把艺术问题纳入诠释学领域并不仅仅是古代与近代诠释学把艺术作为诠释学实践与方法论反思的对象的对象化意义上的关联，而是内容和存在论意义上的关联。同样，只有包含了艺术问题，诠释学才获得哲学上的普遍有效性。"正如任何其他的需要理解的本文一样，每一部艺术作品——不仅是文学作品——都必须被理解，而且这样一种理解应当是可行的。因此，诠释学意识获得一个甚至超出审美意识范围的广泛领域。美学必须被并入诠释学中。这不仅仅是一句涉及问题范围的话，而且从内容上也是相当精确的，这就是说，诠释学必须反过来这样被规定，以至它可以正确对待艺术经验。理解必须被视为意义事件的一部分，正是在理解中，一切陈述的意义——包括艺术陈述的意义和所有其他流传物陈述的意义——才得以形成和完

---

① 　伽达默尔：《真理与方法》，洪汉鼎译，上海译文出版社 1999 年版，第215 页。
② 　同上。

成。"① 由此可见，艺术问题与诠释学的普遍性论证有着本质性的关联。面对艺术经验，诠释学把自身规定为一种普遍经验的哲学。而艺术哲学则被纳入到哲学诠释学的广阔视域之中，构成了诠释学本身的一个内在的固有的理论向度。

第四节　理解与艺术的真理经验

通过对艺术作品存在的考察，伽达默尔试图表明：艺术经验就是一种存在论意义上的理解经验，因而，只有包含了艺术问题，诠释学才获得哲学上的普遍有效性。而我们已经知道，在伽达默尔的哲学诠释学的理论构想之中，诠释学的普遍性问题与精神科学的真理问题是同一个问题的两个方面。因此，对艺术经验的诠释学探究必然把我们引向艺术真理问题。事实上，从真理问题构成了伽达默尔哲学诠释学的核心主题这一角度来说，对艺术经验的诠释学探究本身恰恰以真理问题为其导向。可以说，伽达默尔对艺术作品存在及其经验的本体论意义上的考察，也就是对艺术真理问题的考察，两者在本质的深处交织在一起。

一　以真理问题为导向

在《真理与方法》一书的导言中，伽达默尔写道："本书关注的是，在经验所及并且可以追问其合法性的一切地方，去探寻那种超出科学方法论控制范围的对真理的经验。这样，精神科学就与那些处于科学之外的种种经验方式接近了，即与哲学的经验、艺术的经验和历史本身的经验接近了，所有这些都是那些不能用科学方法论手段加以证实的真理借以显现自身的经验方

① 伽达默尔：《真理与方法》，洪汉鼎译，上海译文出版社 1999 年版，第215—216 页。

式。"① 也就是说，正是在作为超出科学方法论和科学意识的控制范围的真理经验的意义上，艺术经验的问题与诠释学问题关联起来。关于艺术经验，这里有两层含义：1. 艺术经验是一种与科学经验对峙的经验。2. 艺术经验是一种真理经验。就第一层含义来说，这里传达的似乎并不是什么新鲜的内容。哈贝马斯认为，现代性意识的社会结构分化以科学、艺术与道德的文化价值领域分化为基本特征："随着现代经验科学、自律艺术和用一系列原理建立起来的道德理论和法律理论的出现，便形成了不同的文化价值领域，从而使我们能够根据理论问题、审美问题或道德——实践问题的各自内在逻辑来完成学习过程。"② 不过，伽达默尔所说的"对峙"并非"分化"，毋宁说是一种对抗与抵制——"在现代科学范围内抵制对科学方法的普遍要求"③。实际上，在伽达默尔看来，哈贝马斯所说的文化价值领域的分化本身就以科学与技术领域的无限扩张为前提。这种扩张集中表现于科学对真理的独占。科学、艺术与道德的文化领域分化结果正是艺术乃至道德被排除到真理的经验之外。因此，艺术经验与科学经验的对峙从根本上是真理层面的对峙：艺术必须面对科学的咄咄逼人的方法论控制的威力捍卫自身的真理要求。这就是上述的第二层含义。对此，伽达默尔谈道，我们的一个基本艺术经验就在于，伟大的艺术作品总是对我们提出一种真理要求，而面对这种要求，我们的受科学经验所教导的意识既不能拒绝也无法超越。即使是被我们称作艺术科学的那种科学研究也从一开始就必

---

① 伽达默尔：《真理与方法》，"导言"，洪汉鼎译，上海译文出版社1999年版，第18页。

② 哈贝马斯：《现代性的哲学话语》，曹卫东等译，译林出版社2004年版，第1页。

③ 伽达默尔：《真理与方法》，"导言"，洪汉鼎译，上海译文出版社1999年版，第17页。

须认识到，它既不能取代艺术经验，也不能超越艺术经验。"通过一部艺术作品所经验到的真理是用任何其他方式也不能达到的，这一点构成了艺术维护自身而反对任何推理的哲学意义。所以，除了哲学的经验之外，艺术的经验也是对科学意识最严重的挑战，即要科学意识承认其自身的局限性。"①

不过，尽管艺术经验本身是无法超越与替代的，从哲学上对艺术经验这种处于科学方法论范围之外的真理要求进行论证却仍然作为不能回避的任务向我们提出来。也就是说，艺术的真理经验的合法性不能仅仅从其本身来证明。因为它不仅关涉到艺术，也关涉到真理；不仅关涉到当下的经验，也关涉到历史的认识。事实上，在伽达默尔看来，西方思想本身已经发展出一种和科学方法论与科学意识的普遍要求相适应的真理观与艺术观。在这样的真理观与艺术观之中，真理与艺术截然对立，而艺术的合法性恰恰以这种对立为前提。因此，批判的要求与证明的要求在这里是统一的："当一个新的对真理的要求与传统的形式相对抗时，艺术的合理性这一严肃的老课题就要一再被提出来。"② 这无疑是哲学的要求。不仅如此，艺术真理经验的自明性总是一种特殊的自明性。当我们面对伟大的艺术作品时，不仅作品被理解了，而且真理也被认识了，那么，这究竟是一种什么样的真理与认识呢？如果我们以自然科学对于规律的不断深化的认识的知识标准来衡量艺术真理，我们并不能把握艺术真理的实质。艺术的真理经验毋宁说是在每一次独一无二的历史性的具体经验中去理解其真理经验本身。因而，对艺术真理的实质的理解所要求把握的既不是完全的特殊，也不是科学意义上的抽象的普遍，而是一种具

---

① 伽达默尔：《真理与方法》，"导言"，洪汉鼎译，上海译文出版社1999年版，第19页。

② 伽达默尔：《美的现实性》，张志扬等译，三联书店1991年版，第2页。

体的普遍。可以发现，这种具体的普遍，恰恰是哲学的任务。这
已被黑格尔在他的著作中以一种杰出的方式所论证："真理不是
抽象的普遍性，而是具体的普遍性。"① 也就是说，艺术真理的
论证的任务不仅是需要哲学来完成，而且必须由哲学来完成。

　　进一步来说，怎样从哲学上对艺术的真理经验进行论证呢？
在伽达默尔看来，"怎样从哲学上对这种处于科学之外的认识方
式的真理要求进行论证，这完全是另外一个问题。在我看来，诠
释学现象的现实意义正在于：只有深入地研究理解现象才能提供
这样的论证"②。显然，这里所说的对理解现象的深入研究就是
伽达默尔的哲学诠释学的内容。一方面，艺术经验本身就是一种
理解经验，因而，哲学诠释学必须对艺术经验加以全面的探究，
以赢获自身在哲学上的普遍有效性，这必然意味着对艺术经验的
真理要求的把握。另一方面，哲学诠释学作为普遍哲学所探究的
不仅仅是艺术及其经验方式的问题，而是此在的全部世界经验的
问题，或者说人的整体世界经验和生活实践的问题。在此探究
中，科学方法论控制之外的真理经验在一切可能的领域里都必须
被论证。因此，在伽达默尔看来，哲学诠释学的真理视域远远超
出了艺术真理的范围："我们的探究并不一直停留在对艺术真理
的辩护上，而是试图从这个出发点开始去发展一种与我们的整个
诠释学经验相适应的认识和真理的概念。"③ 这意味着，哲学诠
释学对艺术真理经验的探究本身又是以诠释学的真理问题为导向
的。为了维护在艺术经验的诠释学探究中所认识的真理之路，不
仅必须在原则上对艺术真理本身作出解释，而且必须去探问，艺

---

① 黑格尔：《小逻辑》，贺麟译，商务印书馆 1980 年版，第 152 页。
② 伽达默尔：《真理与方法》，洪汉鼎译，上海译文出版社 1999 年版，第
18 页。
③ 伽达默尔：《真理与方法》，"导言"，洪汉鼎译，上海译文出版社 1999 年
版，第 19 页。

术的真理在何种意义上表现为诠释学的真理。

二 作品存在的真理

正如可以把哲学诠释学的全部内涵视作一种对真理存在方式的考察，我们同样可以把前文中所揭示的构成哲学诠释学的艺术哲学向度的核心内容——对艺术作品存在方式的考察看做对艺术的真理经验及其存在方式的考察。如前所述，艺术经验总是对艺术作品的理解的经验，而且此理解经验属于艺术作品的存在本身，因而，艺术经验的真理也就是艺术作品的存在的真理。

前文中我们已经介绍过伽达默尔从游戏、向构成物的转化或象征、节日三个方面入手对艺术作品存在方式的考察。我们还指出，可以用"表现"概念把三者统一起来。"表现"概念在此有双重含义。它既是指作品对其所表现之物的表现，也是指作品的自我表现。不仅如此，表现总是为了某人的表现，作为为之表现者的观赏者也必须被纳入表现的存在方式之中。因此，关于作为作品存在的表现实际上由三个相互关联的层面构成：对表现之物的表现、自我表现、为观赏者的表现。我们可以看到，伽达默尔的艺术真理探究也可以归结为这三个层面。

首先，作品是其所表现之物的表现。在这里，表现也就意味着转化和象征。伽达默尔指出，转化和象征是对意义的拯救。也就是说，在现实世界中，意义关系的展现常常是残缺的、易于流失的，而艺术通过转化与呈现为意义的整体，从而使意义被固定下来，并且被保持在自为整体的结构性的作品存在之中。这种意义整体本身也许不是实在的，但却是在更完满、更真实的意义上被把握的。因此，转化总是向作为真实之物的构成物的转化："它不是指使用巫术这种意义的变幻，变幻期待着解巫咒语，并将回归原来的东西，而转化本身则是解救，并且回转到真实的存在。"① 而象征也就是再认识，是"重新认识从流失的东西里面看出固存的东西"。② 关键在于，什么是这里所说的真实的与固存的东西呢？为了回答这一问题，伽达默尔进一步把构成物、象征与古老的"模仿"（mimesis）概念联系起来。通过向柏拉图与亚里士多德的模仿概念的回溯，伽达默尔指出，模仿不是单纯地再现，而是对在再现中被再现的东西的认识。这种认识是再认识，因为它把某物作为曾经见过的某物辨认出来。而这也就意味着，某物在我们的再认识中摆脱了时间的偶然性，按照其稳定和本质的东西展现在我们面前："'被认识'的东西只有通过对它的再认识才来到它的真实存在中，并表现为它现在所是的东西。作为再认识的东西，它就是在其本质中所把握的东西，也就是脱离其现象偶然性的东西。"③ 也就是说，在作为构成物、象征与模仿的艺术中被展现出来的东西实际上就是在其本质上被把握的被展现之物，而这也就是被展现之物的真理。具体而言，既然艺术世界就是现实世界的转化与模仿，既然艺术作为象征把现实世界提升到其有效的真实性与自主性之中，那么，艺术的真理实际上也就是它所展现的世界经验的真理。

其次，作品的存在是自我表现的存在。这就是说，艺术作品的真正存在并不能与它的表现相脱离，并且正是在表现中才具有作品存在自身的同一性。比如，文学作品就存在于阅读之中，绘画就存在于观赏之中，乐曲存在于演奏之中，戏剧存在于表演之中。实际上，正是表现把艺术作品带到了它的具体存在。以文学

---

① 伽达默尔：《真理与方法》，洪汉鼎译，上海译文出版社 1999 年版，第145 页。

② 伽达默尔：《美的现实性》，张志扬等译，三联书店 1991 年版，第79 页。

③ 伽达默尔：《真理与方法》，洪汉鼎译，上海译文出版社 1999 年版，第148 页。

作品为例。在未被阅读之时，所谓的文学作品不过是纸张与印刷文字的堆积物而已，只有在阅读之中那些文字的意义才得以显现出来，并转换为栩栩如生的形象。文学所展现的广阔的世界经验及其真理就在阅读之中得以被把握。但是，表现总是差异性的表现。一场戏剧的反复演出，一部文学作品的反复阅读，总是存在种种变异。在种种变异中，艺术作品存在的自身同一性如何保证呢？伽达默尔指出："如果我们把表现中可能出现的变异视为任意的和随意的，那么我们就忽视了艺术作品本身的制约性。"①也就是说，艺术作品自身就构成了表现之变异的批评性标准。这是因为，艺术作品既不是集合了种种主观体验的空洞图式，也不是意义传达的单纯的媒介和载体，而是一种表现为意义整体的构成物和象征。伽达默尔指出，作为象征与构成物的艺术作品对我们来说是一种永远不可超越的东西："象征和象征性的意义在这里产生出指示的一种悖论形式，即意义是它指示的，同时它本身就是体现甚至是证实。只有在这种与纯粹的理解活动相对抗的形式中才找得到艺术。"② 因此，艺术作品存在的同一性恰恰是由其自身保证的。它自身就构成了对种种随意的表现和肆意的歪曲的反驳。它"'站立'着，并因此成为一个永远在'此'的东西"③。而这也就意味着，艺术作品的存在本身就构成了对自身的真理性的证明。真理的要求并不是从外在的某处强加到艺术作品之上，而就是其自身存在的基本方式。简单地说，艺术作品的存在本身就是一种真理性的存在。

　　再次，作品的表现是为观赏者的表现。无论是对所表现之物

---

　　①　伽达默尔：《真理与方法》，洪汉鼎译，上海译文出版社 1999 年版，第153 页。

　　②　伽达默尔：《美的现实性》，张志扬等译，三联书店 1991 年版，第 61 页。

　　③　同上书，第 55 页。

的表现，还是自我表现，都必须把"为……表现"作为本质性
要素纳入到自身结构之中。我们注意到，观赏者作为表现的本质
要素的证明首先出现在对游戏概念的讨论中："在观赏者那里，
游戏好像被提升到了它的理想性。"① 同样也出现在对"向构成
物的转化"和象征的论述中："模仿和表现在其自身中就包含对
它为之表现的每一个人的本质关联。"② 但是，对其加以根本性
的论证则是在对艺术作品的节日性时间结构的研究之时。节日就
是被庆祝。被庆祝则意味着同在。而同在就是参与。因此，观赏
者不是因一种主体行为成为观赏者，而是被作品存在本身所要求
而成为观赏者：作品就像节日一样召唤着观赏者参与到其存在之
中。伽达默尔写道，"观赏者的存在是由他'在那里的同在'所
规定的"③。因此，观赏者的存在方式就是同在。何谓同在？一
方面，同在具有"外在于自身存在"④ 的性质。也就是说，观赏
者的存在作为同在有一种忘却自我的特性，他忘我地投入到某个
所注视的东西。另一方面，同在的本质是"同时性"⑤。同时性
指的是两种不同的时间性的沟通，也就是艺术作品的时间性与观
赏者自身时间性的沟通。而时间性也就是连续性。因此，观赏者
的同在也就意味着，一方面，他需要狂热地忘却自我，投入到艺
术作品之中；另一方面，正是这种忘我的投入，使他重获自身的
连续性。这种连续性不是空洞的连续性，而是属己的时间的意义
充实的连续性。艺术作品的意义经验被纳入到观赏者的自我理解
之中，而且只有在这种自我理解之中，艺术经验对他才有意义。

---

① 伽达默尔:《真理与方法》，洪汉鼎译。上海译文出版社 1999 年版，第
141 页。
② 同上书，第 148 页。
③ 同上书，第 161 页。
④ 同上书，第 163 页。
⑤ 同上书，第 165 页。

伽达默尔指出："这就是观赏者自身的世界的真理，他在其中生活的宗教世界和伦理世界的真理，这个世界展现在他面前，他在这个世界中认识了他自己。"①

　　由此可见，伽达默尔所说的艺术真理不仅是指艺术作品所展现的世界的真理，同时也是作品为之表现的观赏者自身世界的真理，而且还意指艺术作品本身就是一种真理性的存在。值得注意的是，艺术真理的三个层面在本质上是统一的。这与作为艺术作品存在的表现的三个层面的关联相对应。艺术作品在对其所表现之物的表现中敞开了其所表现的世界的真理，但是，此表现总是在对观赏者而言的表现，因此，艺术作品所展现的世界的真理与观赏者自身世界的真理是相互沟通的。事实上，正是这种相互沟通构成了观赏者的意义的连续性，因而也就是观赏者的世界的真理本身。此外，作品的存在就是自我表现。该自我表现不是单纯的形式质量的表现，而是意义内容的自我展现。此意义内容的展现也就是艺术作品所表现的世界的真理与观赏者自身世界的真理的展现。艺术作品作为真理性存在既是对其意义内容的真理的指引与表现，也是对意义真理的强化与证明。因此，对艺术真理的三个层面的揭示构成了对艺术真理经验的论证。而这三个层面的统一就是艺术作品存在的真理。

三　偶缘性与艺术真理的诠释学境遇

　　把握伽达默尔所说的艺术真理的一个关键之处在于，必须把他所说的真理理解为存在论的真理，而不是认识论意义上的符合论的真理。当我们谈到伽达默尔所谓的艺术作品所展现的世界的真理、作品为之表现的观赏者自身世界的真理以及艺术作品本身

---

　　①　伽达默尔:《真理与方法》，洪汉鼎译，上海译文出版社 1999 年版，第166 页。

就是一种真理性的存在之时，并不是说艺术作品所说的东西都是正确的、可以证实的，毋宁说，艺术作品的真理并不为认识论意义上的"真"与"假"所支配，而是艺术作品的存在本身把真理性作为要求向我们提出来。艺术作品的真理不是意义的证实，而是意义的敞开。很明显，这里所说的真理与海德格尔所说的作为去蔽以及去蔽与遮蔽之争执的存在真理是一致的。这是一种存在论的真理。伽达默尔的独特之处在于，他认为存在论的真理也就是诠释学的真理。因此，我们必须进一步追问：艺术的真理在何种意义上表现为诠释学的真理？

事实上，我们已经谈到艺术经验实质上就是一种存在论意义上的理解经验，那么，我们也就可以推论艺术经验的真理也就是哲学诠释学的真理。但是，这种推论在伽达默尔看来或许带有太强烈的概念演绎的色彩。不是我们的概念运作，而是事情本身指引着我们得出的结论才是令人信服的结论。也就是说，艺术经验探究本身应该能够表明：艺术的真理就是诠释学的真理。在伽达默尔看来，这就涉及了"偶缘性"的问题。

何谓偶缘性？伽达默尔认为："偶缘性指的是，意义是由其得以被意指的境遇从内容上继续规定的，所以它比没有这种境遇要包含更多的东西。"① 也就是说，偶缘性实际上就是艺术作品的意义内容的规定性，它是由该意义得以发生和意指的机缘条件和关联境况所规定的。那么，意义发生的机缘条件与关联境况有哪些呢？在伽达默尔这里，意义的发生就是理解，理解就是意义事件。因此，意义发生的机缘条件与关联境况就是理解得以发生的条件和境况。我们可以发现，这实际上就和我们在上文中对伽达默尔的哲学诠释学的基本内容的勾勒联系起来了。理解得以发

---

① 伽达默尔：《真理与方法》，洪汉鼎译，上海译文出版社1999年版，第188页。

生的条件不仅包括了理解者受权威和传统所指引的前见，也包括被理解之物的历史境况，还包括了理解者与被理解物之间的时间距离和效果历史关系，包括了视域融合的运动，以及扩大到一般世界经验上的理解的语言性问题等等。这诸种条件与关联构成了一个包罗万象的诠释学境遇。正是在此种诠释学境遇中，我们不仅理解了艺术作品的意义，而且获得了艺术作品的真理。因此，伽达默尔指出，偶缘性实际上是一种普遍偶缘性，它意指一种普遍的意义关系，并且表现在诸艺术作品的存在之中。无论是绘画还是诗歌，无论是音乐还是戏剧，"在所说的这些现象中所遇到的偶缘性要素表现自身为某种普遍关系的特殊情形，这种普遍关系是与艺术作品的存在相适应的，即从其达到表现的'境遇'出发去经验某种对其意义的进一层规定"①。

　　偶缘性构成了艺术作品意义内容的普遍诠释学境遇，因而它同时也就是艺术真理得以显现的普遍诠释学境遇。作为意义发生和真理显现的条件，偶缘性不是某种需要克服和清除的东西。认为需要克服和清除偶缘性，就像认为需要彻底地克服理解者的前见以及传统对理解活动的影响一样，不过是诠释学客观主义的不可能实现的幻想。但是，这也并不意味着偶缘性就是使得艺术作品的所有意义内容及其真理得以实现的外在必然性和先定前提。伽达默尔指出，偶缘性从属于作品存在本身，乃是艺术作品本身的意义和真理要求的一部分："偶缘性必须表现为作品整个意义要求中的某个意义要素。"② 其理由何在？偶缘性作为诠释学境遇事实上是一种艺术作品的意义发生和真理显现的可能性。也就是说，偶缘性可以看作作品本身中存在着的某种意义和真理的预

————————

　　①　伽达默尔：《真理与方法》，洪汉鼎译，上海译文出版社 1999 年版，第192 页。

　　②　同上书，第 662 页。

示，或者说作品自身中隐含的一种尚未实现的意义和真理的指令。伽达默尔以乐曲为例：乐曲的乐谱实际上就是一种指令，它包含着乐曲的种种可能性；但是，听音乐不是读乐谱，只有不同的境遇中演出才能够把乐曲中存在的种种可能性得以表达和表现出来，乐曲本身就是那在演出事件中所发生的东西，它"为了存在而期待境遇，并且通过其所遇到的境遇才规定了自身"①。正是由于艺术作品不断随着境遇的变迁而重新规定自身，偶缘性才构成了艺术作品存在本身的本质要素。但这也就意味着，艺术作品的存在及其真理本身就具有一种不确定性与开放性，以偶缘性或者说诠释学境遇为其本质要素的作品的意义总是"比没有这种境遇要包含更多的东西"。用伽达默尔的话来说："一部艺术作品是如此紧密地与它所关联的东西联系在一起，以致这部艺术作品如同通过一个新的存在事件而丰富了其所关联的东西的存在。"② 我们可以看到，这实际上也就是我们在前文已经探讨过的作为艺术作品的存在方式探究的存在论结论的"存在的扩充"。

　　由此，我们可以在艺术真理问题上获得什么样的启示呢？一方面，从偶缘性即是作品存在的诠释学境遇来看，艺术作品的真理也必须是诠释学境遇之中的真理。另一方面，从偶缘性构成作品存在的本质要素来看，艺术真理本身就是一种意义理解的事件：在存在论上，艺术真理表现为存在的扩充与意义的敞开；在诠释学上，艺术真理表现为意义的发生与理解的增殖。这表明艺术的真理就是理解的真理，也就是诠释学的真理。

---

　　① 伽达默尔：《真理与方法》，洪汉鼎译，上海译文出版社 1999 年版，第 192页。

　　② 同上书，第 191 页。

四　艺术真理：传统和语言

通过偶缘性概念的讨论，我们不仅揭示出艺术真理的诠释学境遇，而且揭示出艺术真理本身就是一种意义理解的事件，艺术真理就是理解的真理。这表明，作为哲学诠释学的基本原则的理解的历史性和语言性，同样适用于艺术的真理经验。因此，必须进一步对艺术真理经验本身的历史性和语言性加以讨论。在伽达默尔看来，这也就意味着从传统和语言的角度来看待艺术真理。

（一）艺术真理作为传统

艺术真理作为作品存在的表现、自我表现和"为……表现"的真理本身就包含着历史的中介。一方面，艺术作品不能舍弃对其所表现的世界的隶属关系，另一方面，艺术作品从不只是逝去了的东西，它能够通过其自我表现的连续性以及"为……表现"的同时性意义去克服时间的距离。由此可见，艺术作品的存在同样是一种效果历史的事件，而艺术的真理也就是一种效果历史意识的真理。不过，正如前文所说，效果历史与其说是一种意识，不如说是一种存在，它本身是一种置身于传统过程中的历史运动的方式，因为正是传统构成了沟通历史与效果、历史实在与历史理解的实在的那种共同的东西。因此，传统对艺术真理的历史中介也承担着一种奠基的作用。

事实上，对传统的强调可以被看做伽达默尔哲学诠释学最引人注目的特征之一。有学者甚至认为，"传统"在伽达默尔那里的地位类似于"存在"在海德格尔那里的地位。① 当然，伽达默尔对传统概念本身也重新进行了解释。他认为传统是活的传统，其真正本质是保存和培养，它不仅是被保存下来的流传物，而且

---

① 丸山高司：《伽达默尔——视野融合》，刘文柱等译，河北教育出版社2002年版，第72页。

就是流传物被保存的运动本身，就是历史的中介本身。因此，传统在以历史性为其本质的人类的一切行为中都是积极活动着的："我们其实是经常地处于传统之中，而且这种处于决不是什么对象化的行为，以致传统所告诉的东西被认为是某种另外的异己的东西——它一直是我们自己的东西，一种范例和借鉴，一种对自身的重新认识，在这种自我认识里，我们以后的历史判断几乎不被看作为认识，而是被认为是传统的最单纯的吸收和融化。"①从此意义上说，传统是真理的源泉，真理则蕴含在传统之中。对艺术真理来说也是如此："我们必须承认艺术传统的世界——我们在如此多的人类世界中通过艺术获得的辉煌的同时性——决不仅仅是我们自由地接受或拒斥的一种对象。当一部艺术作品攫住我们之时，它就再也不让我们重新自由地撇开它并仅仅按照我们自己的观念接受或拒斥它，这难道不是真的吗？那些千百年流传下来的艺术创造物并非是为了这种审美接受或拒斥而创作的，这难道不也是真的吗？……艺术的审美意识与艺术作品自身提出的真理要求相比不过占有一个次要的位置。"②

　　对此，我们可以把伽达默尔对"古典型"这一重要概念的讨论当作例证。在伽达默尔看来，古典型并不仅仅是一个风格概念以及与之结合的时代概念，而是一个本身结合着规范性意义要素和历史性意义要素的概念。如果仅仅把古典型看作一个风格和时代概念，就意味着，古典文化与艺术被看做是一种审美反思和历史反思的对象，并且被排除到现时代的人们的真理要求之外。但是，古典型之所以是一种真正的历史范畴，正是因为它远比某

　　①　伽达默尔：《真理与方法》，洪汉鼎译，上海译文出版社 1999 年版，第361—362 页。

　　②　Hans - Georg Gadamer, *Philosophical Hermeneutics*, Translated and Edited by David E. Linge, University of California Press, 1976, pp. 4 - 5.

种时代概念或某种历史性的风格概念有更多的内容。伽达默尔认为："它并不表示一种我们可以归给某些历史现象的特性，而是表示历史存在本身的一种独特方式，表示那种——通过愈来愈新的证明——允许某种真的东西存在的历史性保存过程。"① 可以发现，古典型的概念所意指的恰恰是传统的本质。而这也就意味着，传统的真正本质正是被我们对古典文化和艺术的经验所实现。对此，伽达默尔追随黑格尔的思想进一步解释道："古典型之所以是被保存的东西，正是因为它意指自身并解释自身，也就是以这种方式所说的东西，即它不是关于某个过去东西的陈述，不是单纯的、本身仍需要解释证明的东西，而是那种对某个现代这样说的东西，好像它是特别说给它的东西。"② 联系我们前文谈到过的艺术作品的自我表现的存在方式来看，这就是说，古典艺术作品在自我表现中不仅具有历史的意义，而且具有现在的意义，它自身就是在过去与现在之间的一种中介。因此，对古典艺术作品的理解既不会停留于过去，甚至也不会局限于现在，而是意味着比两者更多的东西。这更多的东西就是艺术的真理。而这艺术的真理，作为过去与现在的中介，也就是传统的真理。

（二）艺术真理作为语言

正如在哲学诠释学视域中的理解的历史性与语言性在根本上是相通的一样，作为艺术真理的传统与作为艺术真理的语言也是相通的。对此，伽达默尔写道："任何一种有助于他人理解的解释都具有语言的品格。在此意义上，所有的世界经验都是由语言传递的，因而，最广义的传统概念的定义也就可以把那些本身非

---

① 伽达默尔：《真理与方法》，洪汉鼎译，上海译文出版社 1999 年版，第 368 页。

② 同上书，第 371 页。

语言，但却可以进行语言的解释的东西都囊括其中。"① 也就是说，传统本身也是通过作为整体世界经验的语言性来定义的：传统的过去与现在的历史中介本身的实现乃是语言的真正成就。因此，作为传统的艺术真理实际上也就是作为语言的艺术真理，或者说，作为传统的艺术真理必须落实为作为语言的艺术真理。

为此，伽达默尔提出了"艺术语言"的概念。和伽达默尔所使用的"语言"是一个极其宽泛的概念一样，他所提出的"艺术语言"概念也是如此："我们所说的艺术语言——艺术正是由此而得以被守护与流传——是艺术作品自己述说的语言，不管该艺术作品在本质上是语言的还是非语言的。"② 也就是说，既然艺术经验是一种理解的经验，这也就意味着，艺术作品总是对我们有所述说，此种述说就是艺术作品的语言，不管它是否以语言的形式表现出来。所谓的艺术语言也就是从艺术作品中理解到的意义。不仅如此，"艺术语言指的是对表现在作品自身之中的更多的意义"③。在伽达默尔看来，艺术作品的基本特征就在于我们永远不能完全理解艺术作品：理解的对话辩证法正是在艺术经验中得到最典型的表现，因为艺术作品似乎永远无法给我们的问题提供一个最终的答案，相反，它表现为一种循环运动，在此运动中，回答重又变成问题并诱发出新的回答。因此，艺术语言实际上就是作品的意义的敞开与理解的增殖，而我们在前文已经表明，这也就是艺术的真理。

尽管非语言的艺术作品同样述说着"艺术语言"，伽达默尔认为，我们仍然应该承认，语言的艺术作品与非语言的艺术作品

---

① Hans – Georg Gadamer, *Philosophical Hermeneutics*, Translated and Edited by David E. Linge, University of California Press, 1976, p. 99.

② Ibid. , p. 100.

③ Ibid. , p. 102.

相比在与真理问题的联系上更为直接。诗就是语言的艺术作品。因此，对诗与真理之间的关系的探讨将是作为语言的艺术真理的最好的例证。伽达默尔写道："我觉得无可争议的是，诗歌语言拥有一种与真理的特殊的独一无二的关系。首先，这是由这一事实所表明的：诗歌语言并非在所有时代都同样适合任何内容。其次，这一事实表明：当这样一种内容被假定为语言中的诗歌形式时，它由此就获得了某种合法性。"① 也就是说，诗的艺术语言的成就本身不仅决定诗歌的成败与否，而且还决定其对真理的要求。在伽达默尔看来，诗的语言是"在一种著名意义上的语言"②：在诗的语言中，语词的声音和意义以不可解的方式彼此交织在一起，而这也就是说，诗的语言在自身中完成与实现自身。举例来说，当在日常生活中某个人对我们说，"瞧那边的房子"，那么，我们将随着这个人的眼光去看那边的房子并且把它作为他所说的东西的实现。而当我们在一首诗中看到同样的话时，我们并不会在任何特殊的方向寻求看见这座房子，而是认为这句话是自我实现的，并且每个人都以自己的方式构成该房子的形象。伽达默尔指出，正是在诗的词语的自我实现的意义上，诗的语词自身就是真理："借助于语词而发生的现实化取消了与其它可以被展示出来的东西的任何比较，并将所说的东西提高到通常称之为'真实性'的特殊性之上。"③ 因此，诗的语言经验自身就提出了真理的要求，诗的作品本身就是真理性的存在："真理的原初意义，在于我们谈说真实，我们谈说我们意指的东西。"④ 这也就是说，诗的真理就是艺术语言的真理。

---

①　伽达默尔：《伽达默尔集》，严平编选，上海远东出版社 2003 年版，第534 页。
②　同上书，第 535 页。
③　同上书，第 542 页。
④　同上书，第 537 页。

第三章 真理的冲突:诠释学论争及其艺术哲学意味

　　伽达默尔的哲学诠释学无疑构成了现代西方诠释学哲学的经典形态。自其代表性巨著《真理与方法》问世以来，哲学诠释学产生了广泛深远的影响，"不仅西方哲学和美学受到它的重大影响，而且这种影响迅速地波及西方的文艺批评理论、历史学、法学和神学等各人文学科领域"①。不过，正如伽达默尔在该书的"第2版序言"中所说，"它赢得了读者，同时也找到了它的批评者"②。这表明，伽达默尔的哲学诠释学在为越来越多的人所接受的同时，也遭遇到种种批评与挑战。在这些批评之中，影响较大的有意大利的法学史家贝蒂、美国文学理论家赫施从客观主义立场发出的批评，德国著名哲学家阿佩尔与哈贝马斯从先验语用学与意识形态批判理论立场发出的批评，以及解构理论大师、法国著名哲学家德里达从解构理论立场发出的批评等。面对这些批评与挑战，伽达默尔及其支持者给予了积极的回应，并就大部分问题撰写了专门的文章。可以认为，正是这一旷日持久、幅域辽阔的"诠释学论争"构成了哲学诠释学在问世以来最为

---

　　① 洪汉鼎:《真理与方法》译者序言，见《真理与方法》，上海译文出版社1999年版，第1页。

　　② 伽达默尔:《真理与方法》"第2版序言"，洪汉鼎译，上海译文出版社1999年版，第3页。

重要的效果历史景观。需要说明的是，由于篇幅的限制，我们无意于对诸次诠释学论争的全部内容及其深远意蕴加以详尽的阐发与探讨。本章所贯穿的考察思路仍然是以艺术真理问题为核心的对诠释学艺术哲学向度的考察。事实上，"真理的冲突"本身就可以视作诠释学论争的核心线索，并蕴含着深刻的艺术哲学意味。

第一节 意义与含义之争

作为由海德格尔所发动的诠释学的"存在论转向"的推进与发展，伽达默尔的哲学诠释学在诠释学自身演变的历史序列中，可以视作对以施莱尔马赫和狄尔泰为代表的近代诠释学哲学的全面批判。这尤其表现在他对诠释学的存在论层面的强调之上。在他看来，诠释学与其说是一种认识论和方法论，不如说是一种使得认识论与方法论成为可能的存在论，因而诠释学本身就表现为对近代认识论哲学及其科学方法论的客观主义构想的抵制。可以看到，这样一种观点引起了诸多争议和批评。这些批评中的一种重要的路向是立足于近代诠释学客观主义立场所作的批判，其代表人物是贝蒂与赫施。我们主要对赫施的诠释学理论及其对伽达默尔哲学诠释学的批判加以讨论。

一 赫施的"解释的有效性"理论

赫施把"解释的有效性"问题作为自己的诠释学理论探索的核心。他认为，解释的有效性问题也就是解释的正确性问题。那么，什么是解释的正确性？怎样才能达到解释的正确性？这正是赫施试图解决的问题。

（一）含义与意义的区分

赫施认为，解释的正确性是指"解释与本文所复现含义之间的一种相合状态"①。因此，为了达到解释的正确性，就必须论证作为解释的正确性的标准——文本的含义是固定不变的。在赫施看来，这就必须区分"含义"（Sinn，或 Meaning）与"意义"（Bedeutung，或 Significance）②。事实上，赫施的整个诠释学理论都是以这一区分作为前提的。他认为："一件本文有着特定的含义，这特定的含义就存在于作者用一系列符号系统所要表达的事物中，因此，这含义也就能被符号所复现；而意义则是指含义与某个人、某个系统、某个情境或与某个完全任意的事物之间的关系。"③也就是说，含义就是该文本作者所意欲表达的意思，它由文本符号系统表达出来，因而是自我同一并且固定不变的；而意义则是含义与其他事物之间的关系，它随着文本含义所处的关联域的变化而变化。

赫施认为，他对"含义"与"意义"之区分有着重要价值。"迄今为止，解释学理论中所出现的巨大混乱，其根源之一就是没有作出这个简单的然而是重要的区分。"④比如，诠释学一直未能明确地认识到，理解、解释、判断和批评是在功能、要求、目的上相互有别的东西。只有在区分了"含义"与"意义"的基础之上，我们才可能理解这样的区别：理解与解释的对象是

---

① 赫施：《解释的有效性》，王才勇译，三联书店 1991 年版，第 19 页。

② 赫施使用的是德语词"Sinn"与"Bedeutung"，英译常作"Meaning"与"Significance"或"Reference"等，而中译也较为混乱，如"含义"与"意义"、"意义"与"意味"、"意思"与"意义"、"意义"与"含义"等，本文采用《解释的有效性》一书中译者王才勇先生的译法。国内关于赫施这一术语翻译的讨论可参见郑茂《试析赫施的"意思"与"意义"之多种译文》，《继续教育研究》2002 年第 4 期。

③ 赫施：《解释的有效性》，王才勇译，三联书店 1991 年版，第 16—17 页。

④ 同上书，第 17 页。

"含义"，而判断与批评的对象则是"意义"。也正是由此，我们才能在一种作为科学的诠释学与作为价值评价活动的文学批评之间划清界限。

（二）含义作为类型

赫施认为，含义有两个基本的特征：确定性与可复制性。"确定性"，指的是"词义是一个始终如故因而也就是不会发生变化的整体"①。"可复制性"，指的是文本含义可以为作者之外的读者所分有和复现。可以看到，可复制性本身也以确定性为前提。在赫施看来，含义之所以是具有确定性的，是因为它受到了作者意志与语言条件的双重限定。需要注意的是，确定性不等于精确性。赫施谈道："毋庸置疑，词义大多是不精确而且是多义的，尽管如此，人们还是承认它的确定性，它就是它所是的东西，即多义的和不精确的，而不是单义的和精确的。"② 因此，含义的确定性并不意味着内涵的明确，而是边界、类别的明确，含义作为整体是一种包含有不明确含义的整体，即"类型"。赫施指出，类型的特点是：具有界限，并且总是能用一个以上的事物去再现。具有界限使得人们得以确定某事物是否属于该类型，而能用一个以上的事物去再现则意味着一个类型能由诸多差异性的事物所体现。这也正是作为多义的、不精确的、包含有不明确含义的含义整体的基本特征。因此，赫施认为："一个含义必须是一种类型，唯有这样，它对他人来说才是确定的。"③

含义的类型特质被赫施看做是含义的本质特征。因此，含义所受的作者意志与语言条件的双重限定在含义作为类型的意义上可以重新表述为："含义不仅是一位作者用他的语言符号表达的

---

①　赫施：《解释的有效性》，王才勇译，三联书店 1991 年版，第 58 页。
②　同上书，第 56 页。
③　同上书，第 62 页。

意欲类型，而且也是他人能凭借这种符号去理解的东西。"① 也
就是说，含义作为类型既是一种意欲类型，同时也是一种可分有
的语言类型。不仅如此，赫施还在此基础之上进一步区分了
"意味"和"范型"。所谓"意味"，就是作为含义类型整体的
组成部分的个别含义，而"范型"，则是"每一个囊括了某种表
述之整个含义的类型"②，也就是作为含义整体的类型。可以看
到，意味与范型的概念与诠释学的"诠释学循环"中的部分与
整体有类似之处。事实上，赫施正是把前者作为后者的替代之物
和解决方案来看待的。在他看来，范型概念把一种方法论功能引
入到诠释学循环之中。"范型"不仅是对含义整体的类型特征的
描述，而且意味着一种解释活动中解释者对文本含义类型的先行
构想与期待，因而，解释活动也就成了一种由模糊的范型构想出
发把握文本含义的"真正范型"的过程。"真正范型是这样一种
整体含义，通过这整体含义，一个解释者就能正确地理解这种具
有确定性整体的每个部分。"③ 问题在于，怎样区分"真正范型"
与"非真正范型"呢？从赫施坚持的作者对文本含义的决定权
的观点来看，作者的"意欲类型"应该是最终的标准。但是，
我们如何才能把握到作者的"意欲类型"却是一个更为棘手的
难题。事实上，如果我们必须借助范型构想才能把握到表现作者
通过文本表达的意欲类型，那么，与其说作者意欲类型是真正范
型的标准，不如说真正范型是把握所谓的作者意欲类型的标准。
对此，赫施始终语焉不详。

（三）解释有效性的验定

尽管赫施启用范型概念是为了克服诠释学循环所带来的

---

① 赫施：《解释的有效性》，王才勇译，三联书店 1991 年版，第 61 页。
② 同上书，第 83 页。
③ 同上书，第 100 页。

"困难"，但经过考察，他也不得不承认，这并非事实。构想范型与发现真正范型的解释活动总倾向于维护自身："一个解释上的假设，即对范型的猜测，总是倾向于成为一个维护自己本身的假设。"① 因此，并不存在能在解释过程上就完全保证解释的正确性的方法论规则。但是，这并没有使赫施客观主义理想破灭。他认为，解释活动是由结论的获得与结论的验证两部分组成的。我们虽然不能直接通过方法论程序的控制在结论的获得之中就保证其正确性，但却可以通过对其结论本身加以验定来判断其正确性。因此，"解释的系统化部分开始于理解过程终止的地方"②。对解释结论的正确性的验定——有效性验定，才是作为科学的诠释学的基本任务。

　　赫施认为，有效性验定的目标就是把诸种解释中的某一解释确定为正确的。但是，这种验定只能在人们已知的假设和结论上作出，它并不能保证我们验定出的正确解释始终是正确的。有效性验定所获得的正确性只是一种或然的正确性。或然性的逻辑就是有效性验定的逻辑。他认为："一切或然判断所展现的是这样一种事实，这种事实部分是未知晓的，而且这种事实或许从不会被确切地意识到。"③ 但是，这也就意味着，或然判断的对象总是力图把未知晓的事物同化到自身以提高自身的或然性。因此，或然判断的必要的假设就是族类的统一格式，"每个或然判断的结构都是这样的，或然判断是立足于我们以往对其他个体的经验之上的，这些其他个体在我们看来是与未知晓的东西属于同一族类的"④。从此出发，我们可以进一步推演出或然性本身的大小

---

① 赫施：《解释的有效性》，王才勇译，三联书店1991年版，第190页。
② 同上书，第194页。
③ 同上书，第199页。
④ 同上书，第201页。

的标准。赫施认为，就此而言，有三个决定性的标准存在："对
族类的限定程度、该族所属成员的总数以及在这些成员中个别特
征呈现的频繁性。"①

或然性的逻辑构成了有效性验定的逻辑，但是验定总是使用
某种证据的验定，赫施把这种证据称之为"解释的证据材料"。
一方面，为了对解释作出令人信服的评价，那就必须去考察所有
相关的证据材料，包括"内在的"（文本自身所提供的）与"外
在的"（非文本自身所提供的）材料。另一方面，材料本身也不
能是漫无边际的，而是必须符合"相关性"原则，即"如果证
据材料有益于去界定能把解释的对象纳入其中的某个族类，或者
说，如果证据材料增多了从属于这样一个族类的个别情形的数
量，那么，该证据材料就必定是相关的"②。但是，这岂不同样
陷入赫施所力求避免的"循环"中去了吗？为了对解释的正确
性作出评价，需要寻找证据材料；但是，证据材料的寻找所遵循
的又是与作为评判对象的解释结论所假设的族类统一格式的相关
性。这岂不仍然是一种"维护自身"的循环论证吗？另一个有
意味的地方在于，在论述作为科学的诠释学的"真正任务"的
有效性验定及其原则之时，作者意欲类型这一文本含义的"决
定因素"事实上几乎没有发挥任何作用。这不能不让人感到，
赫施的"拯救作者"的意愿何等空洞。

二 赫施对伽达默尔的批判与霍埃对赫施的批判

从客观主义的诠释学理论立场出发，赫施对伽达默尔的哲学
诠释学提出了自己的批评。但是，伽达默尔并未直接回应赫施的
批评。相比之下，伽达默尔似乎更重视贝蒂的批评。这或许是因

---

① 赫施：《解释的有效性》，王才勇译，三联书店 1991 年版，第 204 页。
② 同上书，第 225 页。

为贝蒂的理论更具有理论的一贯性的原因。不过，伽达默尔的学生，美国学者霍埃在享有盛誉的《批评的循环》一书中，则站在哲学诠释学的支持者的立场上对赫施的诠释学理论进行了全面的清理与批判。这也可以看作伽达默尔的间接回应。

（一）赫施对伽达默尔的批判

赫施认为，伽达默尔的哲学诠释学的根本问题就在于"含义"与"意义"的混淆。他说："伽达默尔所忽视的东西就是，对某个现实境遇来说，本文含义与含义之意义之间所具有的根本差异。"① 按照赫施的观点，本文的含义是作者用特定语言符号意欲传达的东西，是固定不变和可为解释者所复制的，而意义则是含义与其他事物之间的关系，处于流动变化之中。但在以"理解的历史性"作为基本原则的哲学诠释学的视域之中，并不存在像赫施所说的由作者意志所决定的、固定不变的与可复制的"含义"，只存在向理解与解释活动无限开放的"意义"，因为意义本身就是历史性的理解事件。因此，在赫施看来，哲学诠释学陷入了一种"极端历史主义"的认识论困境之中。"这种极端历史主义断言，一个由过去流传下来的含义，就其本质来看是不能为我们所达到的，对这样的含义，我们找不到任何'真正的'突破口，因此，我也就不能'真正地'理解它。"② 对含义的理解才是真正的认识，既然哲学诠释学否认了固定不变的含义的存在，那么，也就否认了真正的认识与解释的正确性之可能。

在赫施看来，无论是求助于传统，还是对理解活动的"视域融合"的洞察，哲学诠释学都无法解决这一认识论的难题。伽达默尔认为传统作为活的传统就是历史的中介本身，因而也就成为理解与解释的真理性的源泉。但在赫施看来，"传统概念严

---

① 赫施：《解释的有效性》，王才勇译，三联书店1991年版，第295页。
② 同上书，第51页。

格地是作为对本文解释的历史而运用到某个本文上去的，每个新的解释都鉴于其单纯的前在而从属于这个传统并改变着这个传统，因此，传统不能被作为固定的、规范的概念去看待，因为，它原本就是可变的存在和描述的存在"①。也就是说，传统本身就是一个有待规范的被描述之物，因而不能作为解释的正确性的稳定规范。进一步来看，哲学诠释学把理解看做置自身于传统之中的行动，在此行动中，过去与现在、自我与他者得以中介，因此，理解活动表现为一种"视域融合"，也正是在视域融合之中，我们获得了被理解物的存在中对我们自身有效的和可理解的真理。赫施则认为，这并没有解决正确性的难题，而是把这个问题尖锐化了。"只要某个解释者不管怎样尚未把握本文原初的观点，尚未与自身的观点相结合之时，他何以能去融合两种观点——其自身的观点和本文的观点——呢？如果有待融合的要素尚未具体化，也就是说，如果本文的原初含义尚未被理解之时，这样一种融合何以会发生呢？"②

因此，赫施认为，由于混淆了"含义"与"意义"，哲学诠释学放弃了解释的正确性与客观性的理想，滑入了主观主义和相对主义的泥沼。他认为，这尤其表现在伽达默尔有关"前见"（Vorurteil，也译"前判断"）的学说之中。伽达默尔的观点是：一切诠释学条件中最首要的条件就是前理解（Vorverstandnis），而前理解就是前见，它构成了理解活动得以进行的事实性前提。但在赫施看来，前判断与前期待、前理解是不同的："用'前认识'或'前判断'去取代'前理解'这个词，是一种不能成立的错误的混淆，'前认识'和'前判断'这两个词包含了有偏爱的或合惯例的态度这种含义成分，因此，上述这个混淆也就潜在

① 赫施：《解释的有效性》，王才勇译，三联书店1991年版，第290页。
② 同上书，第294页。

地意味着：一个解释者实际上无法改变他通常的态度。"① 这是因为，"前理解的论说对历史性和前判断是根本不关心的，它最终不偏不倚地恰好是有关假设逻辑在先的论说"②。也就是说，前见作为一种先行判断是主观的、独断的、为历史条件所限制的，而前理解则是客观的、逻辑的、超历史的，因而从前者出发就有堕入相对主义的危险，而从后者出发则可以保证解释的客观性与正确性。

（二）霍埃对赫施的批判

赫施试图通过对伽达默尔哲学诠释学的批判来捍卫他本人的关于解释的有效性的理论。他的核心内容是区分"含义"和"意义"，并重申以作者意图来保证解释的正确性的客观主义诠释学理想。但是，在伽达默尔的支持者霍埃看来，"这种重申也许会在相反的方向上走得太远，而成为武断主义了"③。因为，"这种理论客观主义为避免怀疑相对主义，就得争辩说有一种客观基础存在着，但它既表明不了这个基础是实际可知的，又表明不了它能在特殊解释中被人把握"④。

霍埃指出，赫施所认定的这种客观基础就是固定不变的"含义"。他认为，赫施关于文本含义的理论主要由两个关于含义的命题组成：其一，只有当含义本身为不变的，才会有客观性；其二，含义是意识的事情而不是语词的事情。但是，赫施对这两个命题的讨论却难以令人信服。首先，关于含义的客观不变的讨论陷入到武断的理论空想与悖谬的循环论证之中。赫施对含义的客观不变是通过对"含义"与"意义"的区分，以及在此

---

① 赫施：《解释的有效性》，王才勇译，三联书店 1991 年版，第 301 页。
② 同上书，第 302 页。
③ 霍埃：《批评的循环：文史哲解释学》，兰金仁译，辽宁人民出版社 1987 年版，第 16 页。
④ 同上。

基础上对理解、解释与判断、批评的区分来论证的。但是，这些区分都仅仅是概念术语的区别，而不是实际经验的区分。也就是说，这些论点来自于他自己对诸概念术语的界定，而不是来自于实际的可观察的经验的证实。这使他面临着陷入武断的理论空想中的危险。而在试图进一步探讨含义的两个基本特征——确定性与可复制性——的时候，赫施的论证思路是：他一开始就说明没有含义的确定性就不可能有可复制性，而到讨论含义的确定性之时，他又断言，正是因为含义有可复制性，所以必然有确定性。可以发现，这是无效的循环论证。其次，关于"含义是意识的事情而不是词语的事情"，赫施无法提供明确的论证。按照他的看法，含义作为一种"意欲类型"，不论文本言语在安排和选词上有何种变化，都会保持同一个作者意欲表达的整体含义。问题在于，赫施根本不能证明，我们改变某个字词不会改变言语的意思。除此之外，霍埃指出，赫施关于含义的见解还存在一个关键性的模糊，即"他从句子的角度检查了关于含义的谈话之间的区别，而又从本文的角度来讨论这种区别"①。一个句子的含义可以通过文本或作为整体的语境来确定，而文本作为相对独立的语义构成物其含义确定则复杂得多，但赫施却从未对句子与文本能共享相同的论点作出任何证明。②

　　尽管赫施的理论设计有诸多困难，霍埃仍觉得需要考虑到它的实践的效益的问题，"若果有实践的效益，那么这些理论难点则肯定是值得加以考虑的"③。在霍埃看来，赫施的诠释学理论旨在获得这样一种实践结果：把作为文本含义决定因素的作者意

---

　　① 霍埃：《批评的循环：文史哲解释学》，兰金仁译，辽宁人民出版社1987年版，第26页。

　　② 同上书，第16—30页。

　　③ 同上书，第30页。

图重新确立为判断解释的有效性与正确性的标准。赫施认为：
"只要某人去追求其解释的正确性，那么，他就会陷入逻辑必然
性的网络之中。如果要使他追求正确性的要求成为合理的要求，
他就必须承认，他的解释活动是以某个真正的准则为尺度的。在
任何时候都具有规范意义的唯一原则就是古代有关正确理解作者
意指含义的思想。"① 在此意义上说，赫施的理论是一种新的意
图论，它与作为西方现代文论主流的反意图论是相对立的。实际
上，赫施也把伽达默尔的哲学诠释学归入到反意图论的行列之
中。但是，霍埃发现，赫施的意图论与现代反意图论的代表人物
如著名的《意图谬见》②的作者维姆萨特、比尔兹利共享某些重
要的理论前提。比如，他们都同意，作者心目中的私有含义是解
释者所不能企及的，解释者能达到的只是可传达的公共含义；他
们也都赞同，在作者意图与其实际表达的效应之间存在着差异。
不过，这些被反意图论者用来论证"意图谬见"的观点，却被
赫施用来得到相反的为意图论辩护的目的。霍埃指出："当反意
图论的论点变为维护意图论的论点时，我们便怀疑其中是否掺进
了关于意图的不同概念。实际上，虽然赫齐（即赫施）说到作
者意图时，仿佛意图是一个正常理解了的'旧式的理想'，因而
它就是反意图论者所反对的那同一个概念，但他实际上极大地改
变了意图的概念。赫齐把意图当作是一个语言术语，基本上可以
共享的文字含义，而不是一个心理学术语，作者心中私有的含
义。"③ 不仅如此，赫施所说的"作者"也不是反意图论者所驳
斥的那种传记的作者，而是"陈述主体"："陈述主体与作者的

---

①　赫施：《解释的有效性》，王才勇译，三联书店1991年版，第36页。
②　该文中译见赵毅衡编选《新批评文集》，百花文艺出版社2001年版，第
232—254页。
③　霍埃：《批评的循环：文史哲解释学》，兰金仁译，辽宁人民出版社1987年
版，第36页。

主体性并不是一回事。……在某种意义上，陈述主体就是指作者的那些规定词义的部分"①，"陈述主体就是作为内在存在的作者的语言，……这个作者的语言界定了本文能再现之含义可能性的范围"②。因此，陈述主体恰恰是解释者通过文本语言的解读而重构的，属于文本自身的功能。这个"陈述主体"与维姆萨特等反意图论者所说的"戏剧性陈述者"等概念并无多少差异。由此可见，尽管赫施对反意图论作出激烈的批评，但他自己的理论实际上并没有提出什么新的见解和产生新的实际的效益。实际上，赫施关于求助于作者意图的策略不仅不能兑现，而且有陷入武断主义的危险："当这个问题成为涉及确定不同或甚至对立释义的标准时，释义者却没有任何一种证据——通常意义上的作者意图——能够让他有一个确定的倚靠。似乎只有他的释义是正确的，那么释义者才算抓住了作者所意欲表达的含义。"③ 也就是说，既然所谓的唯一客观正确的作者意图实际上仍然是解释者想象性的重构的成果，为了坚持其"客观正确"，除了武断地断定自己的解释是正确的之外，别无他法。

　　可以看到，虽然霍埃在此并未直接评论赫施对伽达默尔的批评，但是，通过理论与实践两个层面上对赫施诠释学理论的清理与批判，霍埃实际上是从反面为伽达默尔进行了辩护：既然赫施自己的理论是站不住脚的，那么，他从其理论立场出发对伽达默尔的批判也就是可疑的了。正如霍埃所说，赫施的理论"若在实践水准上产生了这样的后果，又在哲学水准上产生了概念的不清，那么向这种理论提出质疑并提出正面的选择便成为很重要的

---

　　① 赫施：《解释的有效性》，王才勇译，三联书店 1991 年版，第 280 页。
　　② 同上书，第 279 页。
　　③ 霍埃：《批评的循环：文史哲解释学》，兰金仁译，辽宁人民出版社 1987 年版，第 40 页。

事情了"①。很明显，对霍埃来说，伽达默尔的哲学诠释学正是这样的正面的选择之一。

三 "意义与含义之争"的批判性反思

通过前文对赫施的诠释学理论观点及其对伽达默尔的批判，以及霍埃对赫施诠释学理论的批判的介绍，我们可以大致地把握伽达默尔与赫施之间在诠释学理论上的歧异的要点。在笔者看来，两者之间的歧异的核心，可以概括为"意义与含义之争"②：伽达默尔的哲学诠释学以理解的存在性、历史性与语言性作为基本原则，把理解与解释的活动看作语言存在论层面上的视域融合，因而理解的事件在根本上就是意义的发生，意义即是理解的效果历史事件，不存在脱离于理解与解释活动的固定不变的意义极点。而赫施的解释的有效性理论则认为，理解与解释的活动是主体认知作为对象的固定不变的含义的认识活动，含义构成了理解与解释的认识论判据，它在本质上就是作者意图，并且受到语言惯例的限制，具有确定性与可复制性。在伽达默尔的哲学诠释学的视野之中，赫施所说的客观不变的含义不过是武断的理论空想，是在根本上缺乏反思的后果。而从赫施的诠释学理论立场来看，哲学诠释学混淆了"意义"与"含义"的区分，因而使得解释的有效性的论证或者说解释的正确性的判断标准成为不可能，从而陷入主观主义与相对主义的泥沼之中。因此，正是"意义"与"含义"的分歧，构成了伽达默尔哲学诠释学与赫施的解释有效性理论之间最基本的对立。

---

① 霍埃：《批评的循环：文史哲解释学》，兰金仁译，辽宁人民出版社1987年版，第43页。
② 这里的"意义"是伽达默尔的哲学诠释学的概念，而不仅仅是赫施所区分出来的"意义"。

　　"意义与含义之争"实际上也是不同的真理观之间的论争。前文我们已经指出，伽达默尔所探究的理解的真理是存在论的真理，即存在之去蔽以及作为无蔽与遮蔽之争执的存在的真理。这种真理观是与其意义理论相适应的。而在赫施的含义理论中所表达的真理观则是认识论哲学的符合论意义上的真理，即认知主体的判断与认知对象之间的符合一致即为真。我们谈到，赫施把解释的有效性问题作为其诠释学理论的核心问题。但是，他把解释的有效性等同于解释的正确性与客观性。在他看来，真理即正确性，"所有真正的科学其理论目的就是获得真理，其实践目的就是使人对此真理达到一种默契。这就是说，真理是大致地获得的，因此，一切真正科学实践的目的就是一种认可——对一组推论比其他推论更具或然性这一点获得一种根基牢固的默契——而正确解释的目的就正是这种认可"①。而所谓解释的正确性即"解释与本文所复现含义之间的一种相合状态"②。由此可见，赫施的真理观是符合论的真理观，而伽达默尔与赫施之间的"意义与含义之争"，在真理层面上乃是存在论真理与符合论真理之争。

　　但是，我们看到，赫施的解释的有效性理论及其对哲学诠释学的批判并不能令人信服。首先，赫施的理论是一种缺乏内在的一贯性的理论。他既不能为他在概念术语上对"含义"与"意义"，理解、解释与判断、批评，以及含义的确定性与可复制性等从逻辑需要上所作的区分和界定，提供实际经验的证明和有实质意义的理论论证，也难以把他的基本观点即作者意图对含义的决定性贯穿到理论推演的整个过程之中。进一步而言，赫施对哲学诠释学的批判也难以被看做是恰当的。这尤其表现在他对作为

---

① 赫施：《解释的有效性》，王才勇译，三联书店1991年版，第3页。
② 同上书，第19页。

哲学诠释学的核心原则的"理解的历史性"的误解之上。赫施认为，隐含在"理解的历史性"原则之后的是一种"极端的历史主义"，即认为"过去对现在来说，在本体上是疏异的，过去的含义的存在无法演变成现在含义的存在，因为，存在是有时间性的，而且，时间的差异也就是存在的差异"①。问题在于，这是对伽达默尔所说的"理解的历史性"的恰当的理解吗？伽达默尔所提出的"理解的历史性"是在存在论的意义上来说的。理解作为此在的基本存在方式具有历史性的结构，而这也就意味着，理解不能被看做一种认识论意义上的主体行为，而要被认为是一种此在历史性存在的基本运动，在此运动中过去与现在得以中介，而历史性正是这种中介本身。因此，在伽达默尔那里，历史从来就是一个与此在存在之意义连续性及其内在张力相适应的效果历史的整体，赫施所谓过去与现在的"本体上的疏异"决不是对"理解的历史性"的正确解释。

　　尽管如此，这并不意味着在伽达默尔与赫施之间的这场"含义与意义之争"是无意义的。虽然赫施的理论存在内在的不一贯性，但他所代表的诠释学的方法论与认识论的路向，绝非一种无效的路向。事实上，现代诠释学围绕伽达默尔哲学诠释学所展开的论争大多是从这一路向对哲学解释学的存在论路向展开批判的论争，只不过，其他的论争者在理论的立足点上经过了更深入地现代哲学的改造，比之赫施更具有理论的一贯性，而赫施的理论在与诠释学艺术哲学向度相关的诠释学问题域的展示上与他们有相似之处。因此，我们对"意义与含义之争"的反思有着双重任务：一方面，对赫施理论的内在困难加以更深入的反思，揭示其理论根源；另一方面，则应该展示出"意义与含义之争"中，赫施所提出的一系列值得进一步探究的问题及其艺术哲学

---

① 赫施：《解释的有效性》，王才勇译，三联书店1991年版，第296页。

意味。

前文已经谈到，赫施理论的内在不一贯性表现在两个方面：① 不能为概念术语上的逻辑区分提供实际经验的证明和有实质意义的理论论证；② 难以把他的基本观点即作者意图对含义的决定性贯穿到理论推演的整个过程之中。在笔者看来，前者涉及先验与经验的混淆的问题，而后者涉及的则是近代意识哲学范式与现代语言哲学范式的冲突的问题。

赫施试图对"含义"与"意义"，理解、解释与判断、批评加以区分，所充当的实际上是一种先验的功能：要使得解释的唯一客观的正确性认定成为可能，在逻辑上必须作出这样一种区分。从此意义上说，赫施的观点所具备的只有逻辑上的效用。但是，赫施似乎一方面对其区分的先验性缺乏自觉，另一方面又过分急于在经验的层次上对此加以应用。在《解释的有效性》一书的"前言"中，他谈道："这里所阐述基本原则以及本书所作的有关界定（尤其是对含义与意义的界定）导出了这样的结论：正确的解释是可以达到的。本书所推出的有关原则、界定和结论本身，就内在地具有着实践的意义。"① 在这里，赫施犯了两个错误。首先，他对"意义"、"含义"等的界定实际上是在确信解释的正确性之可能的基础上的逻辑设定，而不是相反从这些设定导出"正确的解释是可以达到的"这一结论。其次，他所推出的界定、原则等固然需要在经验的层面上证明其可能性，但却不一定是"内在地具有着实践的意义"。因此，在赫施的论述中，充斥着这样一类似是而非的断言，"虽然我们从不能肯定，我们所作的解释上的推测是正确的，但是，我们知道，我们的这个推测是正确的"②。对此，霍埃评价道："他武断地相信了：如

---

① 赫施：《解释的有效性》，王才勇译，三联书店 1991 年版，第 5—6 页。
② 同上书，第 235 页。

果我们认为一件东西必定存在，那么它实际上就会存在，纵使我
们根本看不见它。"①

　　赫施把作者意图看做文本含义的决定者这一论断，同样是一
种先验的设定，因而这也部分解释了他为何难以把这一观点贯穿
理论始终。不过，作者意图论就其绵长的历史来看，也有其经验
层次的尤其是心理主义的说明。因此，从先验与经验的冲突的角
度，并不能完全揭示赫施无法彻底贯彻其意图论的原因。在笔者
看来，更重要的原因在于，赫施试图把现代哲学引入到他的论证
之中，但却未能把握现代哲学相对于近代哲学在范式上的根本转
换，即从意识哲学范式向语言哲学范式的转换②，因此，在他的
理论思想中内在地包含着意识哲学范式与语言哲学范式的矛盾。
他坚持作者意图论，坚持文本含义是由作者意图所决定的，因
此，"'含义'是一件意识的事，而不是一些词语的事"③。与此
同时，他也承认语言规范对含义的限定性，并且认为作者意图与
语言规范是统一的，或者说，含义作为范型既是作者意志的意
欲范型又是语言规范的语言范型。但是，这种统一性却是从未
经过证明的一个假设。他只是空洞地谈到，解释活动以发现真
正范型为目标，而与作者意欲范型相符合的范型构想才是真正
范型，但作者意欲范型是如何确定的似乎又取决于真正范型的
发现，取决于"制作该本文所依循的独特的规范与惯例"④。
而在讨论所谓的解释的有效性验定之时，作者意图也并未发挥

　　①　霍埃：《批评的循环：文史哲解释学》，兰金仁译，辽宁人民出版社 1987 年
版，第 22 页。

　　②　对此问题，哲学家论述颇多。可参看后文中阿佩尔的观点，以及伽达默尔
《哲学解释学》，夏镇平、宋建平译，上海译文出版社 1994 年版，第 3、76 页；哈贝
马斯《后形而上学思想》，曹卫东译，译林出版社 2001 年版，第 7，42—47 页。

　　③　赫施：《解释的有效性》，王才勇译，三联书店 1991 年版，第 12 页。

　　④　同上书，第 141 页。

任何实质性的作用，因为他所指出的对解释的有效性进行"正确"的或然性判断的三个决定性的标准，即对族类的限定程度、该族所属成员的总数以及在这些成员中个别特征呈现的频繁性，似乎并不需要对作者意图的推断作为前提。实际上，无论是赫施从范型概念出发对解释过程的规划，还是讨论解释的有效性的验定，真正有实质意义的只是语言规范，尽管他本人似乎并不愿意承认这一点。

由此可见，可以把赫施理论的内在困难归结为先验与经验的冲突、意识与语言的矛盾。我们可以看到，解决这一内在困难，构成了另外的试图重建方法论与认识论诠释学的现代哲学家的任务。赫施的贡献或许正在于，他使这一困难更明显地暴露出来。不过，这并非赫施对诠释学的仅有的功绩。事实上，他针对伽达默尔哲学诠释学提出的一系列问题同样是有其正面意义的。联系到我们以艺术真理问题为核心的对现代诠释学艺术哲学向度的考察，我们将简略地提及其中的两个重要问题。

1. 解释的有效性问题

把"解释的有效性"作为诠释学的一个基本问题提出来，是赫施对诠释学的重要贡献之一。有效性问题实际上是当代知识论的核心问题，它意味着一种与近代认识论哲学所提供的绝对客观知识理想不同的另一种知识理想。尽管赫施本人似乎并未如此来看待他所说的"有效性"，而是将其草率地等同于客观性与正确性，因而实际上仍回复到了近代认识论的立场之上。但是，他提出这一问题并为现代诠释学明确此一崭新的知识论主题的功劳是不可抹杀的。尤其是在海德格尔与伽达默尔的存在论诠释学成为现代诠释学主流并使得近代诠释学构想备受冷落之时，赫施直接以解释的有效性理论向伽达默尔挑战，使得人们重新注意到诠释学的固有的认识论与方法论维度，这也无疑是其重要价值。

事实上，通过前文我们对伽达默尔哲学诠释学的艺术哲学之维的讨论，我们可以看到，哲学诠释学所开辟的广阔的艺术哲学路向虽然获得了存在论的根基，但却并未全面地以适应于艺术经验的深度与广度铺展开来。当伽达默尔写道，"艺术就是认识，并且艺术作品的经验就是分享这种认识"①，他实际上也提出了在认识论层面上伸展诠释学的艺术哲学向度的任务。而且，伽达默尔本人关于游戏、前见、效果历史、视域融合、问答逻辑等的探究，也隐含了认识论的度向。但是，诠释学艺术哲学从存在论向认识论的转化本身还需要认识论自身所提供的结合点，否则它也就难以触及诸多认识论的特有问题。有效性问题恰恰是这样一个结合点。因为，在根本的层面上，有效性问题是与艺术真理的问题相关的。一方面，艺术真理的存在论维面的探究超出了认识论的视域而直接关联于存在本身的开启与遮蔽，因而作品存在即是真理的发生。另一方面，艺术真理不仅要求存在论的自我奠基，它也要求在普通认识层面的有效性的效度，因为我们必须回答这样的问题：对艺术作品的解释的真理性可以怎样决定？对一件艺术作品的不同断言之间的真理程度如何判定？众多相互冲突的真理断言能够得到调和吗？这些问题实际上就是艺术真理在认识论层面上的有效性的问题，因而也就是艺术理解与解释的认识论与方法论中的有效性的问题。

2. 作者问题

赫施对诠释学艺术哲学探究的另一个重要贡献是他对作者问题的重视。虽然他提出"拯救作者"的口号是为了重新恢复作者意图作为文本含义的决定性因素的文学研究传统，但是，作者问题并不一定就是作者意图的问题，也不一定就要重新把作者意

————————
①　伽达默尔：《真理与方法》，洪汉鼎译，上海译文出版社1999年版，第125页。

图设定为解释正确性的标准。实际上，我们已经指出，赫施本人
对作者的看法也是矛盾的。一方面，他试图捍卫"古代有关正
确理解作者意指含义的思想"，这里的作者是所谓"传记的人"。
另一方面，他又把他所说的作者定义为陈述主体，因而是文本自
身的功能。就现代文艺理论的主流来看，后一种作者理解是更为
合适的理解。也就是说，"作者"在现代文论视野中更多的是一
种功能和形式上的设定，而不是一种实体性的真实个人。这可以
从现代文论的诸多概念如"文本作者"、"隐含作者"等之中得
到证明。问题在于，何以作者作为一种形式与功能上的设定是必
不可少的呢？仅仅由"人说话"、"人写作"这样一些经验常识
来对此加以回答是不够的。在我看来，作者同样必须纳入到作品
存在的存在论考察之中，或者说，必须把作者存在视为艺术作品
的存在及其真理发生运动中的必不可少的要素来重新加以考量。
就此而言，伽达默尔对艺术作品存在的诠释学探究恰恰忽视了这
一点。在以游戏概念作为出发点对艺术作品存在方式的考察中，
正是游戏本身构成了艺术作品的基本存在方式，而游戏的本质就
是自我表现和"为……而表现"。但是，游戏的自我表现与
"为……而表现"同时也是表现者的表现，此表现者的存在方式
与"为……而表现"的为之表现者的存在方式如何可能是同一
的呢？我们看到，伽达默尔承认，"游戏本身却是由游戏者和观
赏者所组成的整体"[①]。在此，游戏者即是表现者，观赏者则是
"为……而表现"的为之表现者。但是，他认为，因为游戏自身
蕴涵的意义内容可以与游戏者的行为脱离，所以，对游戏存在而
言，观赏者是更具本质意义的构成要素，只有观赏者才实现了游
戏之为游戏的东西。进一步来看，游戏者也只有转化为观赏者，

----

①　伽达默尔：《真理与方法》，洪汉鼎译，上海译文出版社 1999 年版，第 141
页。

才可能以游戏的意义内容意指游戏本身。果真如此吗？在此我们还不能回答这一问题，但它却可以指引我们的进一步的研究，并提供一种穿越诠释学问题域的可能。由此可见，作者的问题的提出有其积极的意义。

第二节　经验与先验之争

哲学诠释学作为对近代方法论诠释学的全面批判，实际上也就是对作为近代诠释学哲学基础的认识论哲学的全面批判。因此，哲学诠释学不能仅仅满足于揭露近代认识论与科学方法论的"天真的客观主义"，而必须进一步涉及作为近代认识论哲学最高成就的先验哲学的批判的问题。正如伽达默尔所暗示的那样，他试图追随海德格尔的哲学道路，"把先验探究作为近代主观主义的结果去加以认识和克服"[1]。尽管我们在后文中将会看到，哲学诠释学与先验哲学之间的内在关联远非单纯的抛弃那样简单，但从伽达默尔把哲学诠释学看做"一种诠释学经验理论"[2]并且一再强调"经验"问题的"纲领性的关键地位"[3] 来看，伽达默尔对先验哲学的总体态度是批判性的。事实上，把先验探究作为近代认识论哲学的不可能实现的幻想予以批判与克服，是现当代西方哲学的主潮之一。不过，在这样的主潮之中，仍然有一些哲学家积极而明确地重提先验问题，并把自己的哲学看做一种先验哲学。德国哲学家阿佩尔是其代表人物之一。不仅如此，阿佩尔还把自己的先验哲学称作先验诠释学，

---

　　[1]　伽达默尔：《真理与方法》，洪汉鼎译，上海译文出版社 1999 年版，第 331 页。

　　[2]　同上书，第 341 页。

　　[3]　参见伽达默尔《真理与方法》"第 2 版序言"，洪汉鼎译，上海译文出版社 1999 年版，第 13 页。

这本身就意味着从先验哲学立场对伽达默尔哲学诠释学的一种
挑战。

一　阿佩尔的先验诠释学构想

作为一种现代的先验哲学，阿佩尔的先验诠释学是"改造"
过的先验哲学。阿佩尔最重要的哲学著作就以"哲学的改造"
为名。不过，这里的"改造"是双向的。一方面，它指的是对
近代先验哲学尤其是康德先验哲学的现代改造；另一方面，它也
意味着对现代哲学的先验改造。所谓的先验诠释学，实际上就是
这种双向改造的成果。

（一）从意识的先验哲学到语言的先验哲学

先验哲学把人类知识有效性的可能性条件的终极论证看作自
己的根本任务。在康德那里，这一任务是通过对作为知识的先天
基础的自我意识的先验统觉的论述来完成的。这种以意识明证性
为基础的先验哲学论证，是近代意识哲学的先验哲学路径。在阿
佩尔看来，建构现代先验哲学，必须把先验问题置放到语言学转
向之后的现代哲学视野之中来加以解决。他认为，现代哲学的基
本范式是语言分析范式①，因此，现代先验哲学也就是语言分析
范式的先验哲学。问题在于，现代语言分析哲学如何可能改造先
验哲学，从而重新解答知识有效性的先验问题？阿佩尔认为，现
代哲学的"两个根本性的哲学陈述"即后期维特根斯坦的"语
言游戏"概念与皮尔士的"无限探究者共同体"概念起了关键
性的作用。② 不过，与维特根斯坦的"语言游戏"概念相比，皮

---

① 参见阿佩尔《先验指号学与第一哲学的范式》，王炳文译，《哲学译丛》
1988 年第 6 期。

② 阿佩尔：《哲学的改造》，孙周兴、陆兴华译，上海译文出版社 1997 年版，
第 160 页。

尔士的"无限探究者共同体"概念及其实用主义指号学思想对阿佩尔的先验探究的启发更具直接性。[①] 因此，我们主要对后者进行讨论。

阿佩尔认为，皮尔士的实用主义指号学本身就可以被看做"先验哲学的指号学改造"[②]。在他看来，皮尔士的指号学要旨在于将近代意识哲学认识论的"主体—客体"二元关系改造为以指号为中介的"主体—指号—客体"三元关系。这不仅意味着认识活动中指号的中介作用是不可还原的，而且意味着认识活动本身也必须纳入指号关系中来考虑。指号关系也是一种三元关系，即"指号—解释项—对象"关系。在指号的三元关系中，"解释项"有着突出的重要性，因为它直接关联于指号关系以及建基于指号关系的知识的有效性问题。阿佩尔赞同莫里斯的看法，解释项实际上就是指号指称的可理解的规则，"我们根据这种规则才能说某个指号媒介物指称特定种类客体或情境"[③]。那么，解释项本身的有效性又如何确定呢？它作为规则不是指称情境中的客体，而是由指号使用的主体的共同体来解释和规定的——之所以是指号使用主体的共同体而不仅仅是某个指号使用个体，是因为规则必须具有公共性。如果没有指号使用者共同体对指号使用规则的规定与解释，就不可能有指号对某物之为某物的任何表达。阿佩尔认为，正是在这里，皮尔士的指号学重新提出了知识之可能性的主体条件的问题，并开启了一条现代先验哲学的道路。他指出，早在 1868 年，皮尔士就阐发了一个关于作为认识主体的共同体的观念："这个共同体无明确界限，并且具

---

① 参见盛晓明《话语规则与知识基础——语用学维度》，学林出版社 2000 年版，第 178 页。

② 阿佩尔：《哲学的改造》，孙周兴、陆兴华译，上海译文出版社 1997 年版，第 118 页。

③ 同上书，第 113 页。

有明确的增加知识的能力。"① 不仅如此，皮尔士还进一步提出了一个作为知识之可能的一致性统一点的概念，即"探究者的无限共同体"。既然知识有效性问题在指号学中取决于指号使用者或认识主体的共同体对指号规则的规定与解释，那么，共同体内部的指号使用者之间的一致性就构成了知识的有效性的保证，而为了在终极上保证知识的有效性，我们就必须假定一个理想的由无数个知识探究者组成的无限共同体来提供终极的依据。由此可见，皮尔士的"探究者的无限共同体"的概念是一个先验概念，它力求为人类知识有效性提供终极论证，因而构成了先验哲学的指号学改造的极点。

（二）先验指号学或先验语用学的诠释学扩展

皮尔士的先验哲学的指号学改造所开启的现代先验哲学的道路是一条先验指号学的道路。由于先验指号学把指号与指号使用者之间的语用关系的先验思考作为核心，所以也可以称作先验语用学。但是，阿佩尔认为，这种皮尔士意义上的先验指号学或先验语用学并未完成先验哲学的现代改造的任务。这是因为皮尔士的实用主义立场使得他的视界受到了科学主义的限制，他对主体间意义沟通的思考自始至终都是与科学意义上的实验经验联系着的。指号的意义的阐明始终依赖于一种在合目的理性的、反馈控制性的可重复试验所提供的经验。因此，"皮尔士似乎认为在自然科学的实验研究过程与人类解释共同体中的沟通过程之间没有任何区别"②。这表明，皮尔士的先验指号学并不能公正地对待超出了自然科学范围的其他主体间意义经验。这些更为广阔的意

---

① 转引自阿佩尔《哲学的改造》，孙周兴、陆兴华译，上海译文出版社1997年版，第123页。

② 阿佩尔：《哲学的改造》，孙周兴、陆兴华译，上海译文出版社1997年版，第137页。

义经验正是诠释学所处理的内容。因此，现代先验哲学的视野必须从先验指号学或者说先验语用学向先验诠释学的扩展。

在阿佩尔看来，实用主义思潮中把先验指号学推向诠释学问题讨论的第一个哲学家是罗伊斯。正是在罗伊斯这里，皮尔士的"探究者的无限共同体"被改造为"解释共同体"。阿佩尔指出，通过这一概念，罗伊斯把认知的一个先验诠释学前提突出出来："人类与自然之间的知觉性认知交换是以人与人之间的解释性认知交换为前提的"①。这种人与人之间的解释性认知交换或者说解释共同体的互动在诠释学意义上表现为传统借助于语言指号的中介化，它构成了知识之可能性与有效性的先验诠释学条件。因此，罗伊斯并未如皮尔士一样把人类自我认识的理解经验化约为自然科学的说明性的实验经验，而是把它们视作互补的认知现象，即认知旨趣与沟通旨趣的互补。不仅如此，罗伊斯还进一步把指号过程的三元关系应用到传统中介化及其历史结构上。传统中介化的三元结构是：A 向 B 解释 C 所意谓的东西。这种三元化结构保证了知识的历史连续性，因而在此基础上的历史时代的基本结构表现为：现在向将来解释过去。由此可见，罗伊斯的解释共同体思想一定程度上已构成了一种诠释学哲学，"达到了美国哲学与德国哲学解释学传统的亲和关系的极致"②。不过，阿佩尔也指出，罗伊斯作为一位新黑格尔主义者最终却远离了诠释学。这是因为，"与黑格尔相似，罗伊斯又把解释共同体内进行的传统中介化设想为人类自我认识的一个目的论过程"③。也就是说，在罗伊斯这里，解释共同体的互动及其认知过程，最终是

---

① 　阿佩尔：《哲学的改造》，孙周兴、陆兴华译，上海译文出版社 1997 年版，第 132 页。

② 　同上书，第 139 页。

③ 　同上书，第 141 页。

由精神的自我表现的绝对系统及其反思确定性来保证的。因而，在终极意义上，传统中介化的诠释学运动被取消了。罗伊斯的解释哲学与其说是一种先验诠释学，毋宁说是一种绝对唯心论。

（三）走向意识形态批判

可以发现，阿佩尔的任务是，以皮尔士的先验哲学的指号学改造为基础，吸收罗伊斯对皮尔士先验指号学的诠释学扩展的成果，为知识（包括科学知识与人文知识）有效性问题提供先验论证，同时既突破皮尔士的科学主义限制，也不落入罗伊斯的绝对唯心论的陷阱。在阿佩尔那里，这一任务是通过对海德格尔与伽达默尔的现代诠释学哲学成果的批判性吸收，进而将先验诠释学发展为一种意识形态批判来完成的。

在阿佩尔看来，先验哲学的现代改造的核心是先验主体的改造，也就是在现代哲学背景中重提知识有效性的主体先验条件的问题。皮尔士的实用主义指号学之所以可以看作先验哲学的指号学改造，正是因为他重新思考了这一问题。皮尔士的"探究者的无限共同体"以及罗伊斯的"解释共同体"作为知识有效性前提，实际上就是对知识的先验主体的重新确立。不过，皮尔士的科学主义限制与罗伊斯的绝对唯心论倾向，最终都使得这一先验主体非历史化了。因此，必须引入海德格尔与伽达默尔的现代诠释学哲学成果，即对理解的历史性的诠释学根本原则地位的强调："我们必须为解释学人文科学预设起来的未经缩减的指号解释的主体，正如海德格尔和伽达默尔所假定的那样，实际上本身就是历史性的。通过拓宽皮尔士的指号学，我们可以说我们这里所讨论的主体乃是一个无限的互动共同体中的解释共同体。"①但是，彻底历史化的无限的互动共同体中的解释共同体能否为知

---

① 阿佩尔：《哲学的改造》，孙周兴、陆兴华译，上海译文出版社 1997 年版，第 148 页。

识有效性问题提供先天基础的终极论证呢？或者说，彻底历史化的无限的互动共同体中的解释共同体能否继续保持其作为知识有效性可能条件的先验主体的先验位值呢？

为解决这一问题，阿佩尔求助于皮尔士指号学的"规整性"原则，并且提出了作为一种意识形态批评的先验诠释学的构想。阿佩尔认为，在皮尔士的"探究者的无限共同体"中隐含着规整性的原则。一方面，"探究者的无限共同体"作为知识有效性的先验主体条件构成了与康德的先验演绎之极点在功能上相似的等价物。另一方面，"探究者的无限共同体"又表现为对康德的先验论证方向的颠倒。康德的先验论证是一种"还原论"方向的论证，即寻求知识有效性的先天原理并由此演绎出普遍必然的知识命题；而皮尔士的先验探究的路线则是"反事实的预定论"的，即把知识有效性建基于一个终极信念的假设："在一个充分的漫长的研究过程之后，无限的科学家共同体将对这一'终极信念'达成一致。"① 作为知识的普遍有效性的保证——研究共同体的真理一致性在这里被转换成无限探究过程的目标，进而反过来对知识探究起到一种规整性的作用，也就是说，"它作为交往共同体的理想，首先必须在实在共同体中并且通过实在共同体才得到实现"②。在阿佩尔看来，这种规整性原则可以调和先验无限交往共同体的先天性与历史性之间的矛盾。一方面，无限交往共同体这一绝对具有规范约束力的理想的前提已经被设定在任何作为知识探究的论辩活动中。另一方面，在任何历史的给定的社会中，这种理想交往共同体始终还是有待实现的。用阿佩尔的话说："如果我们把历史性互动共同体……看作指号解释的主

---

① 阿佩尔：《哲学的改造》，孙周兴、陆兴华译，上海译文出版社 1997 年版，第 123 页。

② 同上书，第 124 页。

体，那么看来甚至在这里——尽管现在解释以不可逆的方式与一种改变着某种境况的活动交织在一起了——我们也能够发现可能的无限进步的一个规整原则。依我之见，这里所说的规整性原则就在于那个关于无限解释共同体的实现的观念中，而这个解释共同体作为一个理想的控制机构则是参与批判性论辩活动的每一个人的前提条件。"① 因此，先验诠释学在此表现为一种在理想交往共同体与现实交往共同体之间的辩证中介。在阿佩尔看来，这种理想交往共同体与现实交往共同体之间的中介化实际上也就是意识形态批判的任务。因此，先验诠释学就是意识形态批判，或者说，只有在意识形态批判的层面上，先验诠释学的构想才能得以实现。

二　阿佩尔对伽达默尔的批判与伽达默尔的回应

阿佩尔的先验诠释学同时也是一种意识形态批判。因此，阿佩尔对伽达默尔哲学诠释学的批判既是立足于先验诠释学立场的批判，也是立足于意识形态批判立场的批判。在阿佩尔那里，这两者是统一的。伽达默尔对此的回应也是同时对这两者的回应。

（一）阿佩尔对伽达默尔的批判

阿佩尔对伽达默尔的批判的核心是对其理解与应用的同一性和理解的历史性原则的观点的批判。他问道："把作为传统中介化的意义阐明解析为'视界融合'的一个受制于情境的发生，即一种已被托付给'时代的生产能力'的'游戏'，一种总是将产生出实际'应用'的不同结果的发生——作这样一种解析就够了吗？作为一个准方法论的假设，从一种对理解之'历史性'的分析中仅仅推导出'效果历史意识'的要求，此外无它——

---

① 阿佩尔：《哲学的改造》，孙周兴、陆兴华译，上海译文出版社 1997 年版，第 150 页。

这就够了吗？"① 事实上，阿佩尔并不完全否认理解与应用的关联，甚至赞同理解的历史性原则。但他认为仅仅认识到这一步是不够的。从作为意识形态批判的先验诠释学的立场出发，阿佩尔认为，如果解释者意识到自身的解释活动是一个效果历史的过程，意识到理解与解释就是"不可避免把他的理解'应用'到历史实践中去"，"难道这样一个解释者因此就不必把他的活动与一个互动共同体中的可能沟通，也即历史实践联系起来吗？难道解释者在这种情境中不是需要一个具有方法论意义的规整原则，以便把他的解释活动与一种无限的可能进步联系起来，也即根本上与一个绝对解释真理的理想极限值联系起来"。② 也就是说，理解作为应用必然关联于一个作为解释活动之前提的互动共同体的主体间沟通的历史实践，因而，理解与解释活动也就必然置身于现实互动共同体与理想互动共同体的辩证中介之中。一方面，理想的无限互动共同体构成了解释者参与现实共同体中的主体间沟通的可能性先验前提。另一方面，通过互动共同体的理想与现实之间的对照，也就出现了意识形态批判意义上的实践进步的原则，这一进步原则对解释者的活动起到了规整性的作用。可以发现，前一方面构成了先验诠释学立场的批判，即从"一个绝对解释真理的理想极限值"出发的批判；后一方面构成了意识形态批判立场的批判，即从"一种无限的可能进步"出发的批判；而两者之间的中介正是"具有方法论意义的规整原则"。在阿佩尔看来，伽达默尔哲学诠释学在先验维度与意识形态批判维度缺失的情况下对理解与应用的同一性和理解的历史性原则的坚持，必然导致"一种相对主义的历史主义"的后果，即"在解释学的理

① 阿佩尔：《哲学的改造》，孙周兴、陆兴华译，上海译文出版社1997年版，第149—150页。
② 同上书，第150页

解中也不可能有真正的进步，而只有'差异性的理解'"①。而通过作为意识形态的先验诠释学及其规整性原则的批判性拓展，"解释与人类主体——它本身乃是历史性的，同时凭其解释不可逆转地改变着某种境况——的不可否认的关系也就用不着把规范性解释学拱手交给一种相对主义的历史主义；相反，它本身作为可能进步的一个维度能够在主体间沟通的水平上得到思考"②。

在此基础上，阿佩尔进一步对哲学诠释学的一系列基本观点进行了批判。归纳起来，主要表现在三个方面：1. 方法论抽象问题。阿佩尔认为："伽达默尔'哲学解释学'的力量乃在于对历史主义的客观主义方法论理想的批判；但当他怀疑对真理问题作方法论解释学的抽象的意义，并且把法官或导演的模式与翻译者的模式相提并论时，他走得太远了。"③ 在阿佩尔看来，不仅有现实共同体的理解的历史性，而且还有理想共同体对理解的规整性，构成了解释活动的基本原则。从后者来看，近代诠释学的方法论抽象及其科学客观性理想就不应被取消，而是与伽达默尔所主张的"应用性理解"构成互补关系，进而被整合到传统中介化的过程之中。在某些情况下，甚至需要"暂时中止与解释项的解释学上的沟通，而代之以作经验分析的社会科学的因果或'功能'说明"④，只要此"说明"并不以自身为目的，而是被认为能转化为交往成员的一个得到反思性深化的自我理解。可以发现，这也可以视作对伽达默尔理解与应用同一性观点的进一步批判。2. 传统或权威的约束力问题。既然先验诠释学框架中的解释认知活动必然关联于一种作为终极信念的无限交往共同体，

---

① 阿佩尔：《哲学的改造》，孙周兴、陆兴华译，上海译文出版社1997年版，第151页。

② 同上。

③ 同上书，第76页。

④ 同上书，第152页。

那么，当下解释者所承受的文化传统或权威的意义约束就在原则上具备了最终取消的可能。阿佩尔认为，伽达默尔对被解释的古典文本的权威性的强调，或者说从"完全性先把握"出发对传统流传物的真理性的"先识"，是一种"解释学的抽象"①。尽管这种"解释学的抽象"在一定的方法论意义上是有效的，但却不能导致对体现在文化流传物中的传统的权威及其约束力的无限制恢复。也就是说，不能像伽达默尔所提出的那样，要求仅在解释者自身寻找理解失败的原因，相反，"我们有权借助于一种对解释项及其作者的社会历史局限性的批判性理解，来揭示沟通之失败的原因"②。实际上，这也就是通过意识形态批判来消除一切沟通上的障碍。3. 诠释学的普遍性问题。在阿佩尔看来，因为设定了在理论上与实践上终将实现自己的一个无限交往共同体作为意义理解活动乃至一切认知活动的规整性原则，作为意识形态批判的先验诠释学也就实现了对伽达默尔哲学诠释学观念的反思性超越。这一超越在很大程度上即是意识形态批判对哲学诠释学的超越。因此，伽达默尔所主张的诠释学的普遍性观点也就得到了限制：理解的普遍性在原则上必须可以转化为意识形态批判的反思性意识的普遍性，因为只有后者才能把握住先验探究中的形式预见的目标——理想交往共同体及其无限沟通——并把这个目标表达出来，"唯有在确定这一反思成就的过程中，哲学才能够认识到它自身的陈述的普遍有效性要求，并且有意义地实现这样一种要求"③。

（二）伽达默尔对阿佩尔的批判的回应

伽达默尔对阿佩尔的批判的回应集中在应用问题以及阿佩尔

---

① 阿佩尔：《哲学的改造》，孙周兴、陆兴华译，上海译文出版社 1997 年版，第 152 页。

② 同上。

③ 同上书，第 154 页。

所提出的规整性原则对理解历史性原则的改造的问题上。在伽达默尔看来，阿佩尔"显然是误解了哲学诠释学谈到应用时的含义"①。我们在前文已经谈到，伽达默尔把他重提应用问题称作"诠释学基本问题的重新发现"。他认为，理解总是在某个特定的时刻与某个特定具体的境况中的理解，总已经包含有一种旨在沟通普遍与特殊、过去与现在、自我与他者的具体应用。因此，"哲学诠释学在谈论应用时所涉及的是一种在所有理解中蕴含的因素，……其中根本没有'有意识的应用'，而这种'有意识的应用'能使人担心认识会被败坏成意识形态"②。伽达默尔认为，阿佩尔正是把"应用"看作"有意识的应用"，进而才要求把"一种具有方法论意义的规整原则"引入到解释活动之中，并通过与"一种无限的可能进步"联系起来的意识形态批判来避免其可能"败坏成意识形态"的危险的。对此，伽达默尔写道："一种哲学诠释学，正如我所试图发展的，肯定是'规范的'，也即是在这一意义上：它致力于用某种更好的哲学来代替一种更坏的哲学。但是，它并不推销一种新的实践，而且也并未说过，诠释学实践总是在具体上受到某种应用意识和应用意图的指引，更又何从谈起有意去证明起作用的传统的合法性？"③ 当然，这并不是否认意义理解活动的历史实践关联。伽达默尔所说的"应用"同样是一种实践的关联。不过，这种应用却不能被限制于一种有意识的应用，即把事先想好的意见应用于文本，毋宁说，理解就是应用。由此，伽达默尔进一步指出："我们必须注意不要按照直接进步的模式来理解这种诠释学研究活动。"④ 这

---

① 伽达默尔：《答〈诠释学和意识形态批判〉》，见洪汉鼎主编《理解与解释——诠释学经典文选》，东方出版社2001年版，第391页。

② 同上。

③ 同上书，第392页。

④ 同上书，第393页。

一问题还可以用问句的形式表达为，讨论意义理解的实践关联是否需要将它联系或者说限制于"无限的可能进步"的观念？在伽达默尔看来，"阿佩尔……在所有的意义理解中都制定出实践关系，因此，当他要求提出一个不受限制的解释共同体的观念时，他是完全正确的。显然，这样一种解释共同体的特征就是证明理解努力的真理要求的合法性。但我怀疑把这种合法性证明仅限于进步观念是否正确"①。也就是说，伽达默尔在一定程度上接受阿佩尔所设想的无限交往共同体的观念，因为这一观念与他所主张的意义理解活动的无限性并不冲突，但是，当阿佩尔进一步把这一无限交往共同体的观念作为规整性原则并且把理解活动描述为从现实交往共同体向理想交往共同体的历史进步的过程，伽达默尔就不得不表示他的怀疑了。首先，已经被证明的解释的多样性及其实践进程中的辩证反题，并不一定会保证诸解释成果之间的绝对综合。其次，历史科学领域中只是部分存在的进步现象并不能保证解释活动之结果的必然进步。再次，进步的观念总是以某个既定历史目标为前提，因此阿佩尔必须把他所设想的看清了以往一切历史阶段之真理要求的理想的无限交往共同体从一种逻辑假设转化为一个绝对的历史目标，但这一转化只有在越出了人类知识的有限性尺度——黑格尔绝对精神意义上的绝对知识的尺度上才是合法的与可理解的，这与其说是对理解的历史性原则的改造，不如说是对理解的历史性的废黜。

　　在伽达默尔看来，阿佩尔既误解了哲学诠释学的应用概念，同时他试图用无限交往共同体的规整性原则对理解历史性原则加以改造的设想也是可疑的，因而，他由此出发对哲学诠释学其他基本观念的批判也是难有说服力的。比如，阿佩尔指责伽达默尔

---

　　①　伽达默尔：《答〈诠释学和意识形态批判〉》，见洪汉鼎主编《理解与解释——诠释学经典文选》，东方出版社 2001 年版，第 393 页。

"把法官或导演的模式与翻译者的模式相提并论"，这在伽达默尔看来同样源于对应用概念的误解。他指出，导演的解释活动也并不是一种"有意识的应用"，"我们之所以把成功的导演或者音乐的复制尊崇为解释，是因为作品本身以其真正的内容被表述出来"①。也就是说，导演的解释活动恰恰是一种真正的理解，因而也就是应用，它与"翻译者的模式"并无根本区别，因为在根本上他们所进行的都是一种从事实本身而来的意义转换或者说应用的工作。阿佩尔的指责恰恰表明他所坚持的客观化观念受到了"与事实不符的意义和意义透明度"②的引导。伽达默尔认为，这种"与事实不符的意义和意义透明度"事实上就是唯心论框架之内的意义能被完全把握的观念的产物，"这种唯心主义的意义—理解概念按我的看法不仅使阿佩尔弄错了，而且也使绝大多数我的批判者误入歧途"③。因此，当阿佩尔坚持作为意识形态批判的先验诠释学对哲学诠释学所主张的诠释学普遍性的反思性超越之时，实际上是把诠释学反思提升为一种完全唯心主义的意义度向。此外，阿佩尔赋予方法论抽象的积极意义的企图，在伽达默尔看来，也表明了阿佩尔及其他执此主张的人仍然"深深地囿于科学理论的方法论主义之中，因此他们总是注意着规则及规则的运用。他们没有认识到，对实践的反思并不是技术"④。

三　诠释学的"经验与先验之争"及其反思

伽达默尔与阿佩尔之间的论证可以被看做诠释学的"经验

---

①　伽达默尔：《答〈诠释学和意识形态批判〉》，见洪汉鼎主编《理解与解释——诠释学经典文选》，东方出版社 2001 年版，第 394 页。

②　同上书，第 395 页。

③　同上。

④　伽达默尔：《真理与方法》，洪汉鼎译，上海译文出版社 1999 年版，第 738 页。

与先验之争"。但是，阿佩尔的先验诠释学是作为一种意识形态批判的先验诠释学。因此，这里的"经验与先验之争"同时也是"理解与批判之争"。不过，关于"理解与批判之争"，我们将在伽达默尔与哈贝马斯之间的论争中来集中加以探讨。所以，我们在此主要关注的是"经验与先验之争"。问题在于，我们应该在何种意义上来讨论伽达默尔与阿佩尔的"经验与先验之争"呢？

　　要回答这一问题，需要联系到西方近代哲学中的先验与经验之争，以及康德的先验探究与黑格尔的经验概念来考察。回顾近代哲学的历史，可以发现，先验与经验之争执在唯理主义哲学与经验主义哲学之间的纷争中就已成为隐秘的线索了。唯理主义哲学试图用作为主体先天理性的"天赋观念"为知识的真理性或者说普遍有效性奠定基础，而在经验主义哲学看来，知识归根到底源于人类的感官经验，因而知识的客观真理性也必然源自感官经验的客观真理，不存在唯理主义所主张的超出感官经验的先天理性观念。不过，真正的先验哲学的大师却是康德。他不仅明确地把先验问题即"人类知识如何可能？"表述出来，而且通过批判哲学对这一问题进行了系统的解答。康德把传统的认识论思考的路线即认为"我们的一切知识都必须依照对象"倒转为"假定对象必须依据我们的知识"①，从而把知识理解为用先天知性范畴对经由先天直观形式整理过的感觉材料的统摄。因此，主体的先天认识能力就被确定为知识的普遍必然性的可能性的先验基础。康德的批判哲学正是对这一主体先天认识能力的考察，即先验批判。在此基础上，有望建立起一门仅仅关涉知识的先天形式即先验知识的哲学，即先验哲学。可以看到，康德的批判哲学的实质是努力调和隐含在唯理主义与经验主义之争背后的先验与经

① 康德：《纯粹理性批判》，邓晓芒译，人民出版社2004年版，第15页。

验之争执，用先验来规范经验，同时用经验来限制先验。但是，在黑格尔看来，康德的努力并不成功。一方面，康德对先天认识能力的考察有脱离认识活动来考察认识能力之嫌；另一方面，康德的先验批判以现象界与物自体的区分为前提，因而在根本上是主观主义的。① 黑格尔本人提出的解决办法则是把历史的运动与辩证法引入到先验与经验的对峙之中，"试图由经验超入先验，再返还到经验之中，并将康德一次性设定的先验原则变革为范畴、概念的自我否定、自我设定的矛盾运动"②。有意味的是，黑格尔的这一举措恰恰是借助于对"经验"概念的改造来进行的。他认为，意识的本质即是经验："意识对它自身——既对它的知识又对它的对象——所施行的这种辩证的运动，就其替意识产生出新的真实对象这一点而言，恰恰就是人们称之为经验的那种东西。"③ 因此，前黑格尔意义上的经验与先验的对峙，实际上都产生于意识的自我设定与自我否定的运动之中，而这正是黑格尔意义上的经验的辩证运动。这也就意味着，先验论所强调的作为经验知识的普遍有效性之终极根据的先验知识实际上无需到独立于经验之外的领域去寻求，而是就在经验的辩证运动本身。由此可见，黑格尔与康德的分歧，同样也可描述为一种经验与先验的争执。

　　我们可以看到，伽达默尔把自己的哲学诠释学看做"一种诠释学经验理论"，并且一再强调"经验"问题的"纲领性的关键地位"之时所说的"经验"在很大程度上继承了黑格尔的经验概念。在伽达默尔看来，真正意义上的经验是具有内在历史性

---

　　① 参见黑格尔《小逻辑》，贺麟译，商务印书馆1980年版，第116—142页。

　　② 章忠民：《黑格尔的当代意义》，上海财经大学出版社2003年版，第211页。

　　③ 黑格尔：《精神现象学》（上卷），贺麟、王玖兴译，商务印书馆1979年版，第60页。

的经验。这种内在历史性表现为经验总是向更新的经验开放自身，或者说，经验的本质就在于能够被新的经验否定。这种否定乃是肯定的否定，因而带有辩证的性质。对于经验的辩证要素的最重要的见证人，正是黑格尔。"黑格尔对经验的辩证描述具有某种真理。"① 不过，在伽达默尔看来，黑格尔用以思考经验的标准仍然是绝对精神的自我认识的标准。因此，在黑格尔这里，"经验的辩证运动必须以克服一切经验为告终，而这种克服是在绝对的知识里，即在意识和对象的完全等同里才达到"②。也就是说，黑格尔的经验概念一开始就是被某种超出经验的东西来设想的，因而最终必然在绝对精神的自我认识中被克服。伽达默尔对此不能赞同。正如我们在前文中所说，伽达默尔的哲学诠释学是建立在海德格尔的基础存在论及其"转向"后的存在之思的基础之上的，此在存在作为"被抛的筹划"在本质上是一种有限性的存在，绝对知识不过是不可能实现的幻想。因此，伽达默尔指出，经验作为一种否定性的经验在此显露出更深一层的含义，即"经验就是对人类有限性的经验"③。在此意义上，经验作为整体构成了属于人类历史本质的东西。当然，这并不意味着经验或者人类知识最终只能封闭在一个狭小的范围之内，与此相反，恰恰因为经验的有限性，人类才得以不断地遭遇到新的经验。"经验的辩证运动的真正完成并不在于某种封闭的知识，而是在于那种通过经验本身所促成的对于经验的开放性。"④ 值得注意的是，在经验的有限性的意义上，伽达默尔的诠释学经验理论和康德的先验批判在一定程度上关联起来了。因为正是在康德

---

① 　伽达默尔：《真理与方法》，洪汉鼎译，上海译文出版社 1999 年版，第 456 页。

② 　同上。

③ 　同上书，第 459 页。

④ 　同上书，第 457 页

的先验批判这里，对经验知识的可能性条件的探究才第一次真正
成为哲学的主题，而对经验之可能性条件的探究实际上也就是对
人类经验的有限性的探究。事实上，伽达默尔本人就曾在《真
理与方法》第二版序言中明确地谈道，该书的主题，"借用康德
的话说，我们是在探究：理解怎样得以可能"①。不过，即使在
这里，我们也不能忽视哲学诠释学与康德先验批判的深刻区别。
康德对经验知识的可能性条件的探究是回溯到先验主体及其自我
意识的先验统觉，而在伽达默尔这里，"理解不属于主体的行为
方式，而是此在本身的存在方式"②。这表明，"理解怎样得以可
能"的问题在伽达默尔这里实际上是一个存在论问题，充其量
也只是一个"准先验"的问题。

　　与伽达默尔对黑格尔的经验概念的继承与改造相似，阿佩尔
的先验诠释学也可视为对康德的先验探究的继承与改造。这首先
表现在他对康德所提出的先验探究的任务的自觉承担上。他认
为："与目前处于主导地位的'科学逻辑'不同，我认为任何哲
学上的科学理论都必须回答康德提出的关于科学之可能性和有效
性的先验条件问题。"③ 不过，阿佩尔也认识到，提出这一问题
的背景已经转换。因而，重提先验问题并非向康德意识先验哲学
的回归，相反，"对科学的先验主体问题的回答，必须以 20 世
纪哲学的真正成就为中介，也即说，必须考虑到关于语言以及语
言共同体之先验位值的洞识"④。我们在前面已经指出，阿佩尔
为此引入了"两个根本性的哲学陈述"，而其中的皮尔士的"无

　　① 伽达默尔：《真理与方法》第 2 版序言，洪汉鼎译，上海译文出版社 1999 年
版，第 6 页。
　　② 同上。
　　③ 阿佩尔：《哲学的改造》，孙周兴、陆兴华译，上海译文出版社 1997 年版，
第 156 页。
　　④ 同上。

限探究者共同体”概念及其实用主义指号学思想本身就可以被看做康德先验哲学的指号学改造。不过，在进一步的改造过程中，当阿佩尔引入作为规整性原则的理想的无限交往共同体，并由此构想出一种以“无限的可能进步”与一个“绝对解释真理的理想极限值”为其知识理想的作为意识形态批判的先验诠释学之时，我们似乎越来越清晰地看到黑格尔——或者说经过马克思折射过的黑格尔——的身影。至少在伽达默尔看来，这里有引入了为他所抛弃的黑格尔式的绝对知识的尺度之嫌。

　　由此可见，伽达默尔与阿佩尔之间的论争尽管与近代哲学尤其是黑格尔与康德的经验与先验之争有着复杂的关联，但我们并不能简单地把前者视作后者的直接延续。或许，我们可以把伽达默尔与阿佩尔的论争理解为近代的经验与先验之争在现代诠释学哲学维度上的重新展开。也就是说，两者实际上共享了诸多相似的诠释学观念与现代哲学前提，并且尝试着在批判性改造的基础上重新激发曾经在康德与黑格尔之间在思想上展开的较量与论争。霍埃曾经用这样的话来概括两者的纷争：“阿贝尔与伽达默尔的立场，只要两者都强调释义者所占有并与之有关的兴趣的一致性或传统，那么它们就是相同的。另一方面，阿贝尔的观念认为，绝对真义的概念作为调节性准则来说是必要的，它假设‘从长远看’最后是会发生一致性赞同的，从而适应了皮埃斯式的概念。然而这个观念是潜在的解释学观念，而不是康德意义上的超验的观念。”① 这一概括虽不全面，但却清楚地指出两人的论争的诠释学性质，是颇有见地的。在我看来，两者间的论争作为经验与先验之争在现代诠释学哲学维度上的展开主要可以从三个层面来把握，而正是这三者同时也构成了艺术哲学所应该关注

　　① 霍埃：《批评的循环：文史哲解释学》，兰金仁译，辽宁人民出版社1987年版，第138页。

的问题。这三者分别是：1. 先验的效度；2. 经验的本质；3. 真
理的标准。

　　先验效度问题即"先验基础是否必要"的问题。在伽达默
尔与阿佩尔这里，它还可以更为准确地表达为：在先设定的东西
必须是独立于经验而有效吗？我们可以看到，无论是伽达默尔还
是阿佩尔，都进行了一种对"在先"的东西的探索。对伽达默
尔来说，这一在先的东西就是前见、传统、历史隶属性等，正是
它们使得理解得以可能。对阿佩尔来说，在先的东西则是一种作
为反事实的设定的理想——无限交往共同体，它构成了知识普遍
有效性的可能性条件。但是，伽达默尔的在先的前见、传统等本
身就是经验的事实性组成部分，因而并不是独立于实际经验而有
效的。而在阿佩尔那里，理想的无限交往共同体则是独立于实际
经验而有效的，因为在他看来，如果没有这种独立于经验而有效
的先验标准，知识的普遍有效性的终极论证就将是不可能的。由
此可见，在先验的效度问题上，伽达默尔与阿佩尔的立场是相对
立的。

　　究竟该如何看待伽达默尔与阿佩尔在先验效度问题上的分歧
呢？事实上，先验的问题是为解决经验问题而提出来的。因此，
我们有必要进一步讨论伽达默尔与阿佩尔之间在经验概念的理解
上的分歧。在前文中我们已经介绍了伽达默尔的经验概念。在伽
达默尔那里，真正意义的经验具有内在历史性，它表现出否定
性、开放性、辩证性的特征。从根本上看，经验即是有限性的经
验，因而经验作为整体构成了属于人类历史本质的东西。因此，
伽达默尔认为，"效果历史意识具有经验的结构"[1]。这也就意味
着，理解作为效果历史事件同样具有经验的结构。理解就是经

_____

　　[1]　伽达默尔：《真理与方法》，洪汉鼎译，上海译文出版社 1999 年版，第 445
页。

验，或者说，本质的经验就是理解经验。联系到伽达默尔的
《真理与方法》的整体结构来看，与理解的经验最接近的是艺
术、历史与语言的经验。因此，伽达默尔对先验效度的怀疑是与
他对作为范例的理解经验的艺术、历史、语言的经验的把握相关
的。但是，在阿佩尔那里，经验则有不同的含义与关联物。我们
可以看到，在承认自然科学之外的经验的有效性方面，阿佩尔与
伽达默尔相似。但在对自然科学之外的经验内涵的把握上，两人
显示出相当大的差异。阿佩尔认为，有"两个截然不同的经验
概念"，"这两个经验概念中只有前者才能为'科学逻辑'意义
上的诸如随机'规律'或归纳证实之类的东西敞开先验视界。
与此相反，后者则在黑格尔的经验概念意义上为这样一种经验敞
开先验视界，这种经验不仅包括归纳证实或证伪，而且首要地包
括了自我反思对其概念性前提所作的质的修正"[1]。可以发现，
尽管阿佩尔同样援引了黑格尔的经验概念，但他对此经验的本质
或者说首要特征的厘定则与伽达默尔不同。对伽达默尔说，经验
的本质即是理解，而对阿佩尔来说，经验的首要特征则是反思。
这种反思的经验，在阿佩尔看来，实际上也就是"历史—批判
的社会科学的客体经验"[2]。

　　在此我们无法深入讨论伽达默尔的理解经验与阿佩尔的反思
经验的区别与联系。引起我们关注的是，在伽达默尔的理解经验
那里，恰恰是艺术经验构成了理解经验的范例，而在阿佩尔那
里，艺术经验似乎被排斥到他所考虑的经验范围的边缘了。但我
们仍试图把艺术哲学的思考引入到正在进行的探讨中：艺术经验
究竟是理解的经验还是反思的经验？它需要先验基础的保证吗？

---

　　① 　阿佩尔：《哲学的改造》，孙周兴、陆兴华译，上海译文出版社 1997 年版，
第 163 页。
　　② 　同上书，第 164 页。

由于我们几乎难以看到阿佩尔对艺术问题的论述，所以我们也就无法根据阿佩尔来讨论上面提出的问题。不过，在伽达默尔看来，对艺术经验问题的态度正是他与阿佩尔乃至哈贝马斯的重大分歧之一。他写道："我认为阿佩尔和哈贝马斯都坚持这种唯心主义的意义—理解概念，这同我的整个分析手法不相吻合。我把我的研究指向其'意义'对概念性的理解来说是不可穷尽的艺术经验，这决非偶然。我通过审美意识的批判和对艺术的反思——而不是直接通过所谓的精神科学——发展出一种普遍的哲学诠释学立场，这决不意味着是要避开科学的方法要求，而是对诠释学问题作占据的领域的首次测定，这个领域不能用任一种科学来标志而只能用诠释学领域来标志，它把先于一切科学方法需要的前定领域暴露在光天化日之下。因此，艺术经验在多重意义上都是很重要的。"① 伽达默尔认为，从作为理解经验的艺术经验出发，我们并不需要寻找某个先天极点作为艺术经验的先验基础，因为艺术经验的基本特征恰恰在于其意义的不可穷尽性。不过，这并不意味着艺术的意义经验是无限制的，只不过，这种限制正是艺术作品的存在本身。用伽达默尔的话说，理解属于被理解者的存在，因而，正是事物本身保证了意义理解的经验的真理。此外，艺术经验在根本上作为一种理解的经验，也并不意味着它与反思是彻底隔绝的。他承认，反思性结构乃是一切意识结构所具有的。但是，与作为基本存在论经验——理解的经验相比，反思始终是次一级的经验。因此，在伽达默尔看来，无论是在艺术的经验还是历史的、语言的经验中，"反思的批判显然都依据于某种由诠释学经验及其语言过程所代表的最高当局"②。

---

① 伽达默尔：《真理与方法》，洪汉鼎译，上海译文出版社 1999 年版，第 759 页。

② 伽达默尔：《答〈诠释学和意识形态批判〉》，见洪汉鼎主编《理解与解释——诠释学经典文选》，东方出版社 2001 年版，第 385 页。

也就是说，反思的经验必须整合到作为整体世界经验的意义理解和语言的经验之中。由此看来，反思本身为确定其真理的有效性而不得不借助于先验基础的设定以避免无穷后退这一问题，也就不再成其为问题。

事实上，先验效度的问题与经验本质的问题最终都归结为真理的问题——更准确地说，真理标准的问题。阿佩尔为"历史—批判的社会科学的客体经验"确定先验基础，就是为了给社会科学经验的真理提供终极的合法性的论证。当然，阿佩尔所说的真理已经不同于赫施所坚持的符合论真理。他试图用理想的无限交往共同体为社会科学奠基的真理，乃是一种通过主体间沟通所获得的一致性真理，而理想的无限的交往共同体本身，正是社会科学真理——在根本上也包括自然科学的真理——的普遍有效性的终极根据与判断标准："借助于意义批判而假定起来的一致性乃是知识之客观性的保证，它取代了康德的先验的'意识本身'。实际上，这种一致性起着一种规整性原则的作用，它作为交往共同体的理想，首先必然在实在共同体中并且通过实在共同体才得到实现。"① 与此同时，阿佩尔还准确地把握了伽达默尔的真理概念。他认为："对伽达默尔来说，解释的真理不是一种渐进的，在方法论上近似于客观性理想的真理，而是一种意义揭示活动的真理，它产生于历史情境中的过去与现在的'视界融合'。"② 这里所说的"意义揭示活动的真理"，也就是作为意义事件或者说效果历史事件的理解的真理，因而在根本上是存在的真理。由此可见，伽达默尔与阿佩尔之间的经验与先验之争在根本上同样表现为两种真理观的冲突：存在论真理观与主体间

---

① 阿佩尔：《哲学的改造》，孙周兴、陆兴华译，上海译文出版社1997年版，第124页。

② 同上书，第140页。

沟通一致的共识论真理观的冲突。问题的复杂之处在于，伽达默尔似乎并不否认这种共识论真理观的合法性。在他看来，理解也总是相互理解，因此，相互理解的一致性同样构成了真理的重要依据之一。不过，就像伽达默尔把反思的经验看做次一级的经验整合到存在理解的经验中一样，共识论的真理之本源正是存在理解之真理，正如他所说，"理解就是对某物的相互理解"①。作为被理解之物的存在本身的意义的揭示，始终占据更为首要的地位。但是，我们在此可以追随阿佩尔的诘问：真理的标准问题又如何解决呢？以艺术经验来说，固然直接的艺术理解的经验无需预先设立艺术真理的判定的标准，而是投身于意义生成的理解游戏的事件中去，但这并不意味着我们不需要寻找判定艺术真理之为艺术真理的标准。尤其是在艺术经验的反思的层面上，我们如何在相互冲突的真理断言之间加以判断呢？事实上，只要承认了艺术经验——尽管是在次一级的意义上——可能是一种反思经验，那么，寻找某个既不陷入绝对知识的幻想，又不滑入相对主义的泥沼的艺术真理的判断标准，就始终是我们的紧迫任务之一。对此一任务，伽达默尔表现得至为谦逊："诠释学仅限于开启除它之外无法感觉的认识机会。它本身并不促成真理标准。"②

第三节　理解与批判之争

　　"诠释学的普遍性"是伽达默尔哲学诠释学理论的核心观点之一。《真理与方法》中哲学诠释学的理论展开的过程，就可以

---

① 伽达默尔：《真理与方法》，洪汉鼎译，上海译文出版社 1999 年版，第 233 页。

② 伽达默尔：《答〈诠释学和意识形态批判〉》，见洪汉鼎主编《理解与解释——诠释学经典文选》，东方出版社 2001 年版，第 395 页。

视作从艺术经验、历史经验等具体经验出发而导向一种与人类普遍世界经验与生活实践相适应的普遍诠释学的过程。伽达默尔指出："正如我们所见，诠释学因此就是哲学的一个普遍方面，而并非只是所谓精神科学的方法论基础。"[①] 从根本上来说，诠释学的普遍性就是理解经验的普遍性：理解作为此在的基本存在方式，标志着此在的根本运动性，因而也包括此在的全部世界经验。进一步来看，通过以语言为主线的诠释学的存在论转向，理解经验的普遍性和语言经验、意义经验的普遍性最终统一起来。不过，伽达默尔的"诠释学的普遍性"的观点，同样遭到了不少现代哲学家的批评。哈贝马斯是其中最具代表性的人物。在哈贝马斯看来，诠释学的普遍性要求必须受到意识形态批判的限制，或者说，诠释学经验必须发展为意识形态批判才能实现其普遍性要求，而这也就意味着：理解的普遍性必须让位于批判的普遍性。

一　哈贝马斯的批判诠释学及其相关理论

在哈贝马斯的社会批判理论的宏大架构中，诠释学处在一个并非核心但却是基础的位置。事实上，哈贝马斯是在批判理论的方法论与认识论基础的层面上来思考诠释学问题的。也就是说，只有在方法论与认识论意义上，我们才可能谈论哈贝马斯的"批判诠释学"。

（一）批判科学与解放的认识兴趣

"认识的兴趣"是哈贝马斯的认识论思考的基本范畴。所谓认识的兴趣，即指导认识的兴趣。哈贝马斯认为，认识活动在根本上是由源自于生活世界的某种意义关联所引导的。这种作为认

---

①　伽达默尔：《真理与方法》，洪汉鼎译，上海译文出版社1999年版，第607页。

识导向的意义关联，即是兴趣："我把兴趣称之为与人类再生产的可能性和人类自身形成的既定的基本条件，即劳动和相互作用相联系的基本导向。"① 认识的兴趣有一种准先验的特征。一方面，认识的兴趣作为认识活动的基本导向是构造性的，在一定程度上具有先验性；另一方面，认识的兴趣根植于人类的现实的社会存在与生活关联，在一定程度上又是经验性的。因而，"'认识的兴趣'是一个独特的范畴，它既不服从经验规定和先验规定之间的区别，或曰实际规定和符号规定之间的区别，也不服从动机规定和认识规定的区别"②。

　　哈贝马斯认为，不同的认识活动类型是由不同的认识兴趣所引导。在自然科学的认识活动中，其认识成果是通过测量操作与后果控制在工具与技术活动的功能范围内形成的，因此，其主要认识兴趣是一种在技术上掌握对象化过程的认识兴趣，简称"技术的认识兴趣"。而在传统的精神科学的认识活动中，对意义内涵的理解占据了核心的地位。这种对意义内涵的理解以行为为导向，以现实意义的揭示为目标，在纵的维度上关联于文化传统所流传下来的意义视野，在横的维度上则关联于文化共同体内的主体之间或共同体之间的意义沟通及其可能性共识。因此，精神科学的认识兴趣是主体间的生活联系与实践的兴趣，简称"实践的认识兴趣"。不过，在哈贝马斯看来，无论是自然科学还是精神科学从其自身发展历史上都未能对自身的认识兴趣问题进行正确的与彻底的反思，因此，还需要另外一种旨在实现反思本身的科学来补充乃至超越自然科学与精神科学的认识，这就是批判的科学，或者说批判的社会科学。哈贝马斯认为，批判科学

---

　　① 哈贝马斯：《认识与兴趣》，郭官义、李黎译，学林出版社 1999 年版，第199 页。

　　② 同上书，第 200 页。

的方法论框架，"确定着批判性陈述这种范畴的有效内容，并以自我反思的概念为标准来衡量自己。自我反思能把主体从依附于对象化的力量中解放出来。自我反思是由解放的认识兴趣决定的"①。也就是说，批判科学的认识兴趣是一种"解放的认识兴趣"。对哈贝马斯来说，这种由解放的认识兴趣所引导的批判科学的论证，构成了其社会批判理论乃至批判诠释学理论在认识论上得以成立的基本立足点。

（二）作为批判诠释学范例的精神分析学

在哈贝马斯看来，批判科学不仅是一种设想，而是建立在人类知识学科发展的历史事实的基础之上的。他认为，弗洛伊德的精神分析学就可以视作一门批判的社会科学——尽管弗洛伊德本人由于受到唯科学论的影响而并未能认识到这一点。不仅如此，哈贝马斯还直接把精神分析学与诠释学联系起来：精神分析学不仅展开了诠释学的一个新的维度，即批判诠释学或深层诠释学的维度，而且本身就构成了这种新维度的诠释学的一个范例。

精神分析学之所以构成批判诠释学的范例，与其应用领域、分析方法与研究目标的特征相关。① 哈贝马斯认为，"弗洛伊德的深层解释学同狄尔泰的语言学解释学相对立；深层诠释学涉及的是主体在其中对自己产生错误认识的原文"②。这里所说的"对立"首先是应用领域的对立。按照哈贝马斯的观点，以狄尔泰、伽达默尔为代表的精神科学诠释学的首要应用范围是以日常生活经验为媒介的正常的日常言语及其意义关联，因而"始终局限于自觉追求的东西赖以表达的语言"③。精神分析学的解释

---

① 哈贝马斯：《作为"意识形态"的技术与科学》，李黎、郭官义译，学林出版社 1999 年版，第 129 页。

② 哈贝马斯：《认识与兴趣》，郭官文、李黎译，学林出版社 1999 年版，第 219 页。

③ 同上书，第 217 页。

所关注的则是超出正常交往与自觉追求范围之外的从自身内部被扭曲与肢解了的符号联系与意义关联。也就是说，精神分析的解释对象恰恰是其主体自身所不能理解的。它被某种压抑力量从内部抑制、转换或变形，因而对主体自身是不透明的。因此，梦的解释在精神分析学中具有典型的意义。② 正是其应用领域的特征，决定了精神分析所采取的分析方法是一种批判与反思的方法。在精神科学解释学中，解释者的任务是实现使用不同语言的主体间的沟通，因而依赖于人在日常生活中自然形成的语言交往与意义理解的能力。对精神分析学来说，其分析者或解释者的任务首先不是对话双方的调解，而是教他们理解自己的语言，而这也就意味着，必须对被解释对象采取一种批判与反思的态度，从而突破其表面的不可理解性，把被某种压抑力量分裂出去的符号联系与意义内容重新引入公共交往之中，即把无意识转化为意识。这就是说，精神分析方法的确立在根本上是不能与反思与批判的经验相脱离的。在精神分析学的语境中，"把解释学说成是对原文的翻译是不够的；翻译：'把无意识翻译成有意识'本身就是反思。压抑只能靠反思来消除"①。③ 值得注意的是，精神分析的反思不仅是分析者的反思，它还是一种自我反思，即由分析者的反思性治疗所诱发的病人自身的反思，因为只有病人自身意识到其痛苦的形成过程并勇敢地承担责任才能把自身从压抑中解放出来并消除痛苦。这意味着，反思本身构成了精神分析诠释学的目标："从这个角度看，心理分析的解释学不同于精神科学的解释学，它的目的不是整个符号联系的理解；心理分析的解释学进行的理解活动是自我反思。"② 由此可见，精神分析学是由

---

　　① 　哈贝马斯：《认识与兴趣》，郭官文、李黎译，学林出版社 1999 年版，第 229 页。

　　② 　同上。

一种从压抑下解放出来的认识兴趣所引导的、反思与批判的因素贯穿于其中的、针对非正常的被从内部扭曲的符号联系与意义关联的解释活动。哈贝马斯认为，正是在此意义上，精神分析学构成了批判诠释学的范例。当然，在哈贝马斯看来，精神分析学仅仅涉及个体心理层面的意义扭曲，因而不能囊括超个体的历史、社会、文化层面的广泛的交往扭曲现象。这表明，精神分析学作为批判诠释学必须扩展为意识形态批判。

（三）交往行为理论的普遍语用学基础

关于精神分析，弗洛伊德的一个观点是："任何人，如果他事先没有学过心理分析理论，他就不能从事心理分析。"[①] 哈贝马斯认为，这一观点绝非无足轻重，它隐含的是批判诠释学的另一重要特征，即"理论假定构成了深层诠释学语言分析的基础"[②]。不过，在哈贝马斯看来，弗洛伊德本人的精神分析理论并不能承担这一为批判诠释学提供批判的理论基础的任务。从对作为批判诠释学的范例的精神分析学的讨论中可以看到，批判诠释学所应用的领域乃是超出了正常交往的被扭曲的符号联系——哈贝马斯后来称之为"一贯被曲解的交往"。因此，批判诠释学所预先假定的理论应该是一种与交往曲解"在事实上相反"的所有交往行为的普遍条件及其合理化的科学理论，这就是哈贝马斯本人著名的"交往行为理论"。我们在此仅仅简略地介绍作为其基础的普遍语用学的观点。"普遍语用学的任务是确定并重建关于可能理解的普遍条件，而我更喜欢用'交往行为的一般假设前提'这个说法，因为我把达到理解为目的的行为看作最根

---

① 哈贝马斯：《认识与兴趣》，郭官文、李黎译，学林出版社1999年版，第236页。

② 哈贝马斯：《诠释学的普遍性要求》，见洪汉鼎主编《理解与解释——诠释学经典文选》，东方出版社2001年版，第284页。

本的东西。"① 达到理解即是导向主体间认同，因而理解行为构成了最根本的社会交往行为。在文明阶段上，理解即是言语交往，所以作为对言语交往本身的普遍规则与必然前提的哲学考察的普遍语用学也就构成了一切交往行为考察的基础。

在哈贝马斯看来，言语行为构成了普遍语用学探究的出发点。言语行为即是言语的交往行为，它以相应的交往性资质为基本前提。所谓的交往性资质，即在言语行为中使用语句的资质，它通过诉诸言语与现实的关系而显露出来。哈贝马斯认为："要被言说，一个句子必须和下列诸方面发生联系：1. 已经假定是事物现存状态的外在现实；2. 言说者愿意在公开场合作为自己的意向而表达的内在现实；3. 作为合法的人际关系而获得主观际承认的规范现实。"② 因此，这就要求与此相应的交往性资质，即 1. 选择陈述性语句的能力；2. 表达言说者本人意向的能力；3. 实施言语行为的能力。正是这三者构成了作为言语行为的基本前提的主体的交往资质，而这三种资质与三种现实之间的对应关系，则揭示出言语行为本身的三种语用学功能：1. 认知式；2. 表达式；3. 相互作用式。但是，交往资质本身并不能保证语用学功能的正当发挥，因此，必须进一步确立言语的语用功能本身的有效性的普遍标准，即言语有效性的普遍标准。哈贝马斯通过对奥斯汀与塞尔的言语行为理论，尤其是他们对"以言表意"与"以言行事"的言语行为的研究成果的考察与批判性改造，从言语行为本身及其类型中推演出四项普遍要求：1. 可领会性；2. 真实性；3. 真诚性；4. 正确性。哈贝马斯认为，可领会性对语言来说是所有普遍性要求中能够内在地被满足的唯一要求，而其他三种要求则是分别对应于言语的三种语用学功能类型而言

① 哈贝马斯：《交往与社会进化》，张博树译，重庆出版社1989年版，第1页。
② 同上书，第28页。

的。从原则上讲，任何一个语句都可以同时具有三种语用学功能。因此，真实性、真诚性与正确性也就构成了所有言语行为的有效性的前提条件与普遍规则。不过，由此又带来的一个问题是，言语行为的真实性、真诚性与正确性的普遍有效性本身建立在什么基础之上？哈贝马斯认为，它建立在说者与听者之间在相互承认基础上达成的义务承诺或共识的基础之上："言说者和听者能够彼此相互推动去承认有效性要求，因为言说者之约定的内容决定于某个主题化被强调的有效性要求的特定参照，言说者借此假设了：① 提供根据的义务（运用真实性要求）。② 提供正当性的义务（运用正确性的要求）。③ 提供可信性的义务（运用真诚性要求）。"[①] 可以发现，哈贝马斯对言语行为的普遍有效性要求以及作为其合理性基础的主体间义务承诺的设定与考察，是在一种理想化的语境中进行的，或者说，普遍要求与主体共识本身就构成了一种理想化的语境，因而才得以相互论证。这种理想化语境实际上也就是哈贝马斯所构想的作为批判立足点——理想化的交往行为模式本身。

二　哈贝马斯对伽达默尔的批判与伽达默尔的回应

哈贝马斯的批判诠释学在一定程度上就是在对伽达默尔的哲学诠释学的批判性继承的基础之上发展起来的。这意味着，一方面，哈贝马斯认同于伽达默尔的某些基础性的诠释学观点；另一方面，两者之间在诠释学的性质、理解经验的地位与特征等等重要问题上又有着根本的分歧。这些分歧集中体现在哈贝马斯与伽达默尔之间直接的论争之中。

---

① 哈贝马斯：《交往与社会进化》，张博树译，重庆出版社 1989 年版，第 66 页。

（一）哈贝马斯对伽达默尔的批判

哈贝马斯对伽达默尔哲学诠释学的公开、直接的批判最早见于 1967 年发表的长篇论文《论社会科学的逻辑》。在这篇论文中，哈贝马斯在充分肯定哲学诠释学对实证主义与历史主义的批判的功绩的基础之上，也对其进行了批判。批判主要涉及以下几个问题：1. 方法问题。哈贝马斯认为，伽达默尔从真理出发对科学的客观主义自我理解及其方法主义的批判有其合理性，但是，"'真理'与'方法'的对立，似乎不应该使伽达默尔错误地和抽象地把解释学的经验同整个方法论的认识加以对立"①。在他看来，哲学诠释学对客观主义的正确的批评，并不能否认对象在方法上存在的异己性。在认识活动中，诠释学的处理方法不可避免地会和科学的经验分析的处理方法联系起来。即使哲学诠释学使反对经验科学的方法主义成为合法化的那种要求也脱离不开方法论。2. 传统、权威与前见问题。哈贝马斯认为，伽达默尔正确地指出了理解在结构上对传统的从属性，但这并不得出这样的结论："传统的媒介通过科学的反思不会发生深刻的变化。"②一旦反思的力量看透了反思赖以产生的传统的起源，传统及其生活实践的教义就会发生动摇。哈贝马斯还指出，伽达默尔对传统的绝对力量的论证是与他对"权威"、"前见"的恢复名誉结合在一起的。传统即是教化。传统的教化使得那些借助于权威而形成的前见合法化。权威的基础不是服从，而是理性的认可，因而前见作为可能的理解的前提具有根本的合法性。但在哈贝马斯看来，反思既能证实也能否决权威的要求，因此权威与理性是不一致的。前见作为可能的理解的前提也能被反思所揭示，"被显现

---

① 哈贝马斯：《评伽达默尔的〈真理与方法〉一书》，《哲学译丛》1998 年第 3 期。

② 同上。

出来的偏见结构，不再可能以偏见的形式发挥作用"①。因此，在传统、权威与前见的问题上，"伽达默尔对在理解中使自身得到发展的反思的力量作了错误的认识"。3. 语言问题。哈贝马斯肯定了伽达默尔的理解与传统的语言性的观点的重要意义，因为语言可以被理解为所有社会制度都依赖的一种元制度。但是，哈贝马斯也指出，这种作为元制度的语言本身又依赖于不能变成规范联系的社会过程。一方面，语言也是统治的媒介，因而服务于有组织的权力关系的合法化；另一方面，语言也关联于社会劳动，生产方式的变化能使语言的世界图像发生结构上的变化。可以说，劳动和统治不仅仅是语言解释的对象，而且，"在语言的背后，它们也影响着语法规则本身，而我们就是按照语法规则来解释世界的"②。因此，对语言的深入反思要求我们寻找到一个超越语言的关联体系。伽达默尔的理解的语言性的观点，把语言具体化为生活方式和传统的主体，因而陷入了一种"语言上的唯心主义"。

哈贝马斯的《论社会科学的逻辑》及其对哲学诠释学的批判公开发表之后，很快得到了伽达默尔的正面回应。哈贝马斯在对伽达默尔的回应加以仔细思考之后，又于1970年发表了《诠释学的普遍性要求》一文，进一步对伽达默尔的哲学诠释学加以批判。在这篇论文中，哈贝马斯把批判的重心集中在哲学诠释学的普遍性要求上。他阐述了他对哲学诠释学的理解："哲学诠释学不是由规则所指导的实用技能，而是一种批判；因为它的反思性的工作使我们意识到我们语言的经验，而这些语言经验正是我们在运用我们的交往能力的过程中，也就是靠在语言中的运动

---

① 哈贝马斯：《评伽达默尔的〈真理与方法〉一书》，《哲学译丛》1998年第3期。

② 同上书，第74页。

获得的。……并不用来建立一种可教的艺术，而是用来对日常交往的结构进行哲学上的思考。"① 因此，哲学诠释学在摧毁传统人文科学的客观主义自我理解，促使社会科学注意到其对象的符号式前结构中的问题，影响科学主义对自然科学的自我理解，以及重建科学世界与生活世界之间的联系等方面都具有重大的意义。但是，哈贝马斯也指出，哲学诠释学就此提出的不受限制的普遍性要求则是可疑的。"诠释学意识，如果不包含对诠释学理解界限的考虑，那就不会完善。"② 他认为，对诠释学的限度的经验，涉及两个方面。首先，涉及现代科学理论的独白系统。现代科学理论是一种以独白式方法构造的、由受控观察支持的形式化理论，它们脱离了日常生活的语言世界，而直接与一种前语言的认知方式相关联。哈贝马斯认为，尽管科学的独白语言仍然必须求助于自然语言才能得到人们的理解，但却可以绕过关注于日常语言及其文化流传产品的诠释学。因此，诠释学的普遍性主张就在"科学的语言系统和合理选择的理论中发现自己的有限性"③。其次，诠释学的限度涉及不可理解的表达，即"一贯被曲解的交往"的表达。在哈贝马斯看来，诠释学诉诸语言的日常交往结构，但是，在一贯被曲解的交往的情况下，不可理解性是由于言语组织本身的缺陷所造成的，因而超出了诠释学所把握的范围。此外，诠释学把意义理解视作生活实践自然形成的交往能力，但面对一贯被曲解的情况，其理解就不能仅仅依靠自然的交往能力的运用，而要依靠理论假设的指导来进行意义的批判分析与深层解释，这也揭示了诠释学的自然理解的限度。无疑，对一

---

① 哈贝马斯：《诠释学的普遍性要求》，见洪汉鼎主编《理解与解释——诠释学经典文选》，东方出版社 2001 年版，第 270 页。

② 同上书，第 279—280 页。

③ 同上书，第 278 页。

贯被曲解的交往的表达的意义分析，是作为一种批判诠释学的精神分析学与意识形态批判的任务。诠释学在此遭遇到其普遍性的限度。不仅如此，哈贝马斯还认为，哲学诠释学对不受限制的普遍性的错误要求，是建立在对语言传统的存在论地位的错误理解之上的。在哲学诠释学的视域中，语言传统在存在论上比一切可能的批判更居首要地位，因为语言传统构成了作为批判之前提的事实上的意见一致，因而只能在此基础上提出对某种特殊传统的批判，但却不能抽象地批判语言传统本身。但是，如果考虑到超出哲学诠释学视野的被曲解的交往，那么，语言传统的意见一致，很可能是受种种抑制力量支配和扭曲了的无效交往或伪交往所产生的强制的意见一致，因此，引导批判的不应该是作为语言传统的意见一致，而是从理想交往的设想中推导出的作为一种真正生活的预期的反事实的理想的意见一致。哈贝马斯指出，正是由于伽达默尔的这种存在论的错误理解，所以他没有看到权威与理性之间的对立，同时还企图对解释者承担说明或启迪的义务施加基本限制。但是，既然语言传统可能是伪交往产生的强制的意见一致，那么，权威就还需要理性的反思与批判，超出传统的简单确信而由理想化预期所指导的说明与启迪也同样是必需的。

（二）伽达默尔对哈贝马斯的批判的回应

针对哈贝马斯在《论社会科学的逻辑》一文中的批评，伽达默尔撰写了《诠释学、修辞学和意识形态》[①] 一文加以回应。伽达默尔注意到，哈贝马斯对他的批判的核心线索在于指责他忽视了反思的力量，因此，他在文中首先对诠释学反思的范围和作用进行了探讨。哲学诠释学作为对理解经验的哲学思

---

①　该文在收入伽达默尔的英译论文集《哲学诠释学》（《哲学解释学》）一书时，在帕尔默建议下，文章名改为《论诠释学反思的范围与作用》。

考本身就是一种反思，其反思的范围即是人类的理解活动的范围。能被理解的存在就是语言。因此，诠释学反思深入到关于人的世界经验的语言性的一切领域中，这些领域不仅包括了文化传统的领域，还包括了统治制度与社会劳动的领域。那么，诠释学反思的作用是什么呢？从根本上说，诠释学反思恰恰是让人反思到反思本身的有限性。也就是说，不存在一种脱离具体的历史语境或者说诠释学境遇的绝对独立的反思，反思意识本身受到理解的存在经验的限制。因此，伽达默尔认为："哈贝马斯使用的反思概念以及带入意识的概念在我看来本身就受到教条主义的限制，而且实际上是对反思的一种错误解释。"[①]也正是在此基础上，伽达默尔逐一对哈贝马斯的批评进行了反驳：① 方法问题。伽达默尔指出，哈贝马斯本身就是在方法论意义上来使用诠释学的，因而不能注意到与哲学诠释学的存在论层次的探讨的区别。作为存在经验，"解释学经验超越于所有方法的异化，因为它是策源地，从这里产生导向科学的问题"[②]。因此，哲学诠释学并不干涉科学方法论的研究，而仅仅是试图通过批判方法论的普遍主义指明其边界与局限，甚至还通过使起引导作用的前理解结构清晰可见从而开辟新的提问领域而间接为科学方法论的研究服务。② 传统、权威与前见问题。伽达默尔认为，哈贝马斯歪曲了哲学诠释学的传统、权威和前见概念。在哲学诠释学中，传统、权威与前见不是预定的前提，而是作为一种诠释学过程而植根于理解活动及其洞见之中。进一步来看，传统、权威与前见并不是和反思的经验截然对立的。反思总是具体的诠释学境遇中的反思，因而传统的前

---

① 伽达默尔：《哲学解释学》，夏镇平、宋建平译，上海译文出版社 1994 年版，第 35 页。

② 同上书，第 27 页。

理解结构也就构成了反思的事实性前提，同时传统也在反思中
得以改变与保存。关于权威，伽达默尔认为，必须区别开权威
与强力，只有基于自觉承认的权威才是真正的权威，因而反思
也并不是和权威对立的，"反思并非始终是、必然是一种消解
原来信念的活动。权威并非始终是错误的"①。③ 语言问题。
伽达默尔认为，哈贝马斯的"语言上的唯心主义"的指责并不
能成立。"能被理解的就是语言"并不是说语言决定存在，而
是说我们只能通过语言来理解存在，语言就是我们每天在进行
的解释的游戏，"没有一种社会现实，包括它所有具体的力量，
能够不使自己展示在一种用语言表达出来的意识内。现实并不
会在语言的'背后'发生；……现实完全是在语言中发生
的"②。

　　对哈贝马斯的《诠释学的普遍要求》一文中对哲学诠释学
的进一步批评，伽达默尔在《答〈诠释学和意识形态批判〉》一
文中给予了回应。他的回应的重心，是对诠释学的普遍性要求的
捍卫。① 针对哈贝马斯从现代科学理论的独白系统出发对诠释
学普遍性要求的限制，伽达默尔指出，既然独白式构造的科学理
论必须在日常语言的对话中使人理解，那么，也就找不出什么理
由认为这种理解的经验在诠释学的理解经验之外，相反却正是诠
释学在现代科学时代的基本任务之一。② 关于哈贝马斯提出的
以一贯曲解的交往为解释领域的深层诠释学或批判诠释学，伽达
默尔认为，这同样不能构成对诠释学普遍性的限制经验。首先，
所谓的精神分析的批判性解释工作受到确定的医生与病人的社会
角色的限制，而一旦作为医生的解释者回到医生以外的其他普通

---

　　① 伽达默尔：《哲学解释学》，夏镇平、宋建平译，上海译文出版社1994年
版，第33页。
　　② 同上书，第36页。

社会角色上来，这种精神分析的解释方式就不再适用。因此，精神分析学的解释模式本身就只是一个诠释学经验的特例，而不能构成其普遍性的限制。其次，必须考虑把精神分析的解放性反思应用于社会领域中这一转用的合法性问题。在医生与病人的社会角色游戏中，病人自愿地接受医生的精神分析的治疗，但在社会领域中，各个团体恰恰"在相互的批判中都指责对方的一致意见具有强制性质"①。可以看到，这里的背景与精神分析病例的背景大相径庭，"它是由于团体信念统治的缘故……把它比作精神分析者归于精神病患者并试图治疗的病态的无对话能力，这就会导致谬误"②。再次，作为精神分析学在社会领域之转用形式的意识形态批判试图以反事实的意见一致的预期为指导进行解放性的反思和批判，这种反事实的预期表现为一种对理解与相互理解能力的毫无疑问的掌握的"交往资质"以及作为真理最终标准的"理想认同"，但是，前者本身就是一种独断的成见，因而并不能拆除团体之间的障碍，后者则带有明显的形而上学特征："对于这种从善的观念引导出真的观念，从'纯粹'理智概念引导出存在的真理标准，我觉得明显地来自于形而上学。"③　③ 关于哈贝马斯的"语言传统的存在论地位的错误理解"的指责，伽达默尔指出，这还是对传统概念的误解。对既存事物的改变和捍卫同样是与传统相联系的方式，传统本身也只有在经常的变化中才存在。不仅如此，试图通过反思性的"反事实的认同"超越与语言传统的联系，恰恰是真正的"存在论的自我理解错误"，它要求在实际的接触之前就能预知接触的终极，然而，

---

①　伽达默尔：《答〈诠释学和意识形态批判〉》，见洪汉鼎主编《理解与解释——诠释学经典文选》，东方出版社 2001 年版，第 399 页。

②　同上。

③　同上书，第 398 页。

"诠释学实践的意义就在于，不要从这种反事实的认同出发，而要尽可能地促成这种认同，并且它所导致的结果，不外乎是说：通过具体的批判而达到确信"①。总之，在伽达默尔看来，哈贝马斯试图限制诠释学的普遍性要求的观点是不能成立的，实际上，"诠释学的经验完全渗透在人类实践的一般本质之中，……从根本上说，理性生物的谈话能力能达到多远，诠释学经验也就能达到多远"②。

三　理解与批判之争：歧异与互补

可以看到，伽达默尔与哈贝马斯之间的论争的焦点是诠释学的理解经验的普遍性的问题。早在《论社会科学的逻辑》一文中，哈贝马斯就提到，"反思的权力要求解释学实行自我限制"③。他认为，伽达默尔低估了反思的力量，而正是反思本身构成了诠释学的理解经验的限制。在作为该文的回应的《诠释学、修辞学和意识形态》之中，伽达默尔通过对诠释学反思的作用与范围的讨论，反驳了哈贝马斯的反思观点，并明确提出了和语言的世界经验相适应的诠释学经验的普遍性的问题。而在进一步的批判与反批判——哈贝马斯的《诠释学的普遍性要求》与伽达默尔的《答〈诠释学和意识形态批判〉》——的交锋中，诠释学的普遍性要求更是直接成为两者论争的核心话题。总的来看，伽达默尔捍卫诠释学的理解经验的普遍性，并且认为反思批判的要求在根本上受到作为此在有限性的基本经验的理解—语言—传统经验的限制，"凡是归属到反思的东西与预先成型所规

---

①　伽达默尔：《答〈诠释学和意识形态批判〉》，见洪汉鼎主编《理解与解释——诠释学经典文选》，东方出版社 2001 年版，第 403 页。
②　同上书，第 405 页。
③　哈贝马斯：《评伽达默尔的〈真理与方法〉一书》，《哲学译丛》1998 年第 3 期。

定的东西相比总是有限的"①。哈贝马斯则认为，以精神分析学
与意识形态批判为其范例的批判经验或者说批判诠释学的经验，
凭借其自我反思的力量，获得了理想交往的先行预期，进而构成
了对诠释学的日常交往结构之外的一贯被扭曲的交往的系统批判
与解放，从而超越了诠释学的理解—语言—传统的有限存在论经
验的限制。也就是说，理解经验的普遍性必须受到批判经验的普
遍性的限制。因此，可以把伽达默尔与哈贝马斯之间的论争理解
为"理解与批判之争"。

　　值得注意的是，伽达默尔与哈贝马斯的理解与批判之争，涉
及了两个不同的哲学层次，即存在论层次与认识论层次。也就是
说，理解与批判之争，实际上是理解存在论与批判认识论之争。
如前所述，伽达默尔的哲学诠释学是存在论意义上的诠释学。理
解并不是一种主体行为，而是此在的基本存在方式。此在就是以
理解为其存在的存在。因此，诠释学作为意义理解之学与此在的
存在分析是统一的。此在生存的有限性、历史性以及作为基本世
界经验的语言性，同时也就是理解经验的存在特征。理解的经验
构成了此在的全部世界经验与生活实践的基本问题。因此，哲学
诠释学在实质上就是一种理解存在论。与此不同，哈贝马斯的批
判诠释学思考始终关注的是批判的社会科学的方法论与认识论基
础的问题，或者说社会科学的认识论逻辑的问题。在他看来，精
神分析学之所以构成了批判诠释学的范例，是因为它是"作为
一门要求从方法上进行自我反思的科学的唯一可以理解的例
子"②。这种方法的自我反思，正是认识论思考的任务。不过，

---

　　① 伽达默尔：《真理与方法》，洪汉鼎译，上海译文出版社 1999 年版，第 758
页。
　　② 哈贝马斯：《认识与兴趣》，郭官文、李黎译，学林出版社 1999 年版，第
215 页。

哈贝马斯的认识论是改造过的认识论，即与社会理论建立起本质联系的批判的认识论："彻底地认识批判只有作为社会理论才是可能的。"① 这不仅指只有在社会理论的视角之中，认识与兴趣的本质关联才能得到承认，而且指只有通过科学的自我反思才能获得社会理论的认识。后者在根本的层次上意味着对语言、劳动与统治的意识形态交织状况所扭曲了的交往活动框架的反思性把握。在哈贝马斯看来，对这种一贯被扭曲的交往框架的把握，正是作为批判认识论的批判诠释学及其反思经验超越了哲学诠释学的存在理解经验的证明："我们预先假定，在深层诠释学运用交往能力过程中，实际上存在着一贯被曲解的交往的现象，关于这种交往的种种条件隐含的知识，就已经足够使我们对伽达默尔（遵循海德格尔）提出来的哲学诠释学之本体论的自我理解，提出疑问。"②

　　无论是伽达默尔的理解存在论，还是哈贝马斯的批判认识论，都在根本上涉及了真理的问题。这里也反映出两种不同的真理观的差异。在伽达默尔的理解存在论中，真理同样是一个存在论的问题。用利科的话说："这就是理解存在论所引起的革命。……真理问题不再是方法问题；它是显现存在为一个其存在在于理解存在的存在的问题。"③ 也就是说，理解存在论的真理乃是存在的真理。一方面，存在的真理即是存在的敞开以及存在的遮蔽与敞开之争执；另一方面，存在的真理作为存在的敞开以及存在的遮蔽与敞开之争执，只有在此在自身的展开中得以实

---

① 哈贝马斯：《认识与兴趣》"导言"，郭官文、李黎译，学林出版社 1999 年版，第 1 页。

② 哈贝马斯：《诠释学的普遍性要求》，见洪汉鼎主编《理解与解释——诠释学经典文选》，东方出版社 2001 年版，第 295 页。

③ 利科：《存在与诠释学》，见洪汉鼎主编《理解与解释——诠释学经典文选》，东方出版社 2001 年版，第 253 页。

现，或者说，真理就是此在本身的展开状态。因此，"真理的存在源始地同此在相联系。只因为此在是由展开状态规定的，也就是说，由领会规定的，存在这样的东西才能被领会，存在之领会才是可能的"①。领会，即是理解。由此可见，在理解存在论的视域中，存在的真理即是理解的真理，两者是同一的。与这种存在论的真理观不同，哈贝马斯的批判认识论的真理乃是认识论层面上的真理。当然，批判认识论与社会理论有着本质联系，因而批判认识论的真理也不同于传统认识论的真理。传统认识论的真理是符合论的真理。哈贝马斯从三个方面批驳了这种真理观：① 预设了实在世界与语言世界的对应关系，但却无法证明；② 不存在判断语言陈述与实在的"符合"的客观标准；③ 预设了主体话语间的绝对同一。② 那么，批判认识论的真理是一种什么样的真理呢？在哈贝马斯看来，真理本身就是一种语言交往现象，因此，真理应该定义为"话语主体通过语言交往而达成的共识"③。也就是说，真理是主体间经由对话达成的意见一致，即共识，其检验尺度不是客观性，而是主体间性。这是一种真理的共识论。但是，共识既可以是合理的共识，也可以是意识形态扭曲或暴力压制下的共识。因此，真理作为共识本身还需要前提条件。哈贝马斯认为，这一前提条件就是"理想的话语环境"，即满足言语交往的可领会性、真实性、正确性和真诚性的有效性条件的理想语境。在这样一种理想的语境中，言语交往的参与者可以自由的对话、质疑、辩驳、论证以及修正和发展，从而达到最终的普遍的意见一致。由此可见，哈贝马斯的批判认识论的真理

---

① 海德格尔：《存在与时间》，陈嘉映、王庆节译，三联书店 1999 年版，第264 页。

② 参见霍尔斯特《哈贝马斯传》，章国锋译，东方出版中心 2000 年版，第76—77 页。

③ 同上书，第 77 页。

观是一种由理想语境所规范的真理共识论。正是在此意义上，伽达默尔与哈贝马斯的理解与批判之争，也可以看作真理存在论与真理共识论之争。

　　问题在于，围绕诠释学普遍性问题展开的理解与批判之争，或者说理解存在论与批判认识论之争，真理存在论与真理共识论之争，其对立的双方是不可调和的吗？抑或双方在一定程度上是可以互补的？在我看来，答案应该是后者。当然，这并不意味着我们要抹杀伽达默尔的哲学诠释学与哈贝马斯的批判理论之间在出发点上的根本差异，而是如利科所说，在承认两者的歧异的同时，"希望表明每一方都能以在对方的结构中标出自己的位置的方式而重新承认对方的普遍性要求"①。

　　如果我们进一步深入考察伽达默尔的理解存在论，可以发现，其本身就包含有批判性认识的要素。在对前见作为理解的可能性的基本条件的捍卫中，伽达默尔区分了"合理的前见"与"不合理的前见"、"生产性的前见"和"阻碍理解并导致误解的前见"以及"真前见"与"假前见"等等。这种区分包含了认识批判的因素。只不过，伽达默尔并不认为我们可以独立于理解过程以及诠释学具体情境来进行区分。正是在对被理解之物的开放的理解过程中，"诠释学的任务自发的变成了一种事实的探究，并且总是被这种探究所同时规定"②。为此，他甚至直接呼吁一种方法论意识的引入。他写道："一种受方法论意识所指导的理解所力求的，势必不只是形成它的预期，而是对预期有意识，以便控制预期并因而从事物本身获得正确的理解。"③　不仅

----

　　①　利科：《诠释学与意识形态批判》，见洪汉鼎主编《理解与解释——诠释学经典文选》，东方出版社 2001 年版，第 435 页。

　　②　伽达默尔：《真理与方法》，洪汉鼎译，上海译文出版社 1999 年版，第 345 页。

　　③　同上书，第 346 页。

如此，伽达默尔还为理解的批判性认识寻求存在论的根基。在他看来，理解作为效果历史事件本身就是历史隶属性与时间距离所构成的张力结构，而距离正是批判的前提，因此，"时间距离才能使诠释学的真正批判性问题得到解决"[①]。与此相似，就哈贝马斯的作为批判认识论的批判诠释学而言，批判的反思并不能真正离开理解经验的存在论奠基。从哈贝马斯的"认识的兴趣"的理论来看，无论是技术的认识兴趣、实践的认识兴趣还是解放的认识兴趣，本身都建立在对一个作为意义网络的世界的存在理解的先行设定基础之上，否则我们既难以解释这样三种兴趣的区分的根据何在，同时也难以解释解放的认识兴趣所指导的批判的经验何以构成了认识与兴趣的统一。实际上，即使是在对伽达默尔的哲学诠释学批判最为严厉的场合，哈贝马斯似乎都不得不回过头来承认理解存在论的奠基作用："我们一定不要使那已经扩展为批判的诠释学范围，囿于种种传统确信之内……当然，批判总会受到它所反映的传统语境的约束，这也是事实，伽达默尔对诠释学的保留意见，对于反对独白式的自我确信来说，还是合理的，这种自我确信不过是擅取批判的资格而已。除了一切参加者在对话中成功地获得的自我反思以外，就根本没有深层诠释学解释的充分根据。"[②] 这表明，批判认识论对理解存在论的反思性超越归根到底是哲学诠释学的自我超越。

　　与理解存在论与批判认识论的互补关系相适应，理解存在论的真理存在论与批判认识论的真理共识论也构成了互补。诠释学的真理存在论在根本上既是真理的存在学，又是真理的发生学。

---

　　① 伽达默尔：《真理与方法》，洪汉鼎译，上海译文出版社1999年版，第383页。

　　② 哈贝马斯：《诠释学的普遍性要求》，见洪汉鼎主编《理解与解释——诠释学经典文选》，东方出版社2001年版，第301页。

就前者而言，存在的真理即是理解的真理，这表明真理的存在方式就是理解的存在，它既是历史性的，同时也是语言性的，并在根本上与此在生存的有限性相适应。对此，伽达默尔写道："并不存在任何永恒的真理。真理就是与此在的历史性一起被给出的存在的展开。"[①]　而真理的历史性的引入，表明真理本身就是一个时间性的事件。因此，真理的存在与真理的发生是统一的。用诠释学的术语来说，真理的存在即是世界的开启与意义的发生。但是，仅仅把真理视作世界的开启与意义的发生，并不能解决实际经验中的真理断言的有效性的问题。也就是说，当我们在面对同一事物的不同、乃至冲突的解释陈述之时，我们如何加以仲裁呢？如果说在真理存在论的层面上，"真理在本质上即是非真理"[②]，因而敞开了无穷的意义缘起的可能性，那么，在现实境况中，当我们急需决断之时，这种真理存在论难免过于空洞。实际上，真理陈述断言的有效性涉及"真"与"假"的认识判断，而这恰恰是真理的共识论所试图解决的问题。因为真理的共识的达成，实际上也就是陈述命题的有效性要求在言语共同体内部的实现，从而给出"真"与"假"的判断。不过，反过来看，真理共识论本身也必须建立在真理的存在论的基础之上。如果没有世界的开启与意义的发生，又何来认识以及对共识的要求呢？进一步而言，共识的关键在于一种合理性论证。在哈贝马斯看来，认知意义上的合理性论证的最基本方式有两种：真实性论证与现实性论证。"'真实性'所指涉的是事态在世界中的实际存在；而'现实性'指的则是实际存在的事态得以表现出来的涉世手

---

① 伽达默尔：《真理与方法》，洪汉鼎译，上海译文出版社1999年版，第698页。

② 海德格尔：《林中路》，孙周兴译，上海译文出版社1997年版，第38页。

段。"① 可以发现，这两种论证的基础是"事态的实际存在"。但是，事态的实际存在如果不是世内存在者的揭示状态又是什么呢？我们在此又回到了真理的存在论。世内存在者的揭示状态本身即真理。它与作为进行揭示的存在既此在的存在及其展开状态一起构成的源始的真理存在。因此，存在论的真理本身恰恰构成了真理共识论的认识真理的判断的前提。用海德格尔的话说："只要此在存在，即使没有任何人在进行判断，真理也已经被设为前提了。"② 由此可见，真理存在论与真理共识论构成了一种双向的互补关系。

理解存在论与批判认识论之间、真理存在论与真理共识论之间的这种互补关系，同样可以在艺术哲学的维度上展开。围绕哲学诠释学的艺术哲学向度来看，批判认识论可以为伽达默尔的艺术的理解经验的理论补充批判反思的维度。尽管伽达默尔的理解存在论本身就包含了批判性认识的要素，但这并不意味着批判的认识论已经包含在哲学诠释学之中："对批判的事例的认可在诠释学内乃是一种不断被重申但又经常被忽略的模糊愿望。"③ 对伽达默尔来说，艺术作品作为被理解之物在艺术的理解经验中占有绝对的优先地位，因而，艺术理解经验所内含的批判性要素，几乎总是转化为一种自我批判，即理解者本身的前见的瓦解以及在与艺术作品所展现的意义世界的同化中的意义连续性的重新获得。但是，这种似乎过于被动的经验能否涵盖艺术经验的全域呢？伽达默尔认为："我本人的真正主张过去是、现在仍然是一种哲学的主张：问题不是我们做什么，也不是我们应当做什么，

———————

① 哈贝马斯：《交往行为理论》（第一卷），上海人民出版社2004年版，第9页。

② 海德格尔：《存在与时间》，陈嘉映、王庆节译，三联书店1999年版，第263页。

③ 利科：《诠释学与意识形态批判》，见洪汉鼎主编《理解与解释——诠释学经典文选》，东方出版社2001年版，第461页。

而是什么东西超越我们的愿望和行动与我们一起发生。"① 这样的哲学主张无疑有其合理性，但是，思考"我们做什么"和"我们应该做什么"难道同样不是我们应该承担的任务吗？批判的认识论所考虑的恰恰是"我们应该做什么"的问题。这种思考同样可以纳入艺术经验当中。进一步就真理存在论与真理共识论之间的互补关系而言，它对我们思考艺术真理问题同样有着重要的启示。伽达默尔对艺术真理问题的思考是在存在论的层面上进行的。他认为，艺术真理就是艺术作品存在的真理。它不仅是指艺术作品所展现的世界的真理，同时也是作品为之表现的观赏者自身世界的真理，而且还意指艺术作品本身就是一种真理性的存在。可以认为，伽达默尔为艺术经验的真理性要求的重申提供了卓越的存在论证明。但是，艺术真理作为真理同样包含认识论的层面。伽达默尔指出："艺术就是认识，并且艺术作品的经验就是分享这种认识。"② 艺术作为认识不能仅仅停留于艺术经验本身的体认，而且必须以命题断言的方式加以陈述。因此，艺术真理同样面临其陈述断言的有效性问题。即使如伽达默尔所说，艺术真理的经验本身受到语言传统的引导，但这并不排除同一传统内部的相互冲突的解释与真理断言的存在，更不用说不同传统之间的艺术标准的歧异所带来的判断的难题了。这也就意味着，真理共识论至少可以为不同的真理主张的对话、论辩、发展以及可能取得的局部一致提供一个现实操作的认识论平台。此外，共识的关键在于交往对话中的合理性论证。因此，真理共识论把艺术真理断言的论证作为一个基本任务提出来。这就为把现代艺术

---

① 伽达默尔：《真理与方法》"第 2 版序言"，洪汉鼎译，上海译文出版社 1999年版，第 4 页。
② 伽达默尔：《真理与方法》，洪汉鼎译，上海译文出版社 1999 年版，第 125页。

理论探究的诸多成果如形式主义、结构主义等说明性框架引入艺术真理讨论提供了契机。我们将会看到，这正是现代诠释学的另一代表人物——利科的成就之一。

第四节　对话与解构之争

尽管赫施、阿佩尔与哈贝马斯对伽达默尔哲学诠释学的批判在路向、内容、方式以及激烈程度等上面存在着或大或小的差异，但他们在对一个基本问题的关注上则有其一致之处。这一问题即理解与解释的有效性问题。在他们看来，伽达默尔的哲学诠释学不能解决理解与解释的有效性问题，即不能为理解与解释的有效性提供稳固坚实的基础与论证，因而有陷入相对主义的泥沼的危险。可以看到，赫施对固定不变的含义与流动不居的意义的区分，阿佩尔对理想的无限交往共同体的先验立足点的设定，以及哈贝马斯对理想交往语境的反事实的理论假设，都是为了给理解与解释的有效性论证或检验寻找到一个具有确定性的理论基点——尽管其确定性程度不断减弱。因此，可以把赫施、阿佩尔与哈贝马斯对伽达默尔的批判称作"确定性的诘难"[①]。但是，伽达默尔不仅受到这种从某个确定性的观念出发而作出的陷入相对主义的指责，还受到了从相反的方向出发的指责。解构理论家德里达是这种方向的指责的主要代表。不过，德里达的指责并非外在于诠释学的指责。相反，如帕尔默所说，德里达的思想，"虽然和伽达默尔的不同，却完完全全是解释学的"[②]。正是德里达的解构理论构成了现代诠释学的一个重要维度，即一种激进诠

---

① 参见李鲁宁《伽达默尔美学思想研究》，山东大学出版社 2004 年版，第 243 页。

② 帕尔默：《解释学》，《哲学译丛》1985 年第 3 期，第 22 页。

释学①的维度。

一　作为一种激进诠释学的解构理论

诠释学是意义理解与解释之学。语言构成了意义理解与解释的基本媒介，因而，诠释学也就是语言理解与解释之学。作为现代诠释学，语言观、意义观、理解观是其基本内核。因此，对作为一种激进诠释学的解构理论的把握，也可以从这三个方面入手。

（一）语言观：文字与痕迹

德里达的语言观建立在对传统语言观的批判之上，并与对传统哲学的批判关联在一起。他认为，西方传统哲学是一种逻各斯中心主义的哲学，即将某种绝对参照物或"先验所指"作为基础、本源、中心的哲学。它表现为一种等级制的二元对立，如理念/现象、灵魂/肉体、自我/他者、所指/能指、语音/文字等等。这些对立项中的前者更接近逻各斯因而高于后者。不仅如此，逻各斯中心主义还支持一种把存在的意义规定为在场的"在场的形而上学"。德里达认为，所指/能指、语音/文字的等级对立对此有着特别的重要性。因为，作为先验所指的理念、灵魂、自我等的在场不仅超出语言，而且要在语言之中呈现出来。前者意味着所指可以独立于能指并制约能指，后者则意味着能指的内部同样存在着语音与文字的二元等级，因为从在场的观念来看，语音作为鲜活的主体意识表达与说话声音无疑比沉默僵化的文字更具在场性。在德里达看来，正是后者构成了传统语言观的核心——语音中心主义。

---

①　参见名安《激进解释学》，《哲学译丛》1993 年第 1 期；布洛克《激进解释学批判》，《国外社会科学》1992 年第 7 期；李建盛《理解事件与文本意义——文学诠释学》，上海译文出版社 2002 年版，第 19—25 页。

　　德里达的语言之思的重点就在于批判语音中心主义，把文字从语音的压制中解放出来。他试图通过对索绪尔的语言学理论的分析来实现这一点。他发现，索绪尔的语言理论本身就存在着内在的矛盾。一方面，索绪尔受语音中心主义的影响，把文字看做语音的"图画"，只有狭隘的派生功能。不仅如此，文字还屡屡"僭越"、"窃取"语音或口头语言的地位，因而破坏了意义与声音的内在的"自然纽带"。但是，另一方面，从索绪尔最重要的语言学贡献即他提出的"任意性"与"差别"原则来看，他又推翻了语音中心主义。任意性的原则否定了文字乃是语音的"图画"的观点。因而，"由于文字并非言语的'图画'或'记号'，它既外在于言语又内在于言语，而这种言语本质上已经成了文字"①。而从差别的定义上就可以看到，"差别本质上不是感性的丰富性，它的必然性与主张语言具有自然的语音本质相矛盾"②。也就是说，作为语言本质的意义要素的区分恰恰不能从语音来决定，而必须借助于文字符号的差异。因此，对语音与文字的内与外、根本与派生的区分是不合理的，在作这样一种区分之前，语言已经属于一种文字了。索绪尔所谓文字的"僭越"，恰恰是语音的"暴力"。

　　值得注意的是，德里达的文字概念不仅指和说话语音相对的语言文字，而且还指一种"原始文字"。他认为："甚至在与雕刻、版画、绘画或文字联系起来之前，在与能指联系起来之前，书写符号概念就已经包含人为痕迹的要求，这种要求构成了所有意指系统的共同可能性。"③ 这里所说的作为所有意指系统的共同可能性的人为的痕迹（trace，也译作踪迹），即原始文字。可

---

①　德里达：《论文字学》，汪堂家译，上海译文出版社 1999 年版，第 63 页。

②　同上书，第 74 页。

③　同上书，第 63 页。

以看出，德里达在这里更注重的是文字作为语言的差别、运动的可能性这一层含义，进而扩展到作为一切语言与非语言的符号系统的可能性。既然我们只能用符号思维，那么，痕迹的隐秘运动就涉及人类经验的全域，并先于一切在场与不在场的区分："在者的领域在被确定为在场的领域之前是按痕迹的各种可能性构造出来的。……它是无目的的符号生成过程得以可能的起点，也是与之伴随的 physis（自然）与其对方的所有外在对立得以可能的起点。"① 不仅如此，痕迹作为痕迹，可以涂改、抹去，但却不能完全消除。因此，痕迹并不是逻各斯中心主义的起源概念，但也不意味着起源的消失，相反，起源"只有反过来通过非起源，通过痕迹，才能形成，因此，痕迹成了起源的起源"②。

（二）意义观：延异与撒播

"自从有了意义也就有了符号。我们只用符号思维。"③ 因此，在德里达这里，符号与意义是一体的。痕迹作为无目的的符号生成过程得以可能的起点，同样是意义生成的起点。关键的问题在于，痕迹以何方式生成意义？这涉及德里达解构理论的一个核心概念，即延异（differance，也译作分延、异延等）。因为，"纯粹的痕迹就是分延"④。

所谓延异，有两层含义，一为延宕，二为差异。延宕，也就是迂回、推延、延搁，"是在暂时性和延宕性的迂回中介的有意无意的追索，这种迂回推迟了'欲望'或'意志'的满足和实现，并以一种取消或消化其效果的方式来平等地影响这种推

---

① 德里达：《论文字学》，汪堂家译，上海译文出版社 1999 年版，第 64—65 页。
② 同上书，第 87 页。
③ 同上书，第 69 页。
④ 同上书，第 89 页。

迟"①。这里所说的"欲望"、"意志"，就是用符号把握事物，
用能指把握所指的欲望和意志，也就是"在场"的欲望和意志。
在德里达看来，我们试图用符号把握事物、用能指把握所指，恰
恰是因为事物、所指是不在场的，符号再现、替代了缺席的在场
者，而这也就意味着，事物、所指的在场为符号所延迟了："符
号是延搁的在场。"② 差异，也就是区分、分辨、间隔化、间距
化，指的是符号与符号、所指与所指之间的差异，区分和非同一
的相互关联与指涉。在德里达看来，延异的这两层含义是连接在
一起的。正因为符号、能指延搁了事物、所指的在场，符号与符
号之间、能指与能指之间的差异才得以彰显，而符号、能指的意
义只能在符号与能指的差异系统与指涉链条中进行差异性的指涉
他者的游戏。反之，正因为符号与能指的差异系统和指涉链条以
及意义的差异游戏，符号、能指才延搁了事物、所指的在场。也
就是说，差异总是延宕化的差异，延宕总是差异化的延宕。在延
宕与差异的连接中，意义的在场既与不在场相区分，又被延搁到
不在场，同时不在场又延搁了在场。因此，延异"就是不再从
在场与不在场的对立来思考的一种结构和运动了。延异是差异和
差异之踪迹的系统游戏，也是间隔的系统游戏，正是通过间隔，
各种要素才有了关系"③。

　　既然语言符号的意义的生成方式即是延异，那么，也就既不
存在某种单一的、自足的、凝固的、确定的语言或符号的意义，
也不存在某种具有稳固中心的意义结构与具有连续性的意义生成
方式，毋宁说，意义是以一种"撒播"的方式生成的。所谓撒

---

①　德里达：《延异》，见汪民安等主编《后现代性的哲学话语——从福柯到赛
义德》，浙江人民出版社 2001 年版，第 72 页。
②　同上书，第 73 页。
③　德里达：《多重立场》，佘碧平译，三联书店 2004 年版，第 31 页。

播（dissemination，也译作播撒），究其大意，无非是说语言与符号意义的生成，就像播种一样，"这里播撒一点，那里播撒一点"①，既无中心，也无秩序。进一步来看，撒播的要义就在于，"它表示一种不可简约的和'有生殖力的'多元性"②。也就是说，意义的生成是多元的、繁复的、无序的，是彻底开放的，它在无穷的符号与能指的延异系统和指涉链条中替换、游移、生产，永无定所，永无止期。在德里达看来，通过对意义的撒播的揭示，"以一种颇有秩序的方式走向意义和知识"的企图被彻底挫败了③。

（三）理解观：解构与游戏

通过文字、痕迹、延异与撒播等概念，德里达不仅颠覆了传统的语言观与意义观，而且构造了一种区别于传统的认同式理解模式与观念的新的理解观，即解构。

德里达认为，解构既是一个"事件"，也是一种"姿态"，同时也可以看做一种"方法或技术"。④ 也就是说，解构首先指的是文本、符号、意义的自我解构即延异运动本身，是"来临并发生的东西"⑤。其次，解构是一种不妥协的姿态，即无止境的反对既有秩序的姿态。在此意义上说，没有一般解构，只存在一些既定文化、历史、政治情境和上下文关系中的具体的解构姿态。再次，虽然不能把解构看做一种从一个语境到另一个语境都

---

① 《一种疯狂守护着思想——德里达访谈录》"译后记"，何佩群译，上海人民出版社 1997 年版，第 250 页。

② 德里达：《多重立场》，余碧平译，三联书店 2004 年版，第 52 页。

③ 《一种疯狂守护着思想——德里达访谈录》"译后记"，何佩群译，上海人民出版社 1997 年版，第 251 页。

④ 德里达：《书写与差异》"访谈代序"，张宁译，三联书店 2001 年版，第 15 页。

⑤ 同上。

可以重复使用的技术程序与既定操作方法，但至少可以从中找到一些临时性的规则。正是在此意义上，解构才是一种"方法或技术"。由此我们可以发现，解构的一个基本特征在于它的一种"寄生性"，即总是与既定的语境、秩序、文本有关，寄生于它们之上。德里达称之为"双重书写"："我们必须提出一种双重表示，一种双重书写以及我在'双重表示'一文中所说的'一种双重科学'：一方面，经过一个'翻转'阶段。……另一方面，停留在这一阶段就仍然是在被解构的系统内部进行活动。通过这一双重书写，我们还必须指出翻转和一个新概念的突现之间的间隔。"① 所谓翻转，即对既定秩序中的二元等级对立的颠倒。但是，颠倒远远不够，它极有可能转换为一种新的等级制。因此，还要提出一个新概念来彻底瓦解这一等级。这一新概念与既定等级及其颠倒之间存在"间隔"，也就是说它不能够根据原有的系统来理解。不过，作为双重书写，翻转与新概念突现不是两个相继的阶段，而是同时进行的，并且表现为一种无止境的分析的必要性，这表明解构与被解构者始终是关联着的，解构既在被解构者之内，又在被解构者之外。"'解构'哲学，就要通过最忠实和最内在的方式思考哲学概念的结构谱系学，同时又要从哲学不能规定或者不能命名的某个外部来规定这一历史可能掩饰或禁止的东西，……通过这一在哲学——也即在西方哲学——内与外之间既忠实又粗暴的循环，产生了一部伴有巨大愉悦的文本作品。"②

　　由此，解构与游戏（play，也译嬉戏）关联起来。游戏就是痕迹、延异、撒播与解构。"人们可以将游戏称为先验所指的缺

---

① 德里达：《多重立场》，佘碧平译，三联书店 2004 年版，第 47—49 页。
② 同上书，第 7—8 页。

席"①，但它也表明先验所指的不可缺少，否则游戏也就失去了寄生之所。它既延搁了意义的在场，又在差异性的无穷替换中生成无限的意义，就像痕迹既被抹去，又在抹去的同时生成一样。"踪迹的嬉戏不再属于存在的视域，但却传达和包含了存在的意义；踪迹的嬉戏或延异，它没有意义，它不是，它不属于，没有支撑，没有深度，在这个无底的棋盘上存在置于嬉戏中。"② 可以看到，这里所说的游戏既不同于席勒的主体论意义上的游戏，也不同于伽达默尔的存在论意义上的游戏以及列维—斯特劳斯的结构主义的游戏，而是一种"游戏的游戏"。在无底棋盘的无边范域之中，游戏游戏自身。这无疑是一种大胆的姿态，因为无底的游戏之游戏难免遭遇意义虚无的危险。不过，正如德里达所说，"甘冒意义虚无的危险就是开始游戏"③。

二　伽达默尔与德里达的论争

通过对德里达作为激进诠释学的解构理论的语言观、意义观、理解观的介绍，我们已经可以感觉到德里达与伽达默尔在这些诠释学基本问题上的重大差异。实际上，在德里达的论著中，一定程度上从一开始就隐含着与伽达默尔的论争。不过，两人的直接的公开的论争与交锋则是在 1981 年由索邦大学召开的"文本与阐释"专题讨论会上。这次论争影响很大，甚至被冠以"德法之争"之名。我们主要围绕这次会议以及伽达默尔在会后发表的一系列相关文章的几个中心问题来探讨两人的论争。

（一）海德格尔的尼采阐释：逻各斯中心主义？

怎样看待海德格尔的尼采阐释，构成了伽达默尔与德里达的

---

① 德里达：《论文字学》，汪堂家译，上海译文出版社 1999 年版，第 69 页。

② 德里达：《延异》，见汪民安等主编《后现代性的哲学话语——从福柯到赛义德》，浙江人民出版社 2001 年版，第 86 页。

③ 德里达：《多重立场》，佘碧平译，三联书店 2004 年版，第 16 页。

论争中的一个焦点问题。这不仅是因为海德格尔的尼采阐释得到伽达默尔的赞同并被视作理解经验的卓越范例，而且还因为伽达默尔的哲学诠释学正是建立在海德格尔的存在之思的基础之上的。捍卫或质疑海德格尔的思想，实际上也就是对哲学诠释学的基础的辩护或怀疑。

海德格尔思想是解构理论的最重要渊源之一。德里达的延异概念以及对逻各斯中心主义的批判，直接受到海德格尔的存在论差异的思想以及对形而上学的整体批判的启发。但是，德里达认为，海德格尔的形而上学批判并不彻底，他的存在思考同样是一种逻各斯中心主义。这尤其表现在海德格尔的尼采阐释之上。德里达认为，海德格尔的尼采阐释的核心观点是：存在着一个尼采思想的统一体，这一统一体由强力意志与永恒轮回两个论题组成，进而统一为对存在者整体的思考；这一思考构成了形而上学即存在者整体之思的极端形态，因而展现了形而上学的终结，尼采成为最后的形而上学家。德里达对此一阐释表示怀疑：真的存在这样一个尼采思想的统一体吗？在他看来，答案是否定的。"难道尼采不是除基尔凯郭尔之外少数几位把自己的名字多重化，并且玩弄签名、身份和面具的大思想家中的一员吗？难道他不是那个多次、并且以多名来命名自己的人吗？"① 也就是说，并不存在一个统一的所谓尼采思想。因此，在德里达看来，把尼采思想阐释为一个统一体，恰恰说明了海德格尔的阐释的前提预设还受制于形而上学的逻各斯中心主义："自亚里士多德以降，至少到柏格森为止，'它'（形而上学）总是一再重复、一再假定，思想与言说必定意味着思考和言说某物，思想和言说**一个**实事和一个**实事**。还有，不去思/言一个（原始）实事的行为根本

---

① 伽达默尔、德里达等：《德法之争：伽达默尔与德里达的对话》，孙周兴、孙善春编译，同济大学出版社 2004 年版，第 63 页。

就不是思/言，而是逻各斯的丧失。"① 不仅如此，海德格尔所认定的作为思与言的唯一之物即是存在——或者说存在之真理，因而，他对尼采的思想的统一性的阐释，正是来自于存在之真理的历史这一统一性思想前提，但是，存在与存在之真理不同样是一个形而上学的先验所指吗？在德里达看来，这表明，海德格尔仍说着一种"形而上学的语言"。相反，倒是尼采的激进的多样化主张彻底粉碎了逻各斯中心主义的幻想，因而成为对形而上学的真正克服。

面对德里达对海德格尔的尼采阐释的指责，伽达默尔申明，在他看来，海德格尔的尼采阐释是一种"异乎寻常地深刻透彻而又恰如其分的阐释"②。海德格尔通过深入到最后的极点处来追随尼采，进而揭示出甚至在尼采本人那里都未能真正表达出来的东西，这正是伽达默尔所赞赏的为实事本身所引导的意义理解活动的范例。不仅如此，海德格尔在此表现出的形而上学批判的彻底性也远远超过了尼采："海德格尔是深入到形而上学本身的背后，而没有像尼采那样满足于停留在形而上学之自我消解的极点上。"③ 伽达默尔认为，海德格尔的形而上学批判即"克服形而上学"的努力是一种深入到形而上学背后重新思考西方思想的开端处的存在经验的努力，而这种经验即存在的去蔽与遮蔽之交互并存。因此，海德格尔的存在思考已经超越了德里达所正确揭示出的把存在的意义规定为在场的形而上学与逻各斯中心主义的范域。也正是在此基础上，海德格尔发现，在尼采对一切价值的重估之中，存在本身实际上就成为一个为强力意志服务的价值

---

① 伽达默尔、德里达等：《德法之争：伽达默尔与德里达的对话》，孙周兴、孙善春编译，同济大学出版社2004年版，第63—64页。
② 同上书，第102页。
③ 同上书，第8页。

概念，因而达到了形而上学的主体主义的峰顶。伽达默尔甚至进一步越过海德格尔来追问：确实存在某种"形而上学的语言"吗？语言总是对话中的语言。尽管传统哲学的概念词语常常因其在思想构造中的位置而被限制在一个相当确定的意义上，但是，这些概念词语也从来没有完全脱离它们从中获得全部意义展开之丰富性的领域，即作为无穷尽的意义生成与展露的对话的领域。因此，"并没有一种形而上学的语言，而只有一种对出自活语言的概念词语所作的形而上学上的思想构造"①。

（二）理解的善良意志：意志形而上学？

所谓"理解的善良意志"的问题，源于伽达默尔的论文《文本与阐释》中的一句话："也就是说，书面会话根本上需要一种同样适用于口头交流的基本条件。两者都具有相互理解的良好愿望。因此，凡在人们寻求理解之处，就有善良意志。"② 事实上，在伽达默尔的文章中，这只是一带而过的东西。不过，从德里达的解构视角看来，恰恰是这些不起眼的似乎理所当然之处，构成了其解构对象的征候的要点。

从伽达默尔的文章来看，理解的善良意志即理解中的每一方都有理解对方并让自己为对方理解的意愿，它构成了理解活动得以展开的前提条件。但是，在德里达看来，这里对善良意志的诉求，是一种在相互理解的追求方面的绝对约束力。它不仅是一个伦理的要求，而且处在对所有交谈共同体都有效的起点上，甚至还规整着争执和误解的出现。因此，善良意志在根本上与康德意义上的"尊严"相关联。也就是说，在理解活动中，善良意志是一种无条件的东西，构成了理解的无条件前提或无条件的公

---

① 伽达默尔、德里达等：《德法之争：伽达默尔与德里达的对话》，孙周兴、孙善春编译，同济大学出版社 2004 年版，第 92 页。

② 同上书，第 20 页。

理。但是，"难道这个无条件的公理不是仍然预设了下面这一点，即意志是这种无条件性的形式，是它的绝对依靠，说到底就是它的规定性？……难道这种规定——作为最终机关——不会属于海德格尔完全合理地称之为意志或者意愿主体性的存在者之存在的规定？难道这样一种讲法——包括它的必然性——并不属于一个过去了的时代，即那个意志形而上学的时代吗？"[①]

对德里达的这一发难，伽达默尔表示出他的困惑："我绝对弄不明白的是，这样一种努力与形而上学时代有什么干系，甚至与康德的善良意志概念有什么干系。"[②] 在他看来，他使用善良意志一词，所指的是柏拉图以"善意的决断"所命名的东西。这里说的是：人们在相互理解的对话中不是谋求和维持固执己见乃至高人一等的权利，并且以发现对方的弱点为目的，而是相反，尽量向对方开放并理解对方的观点，这也就意味着尽量使他人变得强大和使他人的陈述具有某种说服力。伽达默尔认为："这样一种态度对任何相互理解来说都是本质性的。这是一个纯粹的断定，与一种'诉求'并不相干，更与伦理毫不相干。即便是不道德的人们也努力相互理解。"[③] 伽达默尔认为，他不能设想，在这个断定上德里达会真的不赞同。因为，谁开口说话，谁就想得到他人的理解，不然，他既不会说也不会写。因此，伽达默尔在此发现了一个支持他的观点的"优越的证据"："德里达向我提出问题，就必定预设了我是愿意理解他的问题的。"[④]

（三）理解作为视域融合：整体主义？

伽达默尔把理解看做一种效果历史的意义事件，而效果历史

---

① 伽达默尔、德里达等：《德法之争：伽达默尔与德里达的对话》，孙周兴、孙善春编译，同济大学出版社 2004 年版，第 42 页。

② 同上书，第 45 页。

③ 同上书，第 46 页。

④ 同上。

事件的作用方式就是视域融合："理解其实总是这样一些被误认为是独自存在的视域的融合过程。……在传统的支配下，这样一种融合过程是经常出现的，因为旧的东西和新的东西在这里总是不断地结合成某种更富有生气的有效的东西，而一般来说这两者彼此之间无需有明确的突出关系。"① 可以看到，视域融合的结构也就是游戏、对话的结构，因而构成了哲学诠释学的核心命题的重要环节。恰恰是这一点受到了德里达的质疑。

德里达对"视域融合"的质疑主要从两个相互关联的方面入手。首先是语境扩展的问题。伽达默尔在《文本与阐释》中曾指出这样一条诠释学的规则："遇到障碍时关键在于更大的背景。"② 这里所说的背景，即语境。也就是说，在理解活动中遇到障碍——包括精神分析学意义上的被扭曲的交往障碍——之时，我们可以通过扩大理解的语境来解决问题。德里达也赞成这种规则。但是，从伽达默尔的视域融合观念来看，这种语境的扩展尽管内在地承受着自我与他者、隶属性与间距性、熟悉性与陌生性的紧张关系，但在根本上却受到传统和语言的世界经验整体的引导，因而在总体上是具有连续性的。这种连续既是历史的连续，也是意义的连续。对此，德里达问道："在这里有一种对阐释语境的扩大就足够了呢？或者倒是相反的，就像我愿意说的，必然有一种断裂，或者一种对语境、乃至于语境概念本身的一般重构？"③ 其次，德里达从语境问题进一步扩大到理解的条件的问题上。他认为，伽达默尔对理解的条件性的探究实际上隐含了一个庞大的公理系统，包括前见、权威、传统、语言的世界经

---

① 伽达默尔：《真理与方法》，洪汉鼎译，上海译文出版社 1999 年版，第 393页。

② 伽达默尔、德里达等：《德法之争：伽达默尔与德里达的对话》，孙周兴、孙善春编译，同济大学出版社 2004 年版，第 39 页。

③ 同上书，第 42 页。

验、对相互理解以及真理到场的期待等等，也就是伽达默尔所说的无所不包的诠释学宇宙。这一公理系统，同样是依据视域融合与活生生的对话的生活关联的连续性运动方式构造起来的。在德里达看来，这无疑有陷入形而上学的整体主义的嫌疑："无论人们是从认同的理解出发还是从误解出发，人们其实都始终必须问自己：理解的条件——这种理解根本不能成为一种连续展开的关联——是不是更多的是一种关联的断裂，在某种意义上就是作为关联的断裂，一种对所有中介作用的扬弃呢？"①

在伽达默尔看来，德里达的这一指责触及了他们两人论争的一个核心问题，"它回荡在解释学的努力之中，并构成了德里达对我思想中的冒险之疑虑的根由：在解释学那里——尽管它全力以赴，承认他者性为他性，他者为他者，艺术品为一种冲力，裂隙为裂隙，无法了解的为无法了解——对相互理解和双方同意难道不是承认得太多了吗？"② 也就是说，哲学诠释学的理解经验并非不承认理解中的他者、裂隙、中断，但是，对相互理解和双方同意的承认毕竟占据了主导方面，那么，这是否意味着一种对整体性价值的优先承认进而压制和否定他者、裂隙、中断因素的形而上学呢？伽达默尔从四个方面来回答这一问题。① 他承认，人们同样可能怀着完全与达成相互理解不同的意图进入交谈或理解活动之中，比如，精神分析学所从事的就是一种并不去理解某人想说什么而是要理解他不想说什么的阐释，因而这确实构成了一种断裂，但是，人们何时以及为什么要实施这样一个断裂？这种断裂是一种彻底的断裂吗？② 正如理解中的善良意志所揭示的那样，人在一般情况下总是为了被理解才去说和写的，因此，

---

① 伽达默尔、德里达等：《德法之争：伽达默尔与德里达的对话》，孙周兴、孙善春编译，同济大学出版社2004年版，第43页。

② 同上书，第79页。

期待在问与答的交换形式中自行构成和建立哪怕是暂时的相互理解与赞同，"这真的还不是任何一种形而上学，而是列举出一场对话的每一个伙伴必须作出的预设"①。③ 理解中的连续与中断、一致与区别、自我与他者实际上是辩证地统一在一起的并始终保持着紧张的关系，不存在绝对一致的意见和完全的自我理解。伽达默尔指出："当我在自己的著作中谈论一个人的视界与另一个人的视界必然融合为一种适合于两者进行相互理解的视界时，我并不是指一种永久可辨认的'一'，而是指在不断持续的会话中发生的东西。"② ④ 即使是艺术作品所表现出来的那种带有试图摆脱一切同化的努力的"冲力"的经验，尽管最大限度地表现了自身的抵抗性，并使穷尽一切的唯心论理想化作泡影，但是，艺术作品毕竟也被我们接受下来——"带着一种同意，这种同意乃是长久的、往往重复出现的相互理解之努力的开始"③。在艺术的理解经验中，构成相互理解的一致性基础与前提的正是作品的存在本身，而理解者为了发现自己，就得放弃自己。伽达默尔指出："当我强调人们预先不知道他将发现自己是什么时，我相信我与德里达的距离根本没有多么远。"④

三　"对话与解构之争"的思考

　　从诠释学的意义上来说，伽达默尔与德里达之间的论争实际上是两种不同的诠释学类型或者说理解模式的论争。在伽达默尔的哲学诠释学那里，意义理解是一种效果历史的事件，因而表现为一种视域融合。不过，视域融合不仅采取问与答的形式，而且

---

　　① 　伽达默尔、德里达等：《德法之争：伽达默尔与德里达的对话》，孙周兴、孙善春编译，同济大学出版社 2004 年版，第 47 页。
　　② 　同上书，第 108—109 页。
　　③ 　同上书，第 48 页。
　　④ 　同上。

本身就必须在作为世界经验的语言的普遍维度上展开并表现为一种"语言的真正成就"。因此，哲学诠释学的理解模式根本上是一种对话的模式。与此不同，德里达的解构理论作为一种激进诠释学，突出地强调了理解中的差异、拒绝、断裂、他者，以及不可理解的因素，甚至在一定程度上暗示，没有断裂的相互理解或意见一致是不可能的，只有意义的无序撒播与理解的无穷分歧。因此，在解构理论这里，理解即是解构，即作为事件、姿态与技术的双重书写。由此可见，伽达默尔与德里达之间的论争可以概括为"对话与解构之争"。

问题仍然在于，这样一种"对话与解构之争"中双方的对立是不可调和的吗？或者说，究竟怎样看待哲学诠释学与作为激进诠释学的解构理论之间的关系呢？从当事的双方来看，伽达默尔仍然秉执其诠释学普遍性的观点以及理解的对话模式，坚信可以通过两人之间持久的对话寻找到共同的对话基础以及相互理解的可能性前提。他认为："那个让我关心解构论的人，那个固执于差异的人，他站在会话的开端处，而不是会话的终点。"① 但是，从德里达来看，他并没有积极参与伽达默尔所吁请的对话，而是拒绝参与这一对话。因此，伽达默尔屡屡抱怨德里达缺乏"对话的能力"。不过，从德里达的解构立场来看，参与对话岂不意味着放弃他所主张的解构的理解模式么？进一步来看，德里达或许不是拒绝认可对话本身，毋宁说他试图拒绝的是伽达默尔所主张的那样一种在他看来对相互理解和双方同意承认得太多的对话。由此看来，德里达的拒绝同样是一种言路的探索。这一言路就是解构的言路。

事实上，伽达默尔与德里达之间在哲学主张上的诸多相似性

---

① 伽达默尔、德里达等：《德法之争：伽达默尔与德里达的对话》，孙周兴、孙善春编译，同济大学出版社2004年版，第100页。

早已为人所揭示。霍埃认为，伽达默尔与德里达在坚持从有限性中获取其开放性以及对形而上学的批判上是一致的："这两位思想家都坚持了开放性，以作为形而上学的消毒剂，尤其是作为目的论或末世学的消毒剂，是那种要在历史和思想的发展中设置必然秩序的作法的消毒剂。"① 弗兰克则认为，哲学诠释学与解构理论作为"二战以来两股最重要的欧洲思想潮流"，具有大量的共同基础。主要有：① 作为一种理论基础的"语言学转向"；② "贯穿于现代思想的危机批判"；③ 对一种"绝对精神"或无时间的自我在场的拒绝以及一种对有限性的确认；④ 两者都向尼采和海德格尔对"西方理性主义"的诊断及其终结这一论题回归的事实；⑤ 两者都强调审美现象的源初意义，特别是文学与文艺批评。② 由此可见，伽达默尔与德里达的理论在许多方面的共性是无可否认的。但是，这样一些共性的揭示能否保证两者理论的内在的某种互补性呢？对伽达默尔来说，这是可能的。他认为："明显地，解构的原则中包含着一些与我正在从事的工作十分接近的东西。"③ 而德里达的解构理论的一些核心观念，都可以认为包容在哲学诠释学的探究中。比如，哲学诠释学承认理解的经验中包含有距离、差异与他者的因素，实际上也就把德里达的延异的经验包含在其中了。理解的字面含义即替代某人的位置，因而也就意味着"他从自己出发作为另一个人说话并且被转向他人，显然这蕴含着分延"④。这并不是说伽达默尔无视哲学诠释学与解构理论的巨大分歧——尤其是语言观上的分歧，但

---

　　① 霍埃：《批评的循环：文史哲解释学》，兰金仁译，辽宁人民出版社 1987 年版，第 105—106 页。
　　② 伽达默尔、德里达等：《德法之争：伽达默尔与德里达的对话》，孙周兴、孙善春编译，同济大学出版社 2004 年版，第 120 页。
　　③ 同上书，第 128 页。
　　④ 同上书，第 107 页。

从诠释学的普遍性视野来看，德里达所主张的延异经验以及解构模式，只能被承认为普遍的理解经验及其对话模式的一种特殊类型，或者说，"形成了普遍解释学的一个亚种"①。德里达并未对伽达默尔的论述加以回应，不过，我们可以合理地推断他绝不会赞成这一观点。不过，如果要进行反驳，这意味着要证明解构的经验本身是一种普遍的理解经验，在德里达看来，这无疑又落入了逻各斯中心主义的陷阱。从此意义上说，他宁愿沉默。

在此，我们有必要回到本节之初所提到的解构理论作为激进诠释学的问题上来。我们讨论过解构理论的语言观、意义观与理解观。这表明，德里达的理论在一定程度上确实是诠释学的。但是，它又何以是激进的呢？按照激进诠释学概念的提出者开普托的观点，"德里达比任何人都更清楚地向我们表明了文本的不确定性，揭示了激进诠释学筹划中根本的和解构的方面"，"对于激进诠释学来说，德里达是一个转折点，诠释学被推到了边缘"②。也就是说，对文本的不确定性的揭示构成了激进诠释学内容方面的根本规定，而德里达正是在此意义上构成了激进诠释学的典范。不仅如此，激进总是相对于保守来说的。开普托所确立的作为德里达的激进形象的保守对立面的正是伽达默尔。在《伽达默尔的隐秘本质主义：一个德里达式的批评》一文中，开普托认为："在我看来，伽达默尔与德里达之争实际上就是海德格尔主义的右翼与左翼之争。"③伽达默尔作为海德格尔主义的保守右翼，在貌似反基础主义的立场下悄悄向本质主义、传统主

---

① 贝勒尔：《尼采、海德格尔与德里达》，李朝晖译，社会科学文献出版社2001年版，第185页。

② 转引自李建盛《理解事件与文本意义——文学诠释学》，上海译文出版社2002年版，第20页。

③ *Dialogue and Deconstruction：The Gadamer – Derrida Encounter*，Edited by Diane P. Michelfelder and Richard E. Palmer，State University of New York Press，1989，p. 261.

义回归，而作为其对立面的德里达，则将海德格尔的"本质的激进化"推向了极端，表现了对在场的时间、存在之意义与真理的极端怀疑。因此，"从激进诠释学的观点看，伽达默尔的'哲学诠释学'是一种极端保守的形象，它试图阻止诠释学的激进化，并且使诠释学回到形而上学的框架中。……尽管它包含了一种对'方法'的有益的批判，但是，《真理与方法》中的'真理'问题仍然属于真理的形而上学范围内"[①]。

把激进诠释学的概念引入对"对话与解构之争"的思考中，并不意味着我们完全赞成开普托的观点，但它可以给我们提供一个较为清楚的视角来看待这一论争。有趣的是，在与德里达的激进形象的对立中，伽达默尔的哲学诠释学成为主张文本不确定性的论者的批评对象；而在前文我们介绍的其他的几次重要的诠释学论争中，伽达默尔恰恰因为其不确定性的倾向备受指责。在我看来，这从一个侧面说明了伽达默尔哲学诠释学的辩证特性，即追求意义的确定性与不确定性的辩证统一的特性。而德里达则明确表示，他提出延异概念，正是为了反对黑格尔的扬弃的辩证法："假如延异有定义，那么它一定是在所有黑格尔的扬弃起作用的地方对它的限制、中断和破坏。"[②] 因此，伽达默尔与德里达之间的对话与解构之争，也就可以看作确定性与不确定性的辩证法与绝对不确定性的观点之间的论争。由此，我们也可以理解，何以伽达默尔认为哲学诠释学可以在一定程度上包含解构的诠释学。

值得注意的是，德里达认为，他对文本、意义的不确定性的坚持，并不等于相对主义与虚无主义。他认为，"不确定性"与

---

① 转引自李建盛《理解事件与文本意义——文学诠释学》，上海译文出版社2002年版，第19页。

② 德里达：《多重立场》，余碧平译，三联书店2004年版，第47页。

"非确定性"是不同的："我并不认为自己提到过'非确定性',不管是就意义还是就别的什么事情",而不确定性"总是决定着在各种可能性之间的摇摆。在严格规定的条件下,这些可能性本身是高度确定的"①。在他看来,非确定性与相对主义联系在一起,而不确定性涉及的则却是确定的符号或意义系统。也就是说,不确定性本身实际上依附于某种有严格条件规定的确定性,它所做的不过是在各种可能性之间的摇摆。可以看到,这一不确定性的观点是与解构作为双重书写的特性关联在一起的。作为双重书写的解构活动"并不触动外部结构。只有居住在这种结构中,解构活动才是可能的、有效的;也只有居住在这种结构中,解构活动才能有的放矢"②。因此,解构对其所寄生的结构既是动摇,也是证实,它总是摇摆于既此既彼又非此非彼的模棱两可与两难境地中。希利斯·米勒从批评家身份出发对此解构、摇摆和不确定性有精到的概括："如果说'解构'一词指的是批评的程序,'摇摆'指的是通过这种程序达到的两难境地,那么,'不可确定性'指的就是批评家与文本的关系中对于那永不停息、永不满足的运动的感受。"③

如果解构的不确定性不是一种相对主义,更不是虚无主义,那么进一步的讨论就必须涉及真理问题。就此,德里达曾经明确表示："在我的著作中,根本不存在对真理的价值(和那些与它联系在一起的价值)的对抗或破坏,而是仅仅把它镌刻在更有力、更大和更为层次分明的背景中。"④ 但是,在德里达的言论

---

①　转引自卡弘《哲学的终结》,冯克利译,江苏人民出版社2001年版,第334页。

②　德里达:《论文字学》,汪堂家译,上海译文出版社1999年版,第32页。

③　米勒:《重申解构主义》,郭英剑等译,中国社会科学出版社1998年版,第132页。

④　转引自卡弘《哲学的终结》,冯克利译,江苏人民出版社2000年版,第346页。

中，同样也有相当多的地方表现出对真理的质疑甚至颠覆。他在谈到作为意义生成方式的撒播时，有这样的句子："撒播'是'阉割游戏的这一方面，它不再意指，不把自己构成为所指或能指，不表现或描述自己，也不显示或隐匿自己。因此，它本身就没有真理（充分或去蔽），也没有隐匿。"① 如何理解这些相互矛盾之处呢？卡弘认为："像尼采一样，德里达要对真理发出质疑，但是这并不意味着他认为自己能放弃它。"② 一方面，真理作为逻各斯中心主义的最主要的先验所指之一，是解构理论极力颠覆的对象；另一方面，此颠覆同时也是证实，即真理的价值的证实。因此，真理被置于意义不确定的摇摆之中，但真理并未被否定。结合到延异的概念来看，真理与其说被否定了，不如说被延宕了："超出我们的逻各斯来设置一个如此暴力性的延异——它因此既不能被质询为存在的时间性，也不能质询为本体论差异——决不是摒弃通往存在的真理之途，也不是'批判'、'抵制'或误解它永远的必要性。相反，我们应该呆在这条路径的困境中，并在对形而上学严格的理解中来重复它，不论形而上学是在哪里对西方话语进行规范化，而不仅仅是在'哲学史'的文本中。"③ 我们可以通过德里达的艺术真理论来进一步讨论这一点。

　　德里达对艺术真理问题的思考，同样是与他对传统哲学的批判相关联的，因而也表现为对传统艺术真理论的批判。在著名的《绘画中的真理》一书中，德里达从塞尚的一句话展开讨论："我欠你绘画中的真理，并且我将把真理告诉你。"德里达指出，

---

　　① 德里达：《多重立场》，余碧平译，三联书店 2004 年版，第 96 页。
　　② 卡弘：《哲学的终结》，冯克利译，江苏人民出版社 2000 年版，第 350 页。
　　③ 德里达：《延异》，见汪民安等主编《后现代性的哲学话语——从福柯到赛义德》，浙江人民出版社 2001 年版，第 86 页。

这一句话中的真理隐含了两层意思：一是绘画本身的真理，二是关于这一真理的真理。关于前者，德里达列举出四种传统的艺术真理的理论：1. 绘画的真理存在于事物本身的特性中；2. 绘画的真理是事物的准确再现；3. 绘画的真理就在绘画自身；4. 绘画的真理在于其形而上学价值。德里达通过详尽的分析，解构了这些常被视作天经地义的艺术真理的理论假设。他认为，绘画的真理依赖于关于这一真理的真理，但是，这一关于真理的真理又依赖于关于真理的真理的真理，由此可以无穷尽推导下去。因而，真理本身就构成了永无止境的替补链条，构成了无限延异的痕迹运动。[①] 在真理的替补之中，真理永远会遭遇到颠覆其自明的东西，真理为作品设定的框架不断被突破："假如'绘画中的真理'这个短语具有'真理'的力量，而且在其游戏中向莫测高深的东西开放，那么，绘画中危险的东西也许就是真理，在真理中危险的东西也许就是莫测高深的东西。"[②] 因此，绘画中的真理是不可确定的，它类似于一种幽灵般的债务——"欠你绘画中的真理"——因而不断被替补，同时又在不断的替补中撒播。"从根本上说，艺术作品的真理问题不是一个非确定性的问题，而是一个不可确定性的问题。"[③]

　　在《二部讨论》中，德里达通过对柏拉图的《斐利布斯篇》片断与马拉美的散文诗《摹仿》的解构式阅读，进一步讨论了文学作品的真理的问题。德里达认为，在西方文化中，用来界定文学与艺术的"摹仿"（mimesis）概念一直都与真理有关，为真理的光芒所指引。这里所说的真理既是作为敞开自身的本质的无

---

　　① 参见李建盛《后现代转向中的美学》，江西教育出版社 2004 年版，第 335—352 页；德里达《恢复绘画中的真实》，《外国美学》第十一辑，商务印书馆 1995 年版。

　　② 转引自李建盛《后现代转向中的美学》，江西教育出版社 2004 年版，第 343 页。

　　③ 同上书，第 352 页。

蔽的真理，也是作为由作品准确摹仿而再现其真实的符合的真理。但是，就在摹仿论的奠基者柏拉图的文本里，已反映出摹仿固有的矛盾：既与真理相关，可是又不值得信任。马拉美的《摹仿》则展开了"一个四面镶嵌着镜子的文本的迷宫"①。其中，有摹仿，却没有被摹仿者；有指称，却没有被指称者。就像镜中之镜，确乎存在一个差异或二分体，但却没有任何第一位的或最末位的单位，只有"在……之间"。因此，在德里达看来，马拉美在这里保留了摹仿的差异结构，但却摒弃了柏拉图式的或形而上学的解释方式，因而不再指归任何存在论或辩证法，不再属于形而上学的真理系统的运作，它"并不指明、生产或敞开此在，它也不建构存在与表现之间的任何一致性、相似性或交叉性"②。但是，德里达也指出，这一不再包含于真理的进程之内的运作，"相反，它却包含了真理：对于探求太极、末世与终极的形而上学来说，最后的主题是不可分离的"③。这也就是说，尽管文本自身的运作逃离了真理的权威性或相关性，但"它并不推翻真理，而是把它作为功用或成分之一用文字记述在其作用中"④。真理被文本用文字作为其作用或成分之一记述在文本自身的运作中，而文本的运作正是无尽颠覆、延异与撒播，真理本身成为一种多重的、矛盾的、不确定的符号的符号、标记的标记，"它不再是每一次指涉归根结底所指涉之物。它变成一个普遍化的指涉结构中的功能，它是一个踪迹，是抹擦踪迹的踪迹"⑤。

———————

①　德里达：《文学行动》，赵兴国等译，中国社会科学出版社1998年版，第85页。
②　同上书，第97页。
③　同上。
④　同上书，第84页。
⑤　德里达：《延异》，见汪民安等主编《后现代性的哲学话语——从福柯到赛义德》，第88页。

可以看到，德里达的艺术真理观与伽达默尔的艺术真理观存在巨大的差异。伽达默尔同样否认终极的真理，也不认为艺术作品的真理是某个现成之物，而是在意义理解与解释的无限活动中生成的。但是，在伽达默尔看来，在理解中，"不仅本文被理解了，而且见解也被获得了，真理也被认识了"①。不仅如此，理解本身同样是以真理来引导的："在成功的谈话中谈话伙伴都处于事物的真理之下"②。而在德里达这里，虽然他并没有否认真理——如果把解构看做一种理解模式，那么，我们同样可以说解构的真理——但却把真理设定为某种不断被延宕其到来的不确定的东西，因此，解构的真理是流放的真理。不过，德里达对此流放的真理的论说，源于对文本运作方式的详尽解析，而这似乎是伽达默尔所缺乏的东西。尽管伽达默尔充分重视"文本"概念，但他认为，文本纯粹是中间产品，是理解事件中的一个阶段，因而，理解文本说出的话才是唯一重要的事，对文本的语言运作的考察"对理解来说不过是可能关注的一个边界情况"③。因此，在诠释学视野中，如何在真理的引导之下，把理解经验的存在论洞察与文本运作的结构分析关联起来，并最终给出理解的真理之可能的证明，始终是一个紧迫的任务。

---

① 伽达默尔：《真理与方法》"导言"，洪汉鼎译，上海译文出版社1999年版，第17页。

② 同上书，第486页。

③ 伽达默尔、德里达等：《德法之争：伽达默尔与德里达的对话》，孙周兴、孙善春编译，同济大学出版社2004年版，第128页。

第四章　意义的迂回:文本诠释的艺术哲学

　　在上一章,我们讨论了围绕伽达默尔的哲学诠释学理论所进行的几次重要的诠释学论争。对我们来说,这几次论争的重要意义首先在于对现代诠释学及其艺术哲学向度——尤其是作为其核心的艺术真理问题——所涉及的问题域的扩展。此外,尽管这几次论争并未真正动摇伽达默尔的哲学诠释学作为现代诠释学哲学经典的地位,但是,通过不同的诠释学哲学立场、倾向、观点的交锋,哲学诠释学的一些内在的理论局限也展现出来。其中最重要的无疑有两个方面:其一是认识论问题——包括方法论问题,其二是文本问题。可以看到,赫施、阿佩尔与哈贝马斯对哲学诠释学的批判的立场主要是认识论的。伽达默尔尽管没有否定诠释学的认识论维度,但他对于诠释学的存在论的层面的强调,使得其哲学诠释学并未在认识论层面上真正地展开。而在德里达的解构理论这里,伽达默尔遭遇到的多方位挑战,则可以归结到文本问题:文本的意义生成和语言运作方式究竟是无限的延异与撒播,还是差异性与同一性的辩证统一?伽达默尔对此的回答主要着眼于理解经验的整体把握,但却缺少对作为被理解物的文本自身的运作方式的详细考察。我们将在本章着重讨论的利科的诠释学理论,可以认为是恰好补充了伽达默尔在这两个方面的不足。事实上,利科也是现代诠释学领域中公认的堪与伽达默尔比肩的代表人物。他以文本理论为核心,把诠释学哲学的存在论探究与认识论思考结合起来，进而强调诠释学哲学与一般人文社会科学相联系的认识论、方法论功能，因而被认为代表了诠释学哲学发展的新的方向，构成了与伽达默尔哲学诠释学并立的另一现代诠释学范例。文本问题本身就是艺术哲学的核心问题之一，因此，利科的诠释学理论也为现代诠释学的艺术哲学向度拓展出一片新的领域。

第一节　诠释学的迂回之途

在漫长的哲学生涯中，利科最初并非是诠释学哲学的代表人物，而是以现象学家的身份为人所知。可以说，现象学构成了利科哲学的基本背景。利科的诠释学很大程度上可以称作一种现象学的诠释学。他本人称之为"把诠释学嫁接于现象学"。不过，利科也指出，这种把诠释学嫁接于现象学的构想早在海德格尔——一定程度上也包括伽达默尔——那里就被提出并加以实践了。但是，海德格尔与伽达默尔所采取的方式是一种"捷路"，而利科则希望采取不同的方式，即一种更漫长更迂回的"长路"。正是在这一迂回的把诠释学嫁接于现象学的漫长路途中，利科把诠释学的存在论、认识论与方法论贯穿起来，构造出他的独具特色的诠释学哲学理论的基本框架。

一　诠释学嫁接于现象学：捷路与长路

利科所说的诠释学嫁接于现象学的"捷路"，就是海德格尔与伽达默尔所走的理解存在论的道路。之所以称之为捷路，是因为这种理解存在论的路线企图避开任何认识论、方法论问题的讨论，而直接在存在论的层次上进行思考。在这一层次上，理解不再是一种主体的认识方式，而是此在的基本存在方式。用利科的话说，"我们不是一点一点地进入这种理解存在论，我们并不是通过加深注释学、历史学或精神分析的方法论要求而逐渐接近它，我们而是通过问题的突然倒转而被转到那里。我们不是探问：一个能知的主体在什么条件下才能理解文本或历史？而是问：究竟什么类型的存在才是其存在是由理解组成的？所以诠释学问题变成了对这种存在即此在进行分析的问题，此在就是通过理解而存在。"①

　　尽管利科计划走一条更迂回漫长的诠释学嫁接于现象学的路途，但他仍然充分肯定了海德格尔所开辟的理解存在论的道路。在利科看来，理解存在论的探究从根本上要求我们超出主客体二元对立的预设而直接思考存在，也就在根本上克服了所谓"客观知识的预设"与"康德派认识论的偏见"②。因此，理解存在论并不是与利科的诠释学的迂回构想的"一种相反的解答"："他（海德格尔——引者注）的此在分析并不是那种要强迫我们在理解存在论和解释认识论之间进行选择的另一方案。"③ 存在论的探究同样也是利科所构想的"长路"中的不可或缺的一部分。

　　那么，这种理解存在论的探究在何种意义可以视作"诠释学嫁接于现象学"的途径之一呢？在利科这里，这不仅意指海德格尔所说的现象学、诠释学与存在论问题的同一性，而且意味着我们要从海德格尔返回到胡塞尔——主要是后期胡塞尔。在利科看来，我们能够在后期胡塞尔那里寻找到理解存在论的现象学前提。"胡塞尔对诠释学的贡献是双重的：一方面，正是在现象学的最后阶段，对'客观主义'的批判才被它带到最后的结果。

　　① 利科：《存在与诠释学》，见洪汉鼎主编《理解与解释——诠释学经典文选》，东方出版社 2001 年版，第 249 页。
　　② 同上书，第 250 页。
　　③ 同上。

另一方面，胡塞尔最后的现象学把它对客观主义的批判放进一个积极的问题里，这问题为理解存在论扫清了道路。这个新的问题以'生活世界'，即一种先于主客体关系的经验层次作为它的主题，而这一经验层次曾为各种类型的新康德主义提供了中心论题。"① 利科认为，胡塞尔的"生活世界"概念对诠释学有着根本的重要性。通过这一概念，现象学突破了胡塞尔的先验自我的主体主义的框架，而在根源处拓展出一个作为一切意向的基本视域的世界。这样，"我们清楚地发现了一个先于数学化自然构造的意义领域，一种先于认知主体的客观性的意义领域。在客观性之前，存在有世界视域；在认识论主体之前，存在有周行不殆的生命"②。生活世界不仅指向意义的存在，而且指向存在的意义。生活世界的现象学不仅继续了作为一般意义理论的现象学的路线，而且把这种一般意义的理论发展为一种意义的存在论。在利科看来，这种意义的存在论乃是一切诠释学探究的前提："在《存在与时间》的开头几页里，我们已经读到被遗忘的问题是存在的意义的问题。在这一方面，存在论问题是一个现象学的问题。只有当意义被隐藏，并不是由它自身而是由阻止它达到的诸事物所隐藏，这才是一个诠释学的问题。但是，为了成为诠释学问题——现象学的主要问题必须被认作意义问题。因而，现象学的态度已经超越于自然主义—客观主义问题之上。这种支持意义的选择因而构成了任何诠释学普遍的前提。"③ 因此，正是这种作为意义的存在论的现象学把诠释学本身从认识论推进到存在

---

① 利科：《存在与诠释学》，见洪汉鼎主编《理解与解释——诠释学经典文选》，东方出版社 2001 年版，第 251 页。

② 同上书，第 252 页。

③ Paul Ricoeur, *Hermeneutics and the Human Sciences*, Edited, Translated and Introduced by John B. Thompson, Cambridge University Press, 1981, p. 114. 中译本可参看利科《解释学与人文科学》，陶远华等译，河北人民出版社 1987 年版。

论，理解本身成为此在生存与意义筹划的基本存在方式。利科指
出，"我们看到了理解问题与真理问题被带到的彻底性程
度。……理解变成此在'筹划'的方面，此在'向存在开放'
的方面。真理问题不再是方法问题；它是显现存在为一个其存在
在于理解存在的存在的问题。"①

　　不过，利科也认为，尽管这一理解存在论的捷路显得魅力非
凡，他本人仍希望遵循另一路线，从而以一种不同的方式把诠释
学问题与现象学问题相结合。其理由有二。首先，"由于海德格
尔彻底的提问方式而引起我们研究的问题不但依旧没有解决，而
且还可能被隐没起来。我们问，一种工具论如何能被给予文本的
注释、被给予文本的清楚理解？历史科学如何能面对自然科学而
成立？对立的解释的冲突何以能被仲裁？"② 在利科看来，这样
一些涉及人文科学的方法论、认识论的问题，在理解存在论那里
不仅没有得到重视，而且被其存在论探究的彻底性所消除。比
如，海德格尔曾经提到，诠释学作为此在的存在之解释的第三重
特殊意义是作为一种生存论建构的分析，因而把此在的历史性从
存在论上建立起来，而"只可在派生的方式上称作诠释学的东
西，亦即具有历史学性质的人文科学的方法论，就植根于这第三
重意义下的诠释学"③。但是，海德格尔的存在之思在整体路向
上却既不能给予此种派生任何支持，也不能给予任何的证明。因
此，利科认为，这正预示着我们或许应该从这种所谓的"派生"
形式即人文科学解释学本身入手来证明其可能，并推衍出存在论
的结论。其次，理解存在论本身也有内在的困难："本身是此在

---

　　① 利科：《存在与诠释学》，见洪汉鼎主编《理解与解释——诠释学经典文
选》，东方出版社 2001 年版，第 252—253 页。

　　② 同上书，第 253 页。

　　③ 海德格尔：《存在与时间》，陈嘉映、王庆节译，三联书店 1999 年版，第
44 页。

分析结果的理解正是这种存在通过其并在其中理解自身为一存在的理解。"① 也就是说，理解在此既是分析的结果，也是分析的过程本身，因而，这种理解的存在论本身就构成了一个认识论与方法论的难题。在利科看来，这也就意味着，我们应该把认识论与方法论本身的问题作为出发点，在认识论与方法论领域之中来寻找理解作为存在方式的指示。利科认为，这也就是用语言的认识论分析或者说作为原初诠释学形态的注释学方法论问题来代替此在的存在论分析，作为诠释学探究的起点："这两个反驳同时也包含一个积极的命题，即用开始于语言分析的长路来取代此在分析的捷路。这样，我们将继续与那些以方法论方式寻求实际解释的学科保持联系，我们将反对那种把真理——理解的典型特征与来自注释学的学科所操作的方法加以分开的引诱。所以如果有任何新的存在问题要解决，那么它必须从一切诠释学学科共有的解释概念的语义学阐明出发，并基于这种阐明。"② 正是以此观点为引导，利科踏上了其漫长的诠释学的迂回之途。

二　作为出发点的语义学探究

利科把语义学领域或层次的探究作为诠释学的迂回之途的出发点。这既有诠释学的技艺学与方法论传统的原因，也是理解存在论固有的内在要求。从前者来看，诠释学最古老的形态如圣经诠释学、法律诠释学都可以看做一种经典文献或语言的注释学，注释学的核心问题即语义阐明的问题。从后者来看，理解作为此在的基本存在方式首先而且总是在语言中达到它的表现，因而诠释学必须涉及作为语言意义问题探究的语义学层次。值得注意的

---

① 利科：《存在与诠释学》，见洪汉鼎主编《理解与解释——诠释学经典文选》，东方出版社 2001 年版，第 254 页。

② 同上书，第 255 页。

是，把语义学作为诠释学迂回之途的出发点，并不意味着语言问
题可以在随后的层次和阶段中被消除以抛弃，相反，诠释学的漫
长迂回始终是在语言里发生的，语言问题贯穿于整个诠释学的迂
回运动之中。从此意义上来说，语义学不仅是诠释学迂回之途的
起点，而且构成了"全部诠释学领域所指称的核心"①。

　　当然，作为诠释学迂回之途的出发点的语义学也并不能完全
等同于作为一门语言学分支的普通的语义学，因此，利科首先需
要对这一诠释学语义学的研究领域进行划界。在利科最初的诠释
学构想之中，这种划界是通过"象征"（symbol）概念以及与之
对应的"解释"概念来完成的。不过，利科所说的"象征"，既
不同于以卡西尔为代表的符号哲学的广义的象征概念，也不同于
拉丁修辞学传统与新柏拉图传统视野中的狭义的象征概念。他写
道："我定义'象征'为任何表意结构，其中直接的最初的文字
的意义附加地指称另一种间接的引申的比喻的意义，这后一种意
义只有通过前一种意义才能被理解。这种对带有双重意义的表达
式的限制真正构成了诠释学领域。"② 也就是说，象征概念在这
里意指一种双重意义或多重意义的结构："意义的双重性，并不
是简单地归结为'两个意义'，而是指'一个意义之外还有另一
个意义'。所以，双重意义就是多重意义；双重意义只是一种象
征性的说法。"③ 在利科看来，从古老的圣经文本、法律和历史
文献的注释学诠释学，到施莱尔马赫与狄尔泰的重构作者精神或
生命体验的客观化表达的方法论诠释学，以及弗洛伊德的挖掘被
压抑的无意识内容的精神分析诠释学，都表现为对这种双重意义

---

　　① 利科：《存在与诠释学》，见洪汉鼎主编《理解与解释——诠释学经典文
选》，东方出版社 2001 年版，第 255 页。

　　② 同上书，第 256 页。

　　③ 高宣扬：《利科的反思诠释学》，同济大学出版社 2004 年版，第 65 页。

或多重意义的结构的关注。因此，正是这一象征意义结构的领域涵盖了诠释学的所有领域。不仅如此，从象征概念出发，诠释学的解释概念也获得了一种不同的意义。利科认为，与象征概念的外延相应，"我们将说，解释是思想的工作，它在于于明显的意义里解读隐蔽的意义，在于展开暗含在文字意义中的意义层次。……象征和解释变成了相关的概念；凡有多种意义的地方，就存在有解释，正是在解释里，意义的多样性才明显地表现出来"①。也就是说，象征结构的意义关联与解释以达到理解的努力是缠结在一起的。象征的领域即解释的领域，而解释的领域也即象征的领域。由此，正是通过象征概念与解释概念，利科对诠释学语义学进行了双重划界。

在利科看来，以象征概念为核心的诠释学语义学的双重划界，带来了诸多任务。首先是归纳的任务，即尽可能充分地、完全地列举象征的诸形式，并归纳为一些基本的象征模式。在利科看来，象征大致上可以归纳为"宇宙的"、"梦的"和"诗的"三种模式②。尽管这些模式建基于不同的方式，但都可以在语言中找到它们的表现。因此，这种归纳本身也就是对语言的象征表达式的一种解释。利科认为，进行这种解释，需要一种"规范学"（criteriology，也译作准则学）的帮助。"这种规范学将具有规定诸如隐喻、譬喻和明喻等相关形式的语义学构造的任务。"③也就是说，规范学所力图解决的是象征模式的语义学结构的问题，它通过语义学的规范衡量各种象征表达式的语义学构成，进而揭示出不同象征模式的不同结构。不仅如此，这种规范学研究

---

①　利科：《存在与诠释学》，见洪汉鼎主编《理解与解释——诠释学经典文选》，东方出版社 2001 年版，第 256 页。

②　参见利科《恶的象征》，公车译，上海人民出版社 2003 年版，第 11 页。

③　利科：《存在与诠释学》，见洪汉鼎主编《理解与解释——诠释学经典文选》，东方出版社 2001 年版，第 257 页。

本身又是与解释操作研究本身关联在一起的。或者说，象征在此提出的问题最终被反映到诠释学方法论的问题域之中，不同的象征模式对应于不同的诠释学的解释形式与方法，反之，不同的解释形式与方法也按照自身的参照框架来规定甚至转换其所对应的象征。因而，规范学的任务"就是指明解释形式是与所考察的诠释系统的理论结构相关联的"①。比如，精神分析诠释学就与梦的象征模式相对应。因此，精神分析学就只看到一种象征度向，即把象征视为被压抑的无意识的欲望的衍生物。它只考虑在无意识里所形成的意义网络，通过一种"欲望语义学"的解释规则，揭露梦或意识表象的伪装以及隐藏在其后的被压抑的欲望冲动。除此之外，精神分析学无力发现其他的任何东西。利科指出，精神分析学并不能因为这一点受到指责，相反这正是其存在的理由。不仅如此，这正说明了诠释学哲学的某种内在的丰富性："它开始于将研究扩大到象征形式并对象征结构进行全面分析。它面对各种诠释学风格和批判解释系统，把诠释学方法的多样性带回到相应理论的结构。以这种方式，它准备去实现它的最高任务，这将是一个在每一解释的绝对主义主张之间的真正仲裁。通过指明每一方法如何表现其理论形式，哲学诠释学在其自己的理论界限的范围内证明每一方法。这就是这种诠释学在其纯粹语义学层次上所具有的批判功能。"②

　　利科还进一步指出了以语义学层次作为诠释学的迂回之途的出发点的诸多益处。首先，这种语义学层次的探究能够让诠释学哲学与实际的诸解释实践的各种技艺学、方法论保持联系，不至于出现把真理与方法完全分割开来的危险。其次，它

　　① 利科：《存在与诠释学》，见洪汉鼎主编《理解与解释——诠释学经典文选》，东方出版社 2001 年版，第 257 页。
　　② 同上书，第 258 页。

确保了诠释学与现象学的根本性的关联，因为正是在语义学的探究中，诠释学可以在现象学的意义理论层次上获得其基本的理论前提。再次，利科认为："通过把争论带到语言层次，我感觉自己与最近其他能独立发展的哲学思考在某一共同的领域里相遇。"① 这里所说的"共同领域"实际上就是现代哲学的语言论转向所带来的广阔的语言问题及其相关的意义问题的领域，而那些"其他能独立发展的哲学思考"则包括逻辑语言分析哲学、日常语言分析哲学、结构主义、现代语言学、符号学等等。由此可见，正是在语义学的层次上，利科的诠释学保持了与现代人文学科的知识成果及其方法规则的广泛联系，为综合性地提出一种存在论、认识论与方法论统一的普遍诠释学哲学提供了可能。

三　从反思的层次到存在的层次

作为诠释学的迂回之途的起点，语义学层次乃是诠释学必须经由的路口。但是，单纯的语言的意义结构的探究并不足以使诠释学成为哲学。在利科看来，诠释学作为哲学的根本层次仍然是存在的层次。一方面，语言本身作为一种指称媒介，最终必定超出自身指向存在；另一方面，对存在论的欲望推动着我们超越语义学层次，力图与存在会合。存在论的探究不是诠释学探究的起点，但却构成了诠释学的迂回长途所指向的终点。问题在于，我们如何从语义学的层次进入存在的层次呢？利科认为，在这两个层次之间存在着一个必不可少的中介，即反思的层次："从存在方向看，它们两者之间中介的步伐乃是反思，也就是说，它是介于符号理解和自我理解之间的桥梁。正是在自我中我们才有机会

---

① 利科：《存在与诠释学》，见洪汉鼎主编《理解与解释——诠释学经典文选》，东方出版社2001年版，第259页。

发现存在。"①

反思并不是一个崭新的哲学问题。事实上，反思的哲学构成了西方近代哲学最重要的路线之一。利科在《论解释》一文中认为，他本人的哲学思考也可以归属于这一路线②。不过，利科的反思概念并不能等同于近代以来的意识哲学的反思概念。首先，反思总是自我反思，但与利科的反思概念相关的自我并不是近代哲学的认识论意义上的作为抽象的认识主体的自我，而是"建立在生存论基础上、具体的、活生生的自我。这个生存意义上的自我不是去反映和认识客体，而是试图占有生存的努力和欲望，它的本质是尚未确定的一种指向未来的可能性，只有在解释活动中才能揭示、发掘自我的这种可能性"③。其次，笛卡尔的"我思故我在"的反思是一种自我明证的直觉，这一直觉式的反思在利科看来固然是一真理，但却是空洞的、无价值的真理。利科认为，"反思不是直觉，而是可以明确规定为我思之我在其对象、作品以及根本上在其行动的镜子中重新理解自身的努力"④。也就是说，反思不是一种自我明证的直觉，而是一种中介化的行为。必须经过对象、作品、行为的中介，反思才能重新把握到自我。再次，反思的目的不是自我与对象的认识论符合，而是自我本身，或者说对自我的重新理解与认识本身，即"在新的扩大

---

① 利科：《存在与诠释学》，见洪汉鼎主编《理解与解释——诠释学经典文选》，东方出版社 2001 年版，第 260 页。

② Ricoeur, *From text to action*, Translated by Kathleen Blamey and John B. Thompson, Northwestern University Press, 1991, p. 12.

③ 孔明安：《反思与本文解释》，《中国社会科学院研究生院学报》1992 年第 5 期。

④ Ricoeur, *The conflict of interpretations*, Edited by Don Ihde, Northwestern University Press, 1974, p. 327.

自我的基础上的自我理解"①。利科把这种自我通过反思的重新理解与认识自身称作"占有"（appropriation）。而在更广泛的意义上，反思即是占有，"反思就是我们生存努力的占有，我们想通过证明这种努力和这种欲求的作品而存在的欲求的占有"②。

因此，反思作为语义学层次与存在层次的中介本身就构成了双重的迂回。一方面，反思必须经过狄尔泰所说的作为生命体验的客观化表达的文化产品的中介才能实现自身，或者说，反思无非是通过对象、作品和行为的解释对自我的生存行为的重新占有。按照日常的看法，解释的行动是由"我"所指导的，但是，这种指导解释的自我仅仅是空洞的假设，自我只能通过对其解释活动本身的迂回路径才能得以具体化与重新发现。另一方面，既然自我不是处于解释活动的起点，而是处于解释活动的终点，那么，笛卡尔式的自我明证的我思也许不仅仅是一种空洞的无价值的真理，而是"像一块永远被虚假自我所占据的空地"③。在利科看来，马克思、尼采与弗洛伊德这三位"怀疑的大师"都向我们揭露出了直接的自我意识的假象，也就是说，直接意识首先是虚假意识。因此，虚假意识的批判同样是反思的对自我的重新理解与发现的必要步骤："因为意识首先是虚假意识，而且必须通过正确的批判才从误解达到理解。"④ 可以看到，反思的迂回实际上是认识论的迂回。这里不仅包括了狄尔泰意义上的生命表达式的体验重构意义上的理解的认识论，也包括了弗洛伊德的精神分析诠释学以及哈贝马斯的意识形态批判的诠释学的批判的认

---

① 孔明安：《反思与本文解释》，《中国社会科学院研究生院学报》1992 年第 5 期。

② 利科：《存在与诠释学》，见洪汉鼎主编《理解与解释——诠释学经典文选》，东方出版社 2001 年版，第 261 页。

③ 同上。

④ 同上书，第 262 页。

识论。

如果回顾对语义学层次的介绍，可以发现，诠释学的语义学层次涉及的更多的是方法论的层面，利科称之为诸种解释的方法论。因此，语义学层次与存在论层次的关联实际上也就是诠释学的解释方法论与诠释学的理解存在论的关联。在利科看来，正是通过反思的认识论的中介，解释的方法论指向了理解的存在论。他以精神分析学为例来说明这一点。

在语义学层次上，精神分析学是一种与梦的象征模式相对应的解释的方法论，而在反思的层次上，精神分析学则意味着一种自我的重新占有和对虚假意识的批判的认识论。利科认为，正是通过意识批判，精神分析学揭示出一种与之对应的存在论。精神分析学所提出的梦、无意识、本我的解释在某种程度上总是与自认为是意义源泉的自我虚假意识竞争。因此，精神分析学的意识批判首先带来的是一种自我失落。不过，这种自我的失落事实上是为了再次找到自我："自我必须失落，以便我被发现。"① 精神分析学迫使我们在超出直接的意识主体的层次上处理自我与意义的问题，它邀请我们重新考察意义与欲望、含义与能量、语言与生命的问题，它向我们发问：意义的秩序如何被包含在生命的秩序之中？自我如何在生命的结构底层被重新发现？因此，精神分析学的根本的哲学路向是从意义向欲望的回溯，这种回溯构成了一种主体的考古学，指明了反思在存在的方向中的可能的超越性，进而揭示出与精神分析学相对应的存在的方面：存在即欲望。也就是说，在精神分析学的视野中，正是欲望构成了意义与自我的根源，欲望就是存在的意义本身："我们现在可以说存在就是欲求和努力。我们称它为努力，为的是强调它的积极能量和

---

① 利科：《存在与诠释学》，见洪汉鼎主编《理解与解释——诠释学经典文选》，东方出版社 2001 年版，第 264 页。

动力；我们称它为欲求，为的是指出它的匮乏和困窘……因此cogito不再是其原有的伪装行为——我指的是它设立自身的伪装；在它呈现的同时，它早已被设立在存在之中。"① 此外，利科还指出，精神分析的反思的超越总是在精神分析的解释的行为之中和通过解释的行为才出现的："正是在破译欲望的戏法时，处于意义与反思根源上的欲望才被发现。"② 这就是说，我们不能在解释的过程之外单独地实质化这种作为存在之意义的欲望，欲望在此总是一个被解释的存在。从此意义上说，理解的存在论总是被包含在解释的方法论之中。只有在解释的运动之内，我们在认识我们解释的存在。

在利科看来，不仅仅是精神分析诠释学向我们揭示了存在的某个独特的方面，其他的诠释学方法也同样如此。比如，黑格尔的精神现象学作为诠释学给我们提供了一种与精神分析的主体考古学路向相反的面向未来的主体的目的论，存在的意义显现为精神的自我运动；列维和伊利亚特的宗教现象学则提供了一种末世论的路向，存在在此表现为显现自身的神圣。这表明，每一种诠释学方法经由反思的中介都能发现那种建立它为方法的存在方面，或者说，即使最对立的诠释学观点都以自己的方式指向其自身的存在论根源，并以各自的方式肯定自我对存在的依赖。这些不同的存在方面能否统一为某种统一的存在论呢？利科认为，存在总是被解释的存在，总是只能在诸诠释学的相互冲突之中被给予，"在这方面，诠释学是无法超越的"③。但是，诸种诠释学的不同的存在方面之间存在着一种存在论的结构，它可以将这些不

---

① 利科：《存在与诠释学》，见洪汉鼎主编《理解与解释——诠释学经典文选》，东方出版社2001年版，第264页。
② 同上书，第264—265页。
③ 同上书，第267页。

协调的方面统一到语言的层次。可以看到，利科在此又回到了语义学的层次。他认为，我们或许能寄希望于作为语义学层次之核心主题的"象征"的概念："只有一种由象征图式指导的诠释学，才能显示这些属于同一难题的各种不同的存在模式，因为这些复杂的解释之统一在最后只有通过最丰富的象征才能被保证。"①

第二节　作为文本理论的诠释学

从语义学层次到反思层次，再到存在层次，构成了利科诠释学的迂回之途的基本路线。可以发现，作为语义学层次之核心主题的"象征"的理论贯穿于利科对这一路线的初步构想之中。不过，随着学科视野的进一步扩展与哲学思考的更加深入，利科越来越倾向于用"文本"（text）理论来取代象征理论的位置。正如《诠释学与人文科学》一书的编者汤普森所说："这里有一个转变。在利科的早期著作中，解释是与真正的象征的复杂结构关联在一起的。而现在，不再是象征而是文本……划定了诠释学的对象领域的界限。"② 利科本人也谈道："我本人的研究，大概就是设法借助'本文'概念来为诠释学'重划领域'。"③ 他甚至认为，可以将他采用的诠释学的概念"暂行定义"为"关于与'文本'的解释相关联的理解程序的理论"④。因此，在利科

---

① 利科：《存在与诠释学》，见洪汉鼎主编《理解与解释——诠释学经典文选》，东方出版社 2001 年版，第 267 页。

② Paul Ricoeur, *Hermeneutics and the Human Sciences*, Edited, Translated and Introduced by John B. Thompson, Cambridge University Press, 1981, p. 14.

③ 利科：《诠释学的任务》，见洪汉鼎主编《理解与解释——诠释学经典文选》，东方出版社 2001 年版，第 410 页。

④ 同上书，第 409 页。

更成熟的诠释学思考这里，诠释学与文本理论是同一的。可以把利科的诠释学称作一种文本诠释学。

一 文本与间距

利科在对象征问题的探讨中就已经涉及了文本的问题：一个象征表达式只有在特定的上下文关系中才能充分展现其意义的丰富性。但是，文本之所以取代象征成为诠释学的核心主题，还有着更为深远的诠释学哲学的动因。其中最重要的原因或许在于对伽达默尔哲学诠释学的批判性思考。

利科认为，伽达默尔力图捍卫一种原初的隶属（belonging）或者说参与的经验——艺术、历史、语言的经验——及其真理性。而这也就意味着对近代哲学与自然科学所推重的那种疏异间距（alienating distanciation）的经验的反感。因此，可以把伽达默尔的诠释学思考的主要动机看作这种隶属性与间距化的对立[1]，而这事实上也就是真理与方法的对立。尽管利科也承认，伽达默尔并未完全拒绝间距与方法，而是在哲学诠释学的内部试图保持一种隶属与间距、真理与方法的张力。但是，从总体倾向上看，作为理解存在论的哲学诠释学的隶属与间距之间、真理与方法之间的关系仍是分离超过了结合。问题在于，疏异间距的经验和意识正是人文科学的前提："疏异化实际上远远不是一种情绪或情调，而是支持人文科学客观性的本体论前提。"[2] 也就是说，疏异间距的经验和意识使得在人文科学中占统治地位的客观化及其认识论成为可能。因此，哲学诠释学难以真正承认人文科

---

[1] Paul Ricoeur, *Hermeneutics and the Human Sciences*, Edited, Translated and Introduced by John B. Thompson, Cambridge University Press, 1981, p. 131.

[2] 利科：《诠释学的任务》，见洪汉鼎主编《理解与解释——诠释学经典文选》，东方出版社 2001 年版，第 428 页。

学的知识与方法的合理性，更难以在诠释学与人文科学之间建立有效的关联。如何解决这一问题呢？利科认为，这并不意味着走到伽达默尔的反面，拒绝隶属经验的原初性，而是应该把间距的经验本身作为一种积极的生产性的经验引入到隶属的经验之中："不只是摒弃间距化概念，而且也企图接受它。"① 这就是说，要超越隶属与间距、真理与方法的两难选择，而把两者纳入一种共属的辩证法之中。这样一种超越如何可能呢？利科认为，我们必须求助于文本概念。

　　按照利科的定义，所谓文本，就是"被书写固定下来的任何话语"②。这一定义包含了两个层面。首先，文本属于话语（discourse）。其次，文本是被书写固定的话语，书写的固定化是文本自身的构成因素。关于话语，利科继承了索绪尔与叶尔姆斯列夫的著名的对语言（langue）与言语（parole）、图式（schema）与使用（use）的区分。语言及其图式乃是抽象的语法结构系统，而言语及其使用则是语言图式系统的具体化和实现。话语就包含了言语及其使用的意思。不过，在索绪尔和叶尔姆斯列夫那里，言语及其使用或者说话语的典型样式不是文本而是说话。因此，必须考虑同为话语的文本与说话的关系的问题。在利科看来，文本区别于谈话的特征即是书写。一方面，"一切书写都附属于某些先前的说话"③。可以认为，书写作为一种规定发生在说话的行为之后，它用一种可视性的符号即文字把口头说话的语音记录与固定下来。从此意义上说，文本作为话语就是用文字固定下来的说话，它是说话的标记，并由此保证了说话的保存与持

---

　　① 利科：《诠释学的任务》，见洪汉鼎主编《理解与解释——诠释学经典文选》，东方出版社 2001 年版，第 431 页。

　　② Paul Ricoeur, *Hermeneutics and the Human Sciences*, Edited, Translated and Introduced by John B. Thompson, Cambridge University Press, 1981, p. 145.

　　③ Ibid. , p. 146.

久性。但是，另一方面，利科也指出，我们必须追问书写本身的意义。书写是否仅仅是说话的某种附属物呢？当说话被书写固定下来，作为说话的话语本身是否会有所变化呢？用利科的话说，"书写在后来的出现是否会在我们的话语陈述关系上引发一种根本性的变化呢？"[1] 在利科看来，书写作为固定下来的说话，不仅意味着书写所固定的是一种可说的话语，也意味着该话语本身就是一种可写的话语。书写的话语代替了说话的话语，出现在说话原来占有的位置上。因而，"只有在文本不被限制在对先在的说话的转录（transcribing），而是在书写文字中直接地记录（inscribe）下话语所要表达的意义之时，文本才能真正成为文本"[2]。也就是说，文本之为文本就在于直接写下话语，因而取代了或中断了说话，并直接与话语陈述的意义联系在一起。书写不仅是说话的物质固定化的材料，而且是更为基本的现象的条件。这种更为基本的现象就是被书写下来的文本的"自主性"（autonomous）。在利科看来，这实际上也就是文本的间距性。

利科认为，要进一步追问文本自主性的间距化特征，有必要再次回到话语的问题。因为，在话语那里，就已经表现出了间距的原始类型，即事件（event）与意义（meaning）的间距。在利科看来，"话语是作为一个事件被给予的"[3]。这里所说的事件，首先是一种说话的事件。它由四个特征组成：1. 话语是瞬间与当下在场的。这构成了本维尼斯特所说的"话语的例证"（the instance of discourse）。2. 话语的例证乃是自我指称的。话语通过一系列复杂的指引标记如人称代词等指示出它的说话者。3. 话

---

① Paul Ricoeur, *Hermeneutics and the Human Sciences*, Edited, Translated and Introduced by John B. Thompson, Cambridge University Press, 1981, p. 146.

② Ibid. .

③ Ibid. , p. 133.

语总是关于某物的。话语指称它所要描述、表达和呈现的世界。
4. 话语是交往中的话语，因而总有一个对话者或接受者。所有
这些特征综合构成了作为一个事件的话语。但是，事件特征仅仅
说明了构成话语的两极中的一极。话语的另一极是意义。利科认
为，"如果所有话语都作为一种事件被实现，那么，所有话语都
是作为意义被理解的"①。也就是说，话语之为话语，不仅仅在
于它表现为一种事件，关键的地方在于，话语必须被理解。在话
语中被理解的就是话语的意义。因此，正如语言图式的结构体系
在话语中被实现进而超越自身一样，话语的事件也在话语的意义
理解中实现并超越自身。话语同样具有胡塞尔所揭示的意向性结
构：话语作为意指总是超出自身并实现为意义。进一步来看，话
语作为事件乃是瞬间与当下在场的，但话语作为意义则具有持久
性。我们所理解的不是消逝的事件，而是持久的意义。或者说，
我们在说话中把握的不是说的行为，而是话语所说的东西。这表
明，在说与所说之间、在话语的事件特征与意义特征之间存在着
一种既互相隶属又可以分离的关系。这就是话语的意义与事件的
辩证法。包含在该辩证法中的意义与事件的可分离性这一方面，
即是话语本身的间距的原始类型。

　　正是这种话语本身的事件与意义的间距，为文本的自主性的
间距提供了话语语言学的根基。文本作为书写固定下来的话语，
进一步发展和凸显了话语的间距特征。这主要表现在四个方面。
1. "书写导致了文本对于作者意图的自主性"②。书写直接与话
语陈述的意义相关联，因而弱化了话语的自我指称即表达作者意
向的基本事件特征。被书写的文本不再必然地与作者意图相一

---

　　① Paul Ricoeur, *Hermeneutics and the Human Sciences*, Edited, Translated and In-
troduced by John B. Thompson, Cambridge University Press, 1981, p. 134.

　　② Ibid. , p. 139.

致，而是有可能逃离作者有限的意向世界，向更广阔的由读者所
实现的意义可能展开。这是文本自主性的第一种间距。2. 文本
具有对于文本生产的文化与社会语境的自主性。文本具有相对于
作者的意向即文本产生的心理学条件的自主性，而符合心理学条
件的东西同样符合产生文本的社会学条件。当然，这并不是说文
本可以脱离文化社会的语境条件，而是意味着文本可以超越其产
生时的文化社会语境，面向无限度的不同的社会文化条件。因
此，正如利科所说，通过不同时代读者的永无止境的阅读行为，
文本能够在自身"解语境化"（decontextualise）的同时又能在一
种新的情境中"再语境化"（recontextualised）①。文本对于生产
时的文化社会语境的自主性构成了文本自主性的第二种间距。3.
文本具有相对于最初读者的自主性。这同样是与前面所说的文本
与作者意图、生产语境的自主性联系在一起的。脱离了作者意图
与生产语境的限制，书写文本的对话者或接受者原则上就扩展到
一切具有阅读能力的人。也就是说，它并不被束缚于最初读者的
理解和意义视域之中，而是面向不同时代、地域、文化的所有读
者。这是文本自主性的第三种间距。4. 在文本自主性的这三种
间距的基础上，利科还进一步论述了第四种间距，即文本指称的
间距。前面提到过，话语作为事件总是有所指称的。值得注意的
是，利科所说的指称是广义的指称，它包括了话语所指涉的所有
言语之外的因素。它们构成了一个关联体系，即"世界"
（world）。在说话中，话语所指称的世界被说话者双方把握对方
意图的能力、说话产生的语境条件以及诸多辅助性的非言语行为
所显示与限定。但是，书写文本对于作者意图、生产语境以及最
初读者的自主性则使得这些限定条件变得模糊不清甚至被消除，

---

① Paul Ricoeur, *Hermeneutics and the Human Sciences*, Edited, Translated and In-
troduced by John B. Thompson, Cambridge University Press, 1981, p. 139.

因而使得文本的指称处于一种未决的状态。利科指出，正是这种消除使得"文学"成为可能："这种指称的显示特征的消除无疑使得我们称作'文学'的这种现象成为可能，文学可以消除所有的与给定现实的关联。"① 也就是说，在想象性的文学样式这里，文本对显示性指称的疏离达到了最极端的程度。不过，这种对直接给定的现实指称的消除，并不意味着文学文本的话语是无指称的。利科认为，这种话语通过对直接给定的现实指称——"一级指称"（a first order reference）的消除，为另一层次的指称——"二级指称"（a second order reference）开辟了道路。后一层次是比我们的日常话语所能达到的世界指称更为根本的层次，"它不仅在控制对象的层次上达到了世界，而且在达到了胡塞尔用'生活世界'的表述和海德格尔用'在世界之中'的表述所指的那个层次上的世界"②。因此，在文本——尤其是文学文本——所指称的世界与一般话语所指称的世界之间、文本的一级指称与二级指称之间就出现了一种新的间距，利科称之为"与自身真实的间距"（distanciation of the real from itself）。这就是文本自主性的第四种间距。

由此可见，间距构成了作为书写固定下来的话语的文本的基本特征。这种间距不是某种多余的、附属的东西，而是文本自身的本质特性。因而，它也不仅仅是一种消极性的、应该被克服的东西，而是文本自身被理解的基本条件。也就是说，文本作为理解的中介本身就包含着间距。进一步来看，文本的间距性与它的隶属性是一体的。就像话语的意义与事件的辩证法一样，文本的间距与隶属之间也构成了一种辩证的关系。不过，要对此加以更

---

① Paul Ricoeur, *Hermeneutics and the Human Sciences*, Edited, Translated and Introduced by John B. Thompson, Cambridge University Press, 1981, p. 141.

② Ibid. , p. 141.

详切的证明，需要我们进入更广阔的问题域，即理解与说明、解释与占有等问题的讨论。

二　说明与理解

在利科看来，把间距确立为文本的本质特征，为我们解决诠释学在认识论层面上的一个中心难题提供了新的途径。这一中心难题，就是狄尔泰所提出的关于"说明"（explanation）与"理解"（understanding）的区分。利科认为，这一区分造成了一种"破坏性的分裂"，而从文本间距出发对此区分的扬弃，即设法在两者之间寻找某种互补性的联系，才能真正实现"通过文本概念在认识论上表明诠释学方向的转变"[①]的任务。

所谓说明与理解的区分，来源于狄尔泰的名言："我们说明自然，我们理解精神。"[②] 这里的"说明"，指的是自然科学的通过观察、实验等手段寻找或推论诸自然对象之间的因果联系的方法与认识途径。这里的"理解"，指的则是精神科学的通过自身内在体验去把握他人、历史的精神世界的方法与途径。狄尔泰认为，自然科学以外部给定的事实与现象作为研究对象，因而必须采用说明的方法来假设、推论其因果联系；而精神科学的研究对象则是"从内部作为实在和作为活的联系更原本地出现"[③]，认识的主体与认识的对象之间没有本质的区分，因此，它必须采用内在体验的心理学手段来进行研究。事实上，狄尔泰的这一区分已经遭到了伽达默尔的激烈批判。但是，伽达默尔的批判并不是从认识论上解决这一问题，毋宁是从存在论上取消了这一问题。

---

① 利科：《诠释学的任务》，见洪汉鼎主编《理解与解释——诠释学经典文选》，东方出版社 2001 年版，第 409 页。

② 转引自洪汉鼎《诠释学——它的历史和当代发展》，人民出版社 2001 年版，第 105 页。

③ 同上。

既然理解不是一种方法，而是一种存在，那么，也就没有所谓说明与理解在认识论与方法论上的对立。利科并不否认伽达默尔的理解存在论视角的批判的有效性，但他仍试图从认识论的立场出发来重新解决这一问题。

当利科在现代思想背景中重新思考狄尔泰所说的这一说明与理解的对立问题时，他发现，这一对立中的"说明"与"理解"的含义本身就已经发生了变化。就"理解"而言，那种从心理学立场出发把它局限在对作者意图的移情式把握的观念，即使没有被完全否定，但却不再获得大多数人的赞同。心理主义的批判乃是现代思想的一个基本维度。而就"说明"的概念而言，在诠释学思考中也不再主要意指直接从自然科学领域借用而来的并经过实证主义的错误发挥的操作模式，而是来自于人文科学自身尤其是语言学与符号学的研究范型。利科认为："与狄尔泰的思想相反，这种说明性的态度不再借用外在于语言自身的某个知识领域和认识论模型。它不是一种随后扩展到人文科学的领域的自然主义模式。自然—心灵的对立在此不再起作用。如果这里有某种形式的借用，它也发生在同样的领域，即符号领域。"① 在这样一种领域中，说明与结构的概念关联在一起。语言学与符号学把语言、符号看做一个诸构成单元组成的结构体系。这些单元根据它与其他所有单元的区别来定义自身。因而，这些语言或符号单元都是对立的单元。利科指出："这些对立单元的相互作用和它们在诸独立单元的编目中的结合，就是语言学中所定义的结构概念。"② 也就是说，语言学或符号学意义的说明，实际上就是对这种语言或符号结构及其诸构成单元的分析、编码与把握。

---

①　Paul Ricoeur, *Hermeneutics and the Human Sciences*, Edited, Translated and Introduced by John B. Thompson, Cambridge University Press, 1981, p. 153.

②　Ibid. .

但是，文本在何种意义上可以作为这种语言学与符号学的说明的结构模式的分析对象呢？文本岂不是属于话语，因而与作为语言学对象的语言图式的体系结构相对立的吗？正是在此，利科认为我们必须求助于文本的间距特征。一方面，文本属于话语，因而文本尽管有其间距特征，它仍然可以迂回地复归以对话为基本方式的参与性、隶属性的交往活动中去。在此意义上，说明的结构模式并不能穷尽把握文本能够采取的所有态度与途径。另一方面，间距作为文本的本质特性，使它又有区别于典型的话语模式即说话的一系列特征。文本的相对于作者意图、生产语境、原初读者以及一级指称的自主性间距表明，文本自身也构成了一个具有相对独立性与客观性的意义结构的整体。也就是说，文本可以凭借间距化特征把自身展现为一种类似于语言与符号的图式化体系的结构系统，因而可以作为说明的结构性分析的相对独立的客观对象。利科认为："尽管书写在语言的关系上站在说话的一边，也就是说站在话语的一边，但书写区别于说话的特性则建基于一种结构性的特点之上，因而可以视为话语内部的语言的类似物。"[1] 文本构成了语言和话语的中间地带，既带有话语的特征，也带有语言的特征。因此，适用于语言体系的说明的结构模式，同样可以适用于文本。利科指出，这样一种研究模式的扩展和转移在语言学与以语言学范式为指导的现代人文科学研究的视野中具有其合法性。"这就是说，在级别上比句子更高的单元，展现出与更低级别的单元相比拟的系统性。这些更低级别的单元也就是比句子的级别更低但同属语言学领域的单元"[2]。利科用列维—斯特劳斯对神话的结构说明为例来证实这一点。

[1]　Paul Ricoeur, *Hermeneutics and the Human Sciences*, Edited, Translated and Introduced by John B. Thompson, Cambridge University Press, 1981, p. 154.

[2]　Ibid. .

　　斯特劳斯对神话进行结构说明的前提在于："就像每一种语言学实体一样，神话是由诸构成单元组成的。这些单元暗示着那些通常进入语言结构的音素、词素与义素的在场。神话的构成单元与义素的关系和义素与词素的关系一样，同样也和词素与音素的关系一样。但每一种形式在复杂性的程度上异于后面的形式。因此，我们把那些真正属于神话的要素——它们的复杂性程度最高——称为大构成单元。"① 在他看来，神话的构成单元就相当于句子的集合，它们组合在一起就构成相当于文本的作为意义整体的神话。而神话的构成单元之间的关系可以按照句子以及比句子更低级别的语言单元如义素、词素与音素的关系规则来处理。因此，斯特劳斯把神话的构成单元称作"神话素"（mythemes）。神话就是由神话素组成的体系结构，对神话的结构分析就是对诸神话素之间的构成关系的分析，而这种分析可以参照语言学中的义素分析、词素分析与音素分析的模式。比如，在对俄狄浦斯神话的分析中，斯特劳斯列出了四个竖栏，每一竖栏包含不同的神话素：1. 过高评价的血缘关系（overrated blood relations）；2. 过低评价或贬值的血缘关系（underrated or devalued blood rela-tions）；3. 怪物和它们的破坏（monsters and their destruction）；4. 所有暗示直行之困难的相应的名字（all those proper names whose meaning suggests a difficulty in walking straight）。斯特劳斯发现，在这四栏之间有一种相互关系：在第一栏与第二栏之间，我们有一种既被评价过高又被评价过低的血缘关系；在第三栏与第四栏之间，我们有一种既被肯定又被否定的人的自发本性。因此，在各组神话素之间就构成了一个类似于语言学的由诸对立单元的相互作用和它们在编目中的结合所构成的编码结构。神话因

---

　　① 　Paul Ricoeur, *Hermeneutics and the Human Sciences*, Edited, Translated and In-troduced by John B. Thompson, Cambridge University Press, 1981, p. 154.

此是作为一种逻辑工具出现的，它为了克服诸冲突所以把冲突集合在一起。在斯特劳斯看来，这就是"关于神话的结构规律"（the structural law of the myth concerned）[①]。它表明了神话诸构成单元的基本关系及其逻辑运作的基本模式。

通过斯特劳斯的神话分析的卓越范例，利科证明了对文本进行结构说明的可能性与必要性。其可能性，就是不同级别的语言单元的结构分析模式的可转移性。其必要性则在于，这种结构说明构成了对文本意义结构加以把握的唯一中介。也就是说，既然文本凭借其间距化特征把自身展现为一种类似于语言与符号的图式化体系的结构系统，那么，不能把握这种结构系统的逻辑关系及其运作模式，也就难以真正把握该文本的意义。不过，说明并不是理解。当我们把握了诸神话素的相互作用关系及其编码规则即神话的结构规律，却并不能说我们已经理解了这一神话。因此，必须进一步探讨如何从结构说明进入意义理解的问题。

首先可以对此进行经验上的说明。利科指出，实际上，在对神话的结构模式加以分析的时候，我们就已经关联于意义的理解。首先，被斯特劳斯视作神话的基本构成单元的神话素本身就是在一个个具有特定意义的句子中表达出来的。比如，作为神话素的贬值的血缘关系就表现在"俄狄浦斯杀了他的父亲"之类的句子里。其次，神话素的分辨与解析本身就是某种特定的意义理解的活动。当我们谈到血缘关系的过高评价或过低评价、人的自发本性的肯定或否定之时，我们在非常抽象的层次上所确立的这种相互对立关系同样属于可理解的意义与话语的序列。最后，"神话所试图解决的那些冲突，按照斯特劳斯的观点，自身也是

[①]　Paul Ricoeur, *Hermeneutics and the Human Sciences*, Edited, Translated and Introduced by John B. Thompson, Cambridge University Press, 1981, p. 155.

从意义关系的角度来陈述的"①。神话作为一种解决矛盾与冲突的逻辑工具乃是某些重大的意义命题的媒介，或者说，总是处于某种深远的意义背景之中。"如果没有重大的意义问题，没有关于人的起源与终结的意义命题，那么也就既没有冲突，也没有去解决冲突的任何尝试。神话的作为一种源始的叙述的功能被结构分析所悬置。但是，这样一种分析并没有完全脱离这种功能，它仅仅是延缓了这种功能"②。不仅如此，我们还可以认为，结构分析在更彻底的层次上重建了这一种功能。因为正是这种深层语义学的结构分析，向我们展现了神话的意义结构的逻辑构成与运作模式，因而使我们更深入地把握到的它所传达的重大意义，把握到神话所展开的在更根本层次上的世界。这也就是说，结构说明乃是意义理解之途——这也就是阅读之途——的一个必要的阶段和中介。在利科看来，这种以结构说明为中介的意义理解的迂回之途显现为一个独特的诠释学之弧（hermeneutical arc）。通过这样的"诠释学之弧"，也就解决了作为诠释学认识论的中心难题的说明与理解的对立，并且把它们之间建立起了一种互补性的关联。不过，这仅仅是一种经验上的说明。对这个独特的诠释学之弧，还需要进一步的理论上的解析。利科认为，这需要我们进一步引入"解释"（interpretation）和"占有"（appropriation）的概念。

三　解释与占有

诠释学是意义理解与解释之学。因此，解释历来被视作诠释学的基本概念。尤其是施莱尔马赫提出理解与解释的同一性以及

---

① Paul Ricoeur, *Hermeneutics and the Human Sciences*, Edited, Translated and Introduced by John B. Thompson, Cambridge University Press, 1981, p. 160.

② Ibid. , pp. 160 – 161.

"诠释学的一切前提不过只是语言"的观点以来，解释从原来作为直接理解之失败的技术化补充上升为诠释学思考的核心概念之一。在狄尔泰那里，一方面，解释仍然被定义为理解的技术化："这种对一直固定了的生命表现的合乎技术的理解，我们称之为阐释或解释"①；另一方面，解释作为合乎技术的理解主要表现在语言的文化流传物领域——尤其与文本相关，既然语言构成了诠释学的基本前提，那么对语言的文化流传物的合乎技术的解释也就构成了"理解艺术的中心点"②。不过，正如狄尔泰把理解视作作者心理体验的重构因而其理解概念是一个心理学化的概念一样，他的解释概念同样带有浓厚的心理主义的色彩。也就是说，语言的解释归根到底是心理的解释。解释作为合乎技术的理解始终活跃在基于共同心理结构的个体生命的精神交流之中，只有通过对富有生命力的作品以及这些作品在其作者的精神中的联系的阐释与把握，解释才达到其完成。

利科的解释概念是建立在对狄尔泰的解释概念的批判性思考之上的。在他看来，尽管狄尔泰认为解释与理解同一因而是与作为自然科学方法的说明相对立的，但在狄尔泰解释概念的核心处却又重新出现了这一对立："一方面，解释所依附的心理学化的理解概念具有直观的、不可证明的特点，另一方面，它又提出了属于人文科学的客观性的要求"③。狄尔泰的客观性的概念是参照自然科学的客观性提出的，因此，解释在这一方面又带有说明的特征。也就是说，在狄尔泰解释概念的核心，又出现了作为理解的解释与作为说明的解释的对立。可以看到，利科所指出的这

---

① 狄尔泰：《诠释学的起源》，见洪汉鼎主编《理解与解释——诠释学经典文选》，东方出版社 2000 年版，第 77 页。

② 同上。

③ Paul Ricoeur, *Hermeneutics and the Human Sciences*, Edited, Translated and Introduced by John B. Thompson, Cambridge University Press, 1981, p. 151.

一对立，实际上也就是伽达默尔曾指出过的狄尔泰诠释学中的生命哲学倾向与自然科学倾向之间的对立。伽达默尔认为，这一对立是不可调和的。不过，在利科看来，这一出现在解释概念核心的对立在狄尔泰那里是不可解决的，但在利科本人这里，却恰恰转化为走向一种新的解释概念并以之调解理解与说明之紧张关系的契机。

正如我们在前文所谈论过的那样，利科把说明的概念从自然科学领域转移到人文科学的语言学、符号学领域，进而证明了这一更新过的说明的结构模式不仅可以适用于文本，而且本身就构成了意义理解的必须的中介。因此，在解释作为说明这一方面，利科已经消除了自然科学模式与人文科学模式之间的矛盾。但是，这种说明的结构模式，不是同样与作为理解的解释的那一方面是对立的吗？结构说明与狄尔泰意义上的体验理解似乎仍然是不可调和的。事实上，在利科看来，通过对文本的间距特征的揭示，以及说明的结构分析的客观性模式对文本的适用性的证明，这本身就意味着经此中介的理解已不再是狄尔泰意义上的心理学化的理解概念了。文本具有相对于其作者意图的自主性的间距，同时也具有相对于其生产语境以及最初读者的自主性的间距，这意味着，文本的意义不再是作者的意图，意义理解也不再是对作者心理体验的重构。而文本的意义理解必须经过说明的结构分析模式的客观性的中介则表明，意义理解不再是通过一种不同于移情式的心理体验的主观化、心理化途径获得的，而是经过了一条漫长的语义与结构分析的人文科学的客观化的迂回之途而获得的。问题在于，这种说明中介的理解究竟是一种什么样的理解呢？或者说，在解释的核心与说明模式构成互补性关联而不是对立的这一作为理解的解释是什么样的解释呢？

利科认为，解释的基本特征就是"占有"。关于占有，利科在对诠释学的迂回之途的初步构想中讨论反思的问题时就已经涉及了。在那里，他把自我通过反思——非直觉的、经过对象、作品、行为的中介的反思——重新理解与认识自身称作"占有"。对象、作品、行为相对于作为反思的起点的模糊、空洞的自我是某种异己的东西。因此，更一般的来说，占有"意味着把某种原来是异己的东西变成自己的东西"①。利科认为，在此意义上，解释即是占有。这种作为占有的解释包含有三层含义。首先，它意味着文本解释与自我解释的统一。这就是说，文本解释，不仅仅是对文本的解释。当我通过解释而理解了文本之时，也就是我通过理解文本而重新认识和理解自身之时。理解文本就意味着把文本纳入自我解释。意义的构成与自我的构成是同一个过程。其次，它意味着对文本的文化间距的克服。既然文本解释即是自我解释，那么，解释也就意味着与文本在文化上的疏远作斗争。在利科看来，这正是"全部诠释学的目的之一"②。再次，解释在此意义上有一种在场的特征。这就是说，解释在此表现为一种事件，它标志着文本的语义可能性的实现。利科认为，这是一个决定性的方面，"它在一种与说话的维度相似的维度上达成了文本话语的实现"③。所谓说话的维度，在此指的就是说话的事件特征，即当下在场、自我指称、指称对象以及交流语境。被现实化了的文本在当下再语境化了，并重新开始了向一个世界和自我的指称运动。当然，这里的世界和自我不再是作者的世界和自我，而是读者的世界和自我。作为占有的解释的前两层含义正是在此条件下才得以可能。

---

① Paul Ricoeur, *Hermeneutics and the Human Sciences*, Edited, Translated and Introduced by John B. Thompson, Cambridge University Press, 1981, p. 185.

② Ibid., p. 159.

③ Ibid..

　　但是，这岂不同样是一种主观化、心理学化的解释吗？这岂不只是用读者的主观化代替了作者的主观化吗？利科认为，在此我们必须回想：这样一种作为占有的解释是怎样达到的？难道不正是非心理学的、非主观化的结构分析的说明模式吗？读者在文本中所获得的意义以及自我的理解，不是他自身的主观心理的投射，而是文本自身的结构运作所包含的并由结构说明所揭示的。当然，反过来看，如果没有读者及其意义理解的渴望，这样一种结构说明也同样无法进行下去。因此，如果把结构说明看作文本内部结构关系自我展现的"文本的静力学"（the statics of the text），那么，解释就必须以一种文本的"动力学"（dynamic）的方式来理解，"解释就是追随文本所敞开的思想之途，把自身置于一条通向文本的远景的道路"①。利科认为，这也就意味着，"解释，是在一种注释的行为之前，就已经是文本的行为"②。也就是说，解释与其说是一种关于文本的主观化、心理化的过程，不如说是文本自身的存在的行为。因此，在利科看来，正如在反思层次中自我必须失落自己才能找回自己一样，作为占有的解释不是被消除，而是推延到了解释的过程的终点："它位于我们在上面所说的诠释学之弧的极点：它是这座桥梁的最后的支撑物，是这一立于活生生的经验的土地上的拱道的锚地。但是，诠释学的整体理论就在于通过属于建立在文本自身之上的一系列解释项来中介这种解释——占有。占有在作品、劳作、文本的重新获得的范围中失去了它的主观性。解释者所说的东西就是文本自身所说的东西的重述。"③

――――――――――

　　① Paul Ricoeur, *Hermeneutics and the Human Sciences*, Edited, Translated and Introduced by John B. Thompson, Cambridge University Press, 1981, p. 162.

　　② Ibid. .

　　③ Ibid. , p. 164.

　　由此可见，解释作为占有，不仅与结构说明的方法论相联系，而且指向了存在论的层次。如果作为占有的解释更多的是关于文本所揭示的世界，那么，读者与文本之间的关系也就是他与文本世界的关系。在此意义上，"占有与其说是一种相互理解的主体间关系，不如说是致力于作品所传达的世界的领悟的关系。"① 因此，利科把占有概念和伽达默尔的游戏概念关联起来。在他看来，游戏构成了占有的存在方式。首先，伽达默尔所说的游戏是自我表现的游戏，也就是说，游戏自身成为游戏的主体。这种游戏的自我表现，即是文本世界的呈现。利科认为，在游戏与世界的呈现之间有一种互动的关系："一方面，在一首诗中的世界的呈现是一种启发式虚构（heuristic fiction）以及在此意义上是'游戏的'；但在另一方面，游戏揭示真实的东西正是因为它是游戏。"② 所谓游戏揭示真实的东西，也就是伽达默尔所说的"向构成物的转化"。在这种转化之中，早先存在的东西不再存在，而现在存在的东西乃是永远真实的东西。而这也就是利科所说的文本的一级指称的日常世界的隐退与二级指称的存在世界的呈现。其次，利科把作者的概念引入到游戏之中。在伽达默尔的游戏概念中，作者不再是游戏的主导，而是和观赏者一起参与到游戏之中，或者说消隐在作品存在之中。利科认为，这种作者的消隐正是作者参与游戏的方式。因此，作者的消隐不是彻底的消失。利科通过引入叙事学关于叙述者与作者之间的差异关系的讨论指出，这里有一种"分裂的言说者"（split speaker）的现象。但是，"这种分裂恰恰标志着作者的主体性侵入到了游戏关系中。……因此，主体的消失仍然是作者的我（ego）的一种想

---

　　① 　Paul Ricoeur, *Hermeneutics and the Human Sciences*, Edited, Translated and Introduced by John B. Thompson, Cambridge University Press, 1981, p. 182.

　　② 　Ibid. , p. 187.

象性的转化"①。叙述者固然不是作者，但他永远是作者在虚构角色中的变形。再次，利科进一步把读者也作为游戏的参与者引入到游戏之中。与作者服从于想象性的转化而变成一个由叙述者所提供的主体性的模型相对应，读者也要经历一场自我的想象性的转化。也就是说，读者同样是被文本所创造出来的并参与到文本所呈现的世界之中。这不仅仅是放弃自我，而且也是通过放弃自我获得的在更真实的文本世界中的自我的拓展与复归。而这正是占有。因此，利科再一次强调，占有并不表现为一种主体扩张式的据为己有，而是首先表现为自我的剥夺。经过此剥夺，我们才能真正进入文本的游戏并追随文本自身的结构关系所指引的意义线索，进而产生一种新的自我解释——占有："正是本文凭借其去蔽的普遍能力把一种自我（self）给予了我（ego）"②。

　　因此，我们现在再来看利科所说的"诠释学之弧"，就会发现，它实际上是以文本及其间距化特征为核心对上一节所说的"诠释学的迂回之途"的重演。利科的解释概念一端关联于结构分析的语言学模式的说明，另一端关联于自我与世界的重新发现的理解与占有，这和通过反思—解释的认识论沟通语义学层次的解释的方法论与存在层次的理解的存在论，事实上遵循了相同的路线。其不同之处除了后者以象征作为贯穿线索而前者以文本作为核心之外，或许在于以文本为核心的"诠释学之弧"的迂回的路线更为漫长，涉及的人文知识领域更为广阔，以及哲学思考更为深入。在文本理论中，结构主义与诠释学的关系更为突出。正因为这一点，霍埃把利科的文本诠释学称作一种"结构主义

----

① Paul Ricoeur, *Hermeneutics and the Human Sciences*, Edited, Translated and Introduced by John B. Thompson, Cambridge University Press, 1981, p. 188.

② Ibid. , p. 193.

诠释学"①。此外，我们还可以回到本节开头所说的利科提到的间距与隶属的辩证法的问题上来。通过诠释学之弧的解析，我们可以看到，文本的间距与隶属的辩证法，也就是文本作为话语的意义与事件的辩证法，就是文本的结构说明与意义理解的辩证法，就是文本解释作为占有的放弃自我与重获自我的辩证法。正如利科本人所说，我们必须"从头开始再承担起上个世纪黑格尔所承担的辩证哲学的任务，这辩证的哲学在系统的统一性中承受了各个不同层面的经验与现实"②。因此，诠释学的迂回之途，实际上也就是诠释学的辩证法之途。

第三节　隐喻的真理

我们现在需要追问是，利科的诠释学迂回之途的宏大构想，以及他以文本理论为中心的诠释学路线，在诠释学的艺术哲学向度——尤其是艺术真理的问题上，有什么样的拓展或突破呢？事实上，利科对象征、文本问题的探讨，本身就包含了对艺术哲学问题的探究。这不仅仅是因为象征问题、文本问题都是艺术哲学的重要论题。而且是因为，利科在文本诠释学的探讨之中，正是把文学文本——尤其是诗与小说的文本作为文本的典范的。一方面，文本的间距特征在文学文本那里获得了最为集中的表现。我们在前文曾提到，文本的指称显示特征的消除，恰恰使得我们称作文学的那种现象得以可能。另一方面，文本解释理论最终指向的存在论的层次，即文本真实世界的呈现，同样是在文学文本这

---

① 霍埃：《批评的循环：文史哲解释学》，兰金仁译，辽宁人民出版社 1987 年版，第 111 页。

② 转引自蒙甘《从文本到行动——保尔·利科传》，刘自强译，北京大学出版社 1999 年版，第 9 页。

里寻找到最为卓越的例证。因此，利科认为："在我看来，诗与
小说作品的独特的指称维度，提出了最根本的诠释学问题。"①
在一定程度上，这也就意味着，诠释学的迂回之途或者说"诠
释学之弧"，只有在文学文本那里才能得到真正的实现。此外，
这种文学文本的世界呈现的存在论，同样已经包含了艺术真理的
问题。文学文本的世界首先是文学文本话语所指称的世界。按照
弗雷格的观点，指称（reference，或译指谓、意谓）正是与真值
相关。其次，文学文本所展现的世界乃是一级指称的日常世界退
隐之后所解放出的或呈现的二级指称的更根本层次上的世界，它
是"达到了胡塞尔用'生活世界'的表述和海德格尔用'在世
界之中'的表述所指的那个层次上的世界"②。我们知道，海德
格尔的"在世界之中"作为此在生存的基本构造是与生存论意
义上的真理因而根本上与存在之真理关联在一起。不过，利科
相对于海德格尔与伽达默尔的诠释学的"捷路"的重大区别在
于，他试图把认识论与方法论，以及与之相关的文本自身运作
方式的问题引入到诠释学的探究之中，并与诠释学的理解存在
论结合在一起。因此，这种努力也会体现在他对艺术真理问题
的探索之中。这或许就是利科诠释学的艺术哲学向度关于艺术
真理问题所获得的重大的拓展之处。因此，从总体上说，利科
在诠释学视野中探讨的艺术真理仍然是一种"理解的真理"，
但是，考虑到认识论维度与文本问题的引入，我们或许应该更
准确的称之为"隐喻的真理"。在何种意义上可以把利科的艺
术真理观称作"隐喻的真理"呢？这正是我们在本节将要探讨
的问题。

---

① Paul Ricoeur, *Hermeneutics and the Human Sciences*, Edited, Translated and In-
troduced by John B. Thompson, Cambridge University Press, 1981, p. 141.

② Ibid. .

一 隐喻的概念

从隐喻问题的理论探讨的历史传统来看，隐喻的概念首先是一个修辞学的概念。也就是说，隐喻首先属于传统修辞学研究的领域。这一点在被公认为古典修辞学学科的正式创立者亚里士多德那里就已经被确立下来了。不过，亚里士多德的修辞学并不能等同于后世仅仅把自己局限于修辞格的分类研究的狭窄范围的修辞学。前者涵盖了论辩理论、口头表达理论和写作理论的广阔领域。更重要的在于，亚里士多德的修辞学可以被看做一种哲学修辞学，它通过辩证法和哲学具有本质上的关联。此外，亚里士多德的修辞学还与诗学联系在一起。值得注意的是，在亚里士多德这里，正是隐喻构成了修辞学与诗学的联系的纽带。事实上，亚里士多德在修辞学中直接采用了《诗学》对隐喻的定义："隐喻就是把一个事物的名称转用于另一个事物，要么从种转向类或由类转向种，要么根据类比关系从种转向种。"[1] 可以看到，亚里士多德的隐喻定义的核心是名称的转移。利科指出，"正是亚里士多德在以单词或名称作为基本单位的语义学的基础上为以后的整个西方思想史给隐喻下了定义"[2]。

把名称作为隐喻定义的基本单位，实际上就是赋予命名活动或者说语词在隐喻的理论探讨中以优先的地位。利科认为，这种"语词优先性"构成了西方传统修辞学的隐喻理论的起点。在此起点上，一系列的相关假设得以展开，并达到"作为修饰的隐喻"这一终点。在利科看来，这一系列的假设包括：① 关于本义与引申义或转义的假设。词语的固定意义即本义，而隐喻则属

---

① 转引自利科《活的隐喻》，汪堂家译，上海译文出版社 2004 年版，第 8 页。

② 利科：《活的隐喻》，"前言"，汪堂家译，上海世纪出版集团 2004 年版，第 1 页。

于其引申义或转义。② 语义空白假设。诉诸引申义或转义旨在填补语义空白，即语词在现实信息或信码方面的空白。③ 借用假设。语义空白是借用外来词填补的。④ 偏差假设。借用外来词的代价是借用词的引申义或转义与本义之间出现了偏差。⑤ 替代假设。从转义上来理解的借用词实际上代替了一个未出现的词，而这个未出现的词可能被用于本义上的相同的地方。⑥ 范例假设。在借用词的转义与它所替代的那个不出现的词的本义之间，有一种转换推论的关系，这种推论构成了对语词的替代的范例。隐喻的替代范例的结构是相似性的结构。⑦ 彻底的解述假设。说明或理解一个隐喻就是在替代范例的指导下寻找和恢复被借用词代替的未出现的原有词语。这种恢复活动即解述活动原则上是彻底的，即替代与恢复的总和是零。⑧ 零信息假设。既然可以对隐喻进行彻底的解述，可以用恢复使替代完全无效，那么，隐喻就不能提供任何知识。⑨ 修饰假设。既然隐喻不提供任何知识，它就只有单纯的修饰功能。[①] 利科指出，正是这一系列的假设的展开，构成了传统修辞学的隐喻研究的内在模式。

利科对这种传统修辞学的隐喻研究进行了批判。在他看来，这种隐喻理论存在着理论上的困难。首先，传统修辞学在隐喻研究中给语词或者说名称与命名活动赋予了太多的特权。这意味着它只在语言的内部或者如本维尼斯特所说的"符号学"的层面上来考虑隐喻问题。不论是借用、偏离，还是替代，都是在孤立的语词之间进行的。但是，为什么会发生这种借用、偏离和替代呢？这种借用、偏离和替代是如何产生的呢？仅仅从静止的语词的层面上无法解决这些问题。其次，这种修辞研究认为隐喻不能提供任何知识，进而仅仅把隐喻视作一种修饰，这就大大地低估

---

① 参见利科《活的隐喻》，汪堂家译，上海世纪出版集团 2004 年版，第 61—62 页。

了隐喻的重要性及其力量。亚里士多德曾经把隐喻看做人的最重要的天赋之一。就修辞学本身来说，维柯曾指出，隐喻是一切修辞格中"最辉煌，最不可缺少的一种"。当代著名符号学家艾柯也认为，"谈到隐喻就是谈到了修辞活动的一切复杂性"。[①] 而在海德格尔与德里达看来，隐喻与形而上学之间有着本质的关联。[②] 如果隐喻仅仅是一种不能提供任何知识、无关于任何重要的意义、实在、真理等问题的单纯的语言修饰，就难以理解隐喻问题何以在上述思想家那里占据如此重要的地位。

在利科看来，要摆脱传统修辞学的隐喻研究的困境，就必须把隐喻考察的语言层次从词语提升到句子或者说话语的层次。他认为，"隐喻仅仅在陈述中，才是有意义的；它是一种谓词现象。"[③] 陈述的基本单位即是句子，而充当谓词——按照本维尼斯特的观点——正是句子层次的最突出的特征，是"内在于句子的明显特点"[④]。句子作为完整而有限的意义的载体，乃是语义学考察的基本的意义单元。因此，把隐喻考察的语言层次从词语提升到句子层次，也就是把隐喻问题从传统修辞学的视域中解放出来而进入语义学的视域。值得注意的是，这里所提到的语义学，是本维尼斯特所说的"话语语义学"。本维尼斯特在"语言单元"与"话语单元"，即"符号"与"句子"之间进行了区分。利科认为，这种区分对隐喻研究意义重大。首先，隐喻在此

---

① 转引自李幼蒸《理论符号学导论》，中国社会科学出版社 1993 年版，第 339 页。

② 参见利科《活的隐喻》，汪堂家译，上海世纪出版集团 2004 年版，第 390—410 页。

③ 利科：《隐喻过程》，刘小枫主编《20 世纪西方宗教哲学文选》，上海三联书店 1991 年版，第 1054—1055 页。

④ 转引自利科《活的隐喻》，汪堂家译，上海世纪出版集团 2004 年版，第 92 页。

不再仅仅被看做词语的转义，即影响语词意义的偏离，而是被看做一种述谓行为，属于话语—句子层次上的陈述活动。由此，隐喻研究就可以直接致力于对陈述在隐喻意义形成过程中所起的作用的考察，从而回答隐喻是如何产生的问题。其次，这一区分还涉及隐喻的功能的问题，尤其是涉及隐喻指称的问题。"符号学仅仅考虑语言的内部关系。只有语义学关注符号与被指称的事物的关系，也就是说，只有语义学归根到底关注语言与世界的关系。"① 只有当我们意识到隐喻与世界的关联并对此加以详细考察，才能真正反驳那种认为隐喻不提供任何知识并且仅仅是单纯的语言修饰的观点。

那么，从语义学的视域或者说从句子的层次上看，隐喻是如何产生的呢？隐喻具有什么样的功能或者说如何起作用呢？利科通过对理查兹、布莱克与比尔兹利的隐喻理论的考察来讨论这两个问题。首先，关于隐喻的发生机制，理查兹、布莱克与比尔兹利三人都提出了一种"相互作用"的理论。理查兹认为，隐喻产生于隐喻陈述的内容与表达手段的相互作用："内容与表达手段同时出现以及它们的相互作用产生了隐喻。"② 布莱克则认为，隐喻源于"焦点"或"核心"与"框架"之间的相互作用。这就是说，隐喻作为陈述意味着整个陈述构成了隐喻，但是，我们同时也要专注于句子中的一个特殊的语词，这个语词的出现确保我们把该陈述看作隐喻陈述。这个特殊的语词，即是"焦点"或"核心"，而"框架"则是句子的其他成分。焦点与框架的相互作用即陈述内部被隐喻使用的词语与未被隐喻使用的其他词语之间的相互作用。而在比尔兹利看来，隐喻属于一种"归属活动"，但是，这种归属活动的关系是一种自我矛盾的关系，表现

---

① 利科：《活的隐喻》，汪堂家译，上海世纪出版集团 2004 年版，第 100 页。
② 同上书，第 110 页。

为具有不相容性的"主词"与"修饰语"之间的相互作用。比如"活的死者"等等。其次，他们还对隐喻的功能作了相类似的考察。理查兹从反对"词语本义的迷信"的立场出发提出了"意义的语境定理"，因此，隐喻的意义与语境有关，隐喻实际上就是意义的不同语境的两种不同的缺乏部分的结合，隐喻通过语境发生作用。布莱克提出了"联系起来的常识系统"的概念。他认为，隐喻陈述的核心词并不是在它的日常词义的基础上起作用，而是通过"联系起来的常识系统"起作用，即"通过一个语言共同体的说话者根据他说话的事实而信奉的意见和偏见起作用"①。比尔兹利则认为隐喻的作用方式在于"内涵的潜在系列"的实现。不过，这种"内涵的潜在系列"不仅仅包含初级意指层面上的内涵的语义冲突，而且包含了第二级意指的并不属于我们的语言的涵义系列的补充："隐喻并不限于把潜在的涵义带入第一级意指。它运用了到那时尚未被指称的特性。"② 从此意义上说，隐喻表现为一种意义的创造与更新。

利科对理查兹、布莱克与比尔兹利的隐喻理论的考察是批判性的。总的来看，他对于理查兹、布莱克与比尔兹利——尤其是后两者——的隐喻发生机制的理论是赞同多于批评。而在隐喻功能问题上，他则认为三者都未能真正解决已经被或间接或直接提出的隐喻的意义创新的问题并且忽略了隐喻指称的真理功能。在此，我们暂时把后一问题放在一边。可以作出总结的是，就隐喻的概念而言，利科认为必须把隐喻的"相互作用"的发生机制作为隐喻的"发生定义"或"现实定义"提出来。在语义学的句子的层面上，隐喻表现为隐喻陈述内的语词之间的相互作用或

---

① 利科：《活的隐喻》，汪堂家译，上海世纪出版集团 2004 年版，第 119 页。
② 转引自利科《活的隐喻》，汪堂家译，上海世纪出版集团 2004 年版，第 132 页。

张力。隐喻作为一种述谓活动"是一种语义事件，这一事件是在几个语义场的交汇处形成的"①。但是，利科也指出，这并不意味着传统修辞学的隐喻理论提出的将隐喻定义为名称的转移的观点是错误的。在词语的层面上作出的隐喻作为名称的转移的定义实际上是隐喻的"名义定义"。名义定义使我们能辨别事物，而现实定义则表明事物的产生。他认为，"根据陈述对隐喻进行的现实定义并不能排除根据语词或名称对隐喻所下的名义定义，因为语词仍然使隐喻的意义效应的载体"②。正如布莱克对焦点与框架的区分所阐明的那样，隐喻陈述自身表现为一种从句子向词语的"聚焦"。因此，陈述为语词提供语境和语词为陈述提供焦点是对应的。隐喻的意义游戏既不单独出现在语词的层次上，也不单独出现在句子的层次上，毋宁说出现在语词与句子之间。也就是说，传统修辞学的词语层次上的概念定义与语义学的句子层次上的隐喻定义，不仅是冲突的，也是互补的。

二　隐喻与文本

　　把隐喻放在语义学的句子的层次上进行考察，构成了最终达到隐喻的诠释学观点的基本中介。利科诠释学的迂回之途，本身就把语义学探究作为首要的出发点。不过，如我们在上一节中所述，利科的诠释学的领域是由文本概念来划定的，他的诠释学在根本上是一种文本诠释学。因此，隐喻只有与文本关联起来，才能真正成为诠释学的问题。

　　在利科看来，隐喻问题与文本问题的最初的共同点，已经由隐喻的语义学层次的探究所揭示了。这一最初的共同点即是话语。隐喻陈述是在话语的基本单元即句子的层次上构成的，而文

---

　　①　利科：《活的隐喻》，汪堂家译，上海世纪出版集团 2004 年版，第 134 页。
　　②　同上书，第 89 页。

本则是被书写固定下来的话语。因此，话语概念就构成了隐喻和文本的最初的联结点。但是，隐喻和文本在根本上毕竟属于不同的话语层次。隐喻的最小的话语单位是语词。即使在作为隐喻陈述的句子之中也表现出从句子框架向语词焦点的聚焦的运动。而对文本来说，固然在某些情况下可以简化为单一的句子，但它却包含着一个极大的范围："从一个段落到一个章节，到一本书，到作者的一套选集，甚至到作者的一部全集。"① 因此，文本组为话语的复杂构成物，最好用"作品"（work）一词来描述。这就是说，隐喻在根本上是与词语相关的，而文本则包含了最为复杂与宏大的作为作品的话语构成物。那么，我们如何把这构成话语单位之两级的隐喻词语与文本作品关联起来呢？在利科看来，这一关联恰恰需要借助于诠释学的意义理解活动本身来完成。也就是说，正是在隐喻和文本的说明与解释活动之中，隐喻和文本之间表现出了相似性。有如把理解活动视为文本自身的运动一样，利科把这一相似性描述为从隐喻到文本与从文本到隐喻的双向运动。这一双向运动分别与诠释学的意义理解的说明与解释相关。

　　（一）从隐喻到文本：说明

　　关于从隐喻到文本的运动，利科的解释是："从一种观点来看，隐喻的理解被当作对更长的文本——比如文学作品——的理解的一种指导。"② 这种观点即是"说明"。我们在前文已经讨论过利科的语言学的结构说明模式的问题，而隐喻说明同样是对隐喻话语的内在模式的把握与说明。不过，利科在此进一步引入了弗雷格关于"含义"（sense，也作涵义）与"指

---

　　① Paul Ricoeur, *Hermeneutics and the Human Sciences*, Edited, Translated and Introduced by John B. Thompson, Cambridge University Press, 1981, p. 166.

　　② Ibid., p. 171.

称"（reference）的著名区分。在弗雷格那里，含义是命题所
表达的内容，而指称则是含义所涉及的东西。利科进一步把含
义看做是话语的内在组织结构，而指称则是话语所涉及的语言
之外的现实。因此，隐喻话语的结构说明实际上就是隐喻话语
的含义的说明。

　　隐喻的说明为何能充当文本说明的范例呢？利科认为，因为
正是隐喻的说明最清晰地显示出了说明过程的特征。在他看来，
隐喻的说明需要面对的是一个意义的难题，即确证一种新的意义
的难题。借用布莱克的术语来说，在句子框架中的隐喻词语不仅
是隐喻陈述的焦点，而且构成隐喻理解的难题。因为隐喻作为本
义的偏离，指向新的意义，但我们却无法直接从句子的陈述中确
证这一意义。利科认为："完成这种确证的唯一途径是建构一种
意义，这种意义能使我们理解作为一个整体的句子。"① 因此，
布莱克和比尔兹利的"联系起来的常识系统"与"潜在的涵义
系列"的概念能给予我们一定的启示。布莱克以"人是一只狼"
为例说明了他的"联系起来的常识系统"的概念。把人称为狼
意味着展示由相应的对狼的贪婪成性的特征的常识所组成的系
统。这一系统以一种"过滤器"（filter）和"屏幕"（screen）
的方式运作，"它不仅仅选择，而且突出了首要主词的新的方
面"②。不过，在利科看来，尽管布莱克的"联系起来的日常系
统"的概念很好地阐述了隐喻的意义功能，但是这种做法的实
质在于简单地求助于日常的既成的语义系统与文化规则，因而并
不能真正说明隐喻——尤其是诗歌隐喻的超出常识的意义创新的
力量。比尔兹利的观点则部分解决了这一问题："在给逻辑归谬

---

　　① 　Paul Ricoeur, *Hermeneutics and the Human Sciences*, Edited, Translated and In-
troduced by John B. Thompson, Cambridge University Press, 1981, p. 172.

　　② 　Ibid. .

法赋予决定性作用时，他（即比尔兹利——引者注）强调了隐喻陈述的创造特征和更新特征。"① 所谓逻辑归谬法的决定性地位指的是，隐喻陈述中的主词与修饰词之间的在字面上的语义冲突，从逻辑上看是错误的，因而我们必须在两种方案中进行选择：要么保留这种字面上的语义冲突，从而得出结论整个句子是荒谬的；要么为修饰词建构起新的意义，从而使整个句子变得可以理解。由此可见，比尔兹利在此明确地为我们的隐喻说明提供了建构的性质。不过，利科也指出，当比尔兹利试图求助于"潜在的含义系列"从而回答"我们从那里汲取新的意义"这一问题之时，他又回到了布莱克式的路线。在利科看来，隐喻的新的意义不是从任何既成的常识系统和涵义系列中汲取和引出的，而是隐喻话语自身的创造："说新的隐喻并不出自某个地方意味着把它认做当下的东西，认作语言的瞬间创造，认作语义更新，这种更新既不是以指称的形式也不是以涵义的形式作为既定事物出现在语言中。"② 当然，隐喻的语义创新必须有听者或读者的参与才是可以确证的："它必须采用听者或读者的立场，并且把突现出的意义的新奇性看做是作者方面与读者的建构方面的对应项。"③ 读者的建构在此即是说明。因此，综合以上的诸种观点，可以看到，"说明的决定性的方面就是建构一个组成了真实、独特的语境的相互作用的网络。在这样做之时，我们的注意力把注意力集中于诸种语义场的交汇点上产生语义学事件。这种建构是一种把所有词语整合起来并有意义的手段。由此，也只有由此，'隐喻的螺旋'（metaphorical twist）才既是事件也是意义，既是

---

① 利科：《活的隐喻》，汪堂家译，上海世纪出版集团2004年版，第131页。
② 同上书，第133页。
③ Paul Ricoeur, *Hermeneutics and the Human Sciences*, Edited, Translated and Introduced by John B. Thompson, Cambridge University Press, 1981, p.174.

有意义的事件，也是语言中的突现的意义"①。

　　隐喻说明所揭示的建构特征，使得隐喻成为文本作品的说明的指导和范例。文本说明在何种意义上也需要建构呢？首先，文本作为书写固定的话语具有自主性，它是一个不再由作者的意向赋予现场的意义的自主的意义空间，因而，文本意义依赖于读者的建构。其次，文本不仅仅是一种被书写的东西，它还是作品，即一个意义构成的整体。而作为一个整体，文本不能被简化为单独的有意义的句子与句子之间的简单关联，相反，它是能以诸种不同的角度入手建立起来的意义的整体构成。因此，作品的说明同样首先求助于对语境的相互作用网络的建构。事实上，著名的整体与部分之间的诠释学循环在语义说明的层面上就表现为一种建构的过程。进一步来看，赫施在《解释的有效性》中所说的猜测与证实之间的辩证法，也就是建构的方法之一，它作为文本局部的难题的解决同样可以纳入说明的进程之中。由此可见，"在含义的连接的层次上，理解一个文本和理解一个隐喻陈述是严格一致的。在这两种事例之中，它都是一个'赋予含义'的问题，即从一个表面上的不一致的多样性中生产出最全面的可理解性的问题"②。

　　（二）从文本到隐喻：解释

　　与从隐喻到文本的运动相对应，从文本到隐喻的运动指的是："从另一种观点来看，对作为一个整体的作品的理解为隐喻指示了关键。"③ 这种观点就是解释的观点。同样，与说明的观点涉及意义的含义的方面相对应，解释在此涉及的是指称的方

　　① Paul Ricoeur, *Hermeneutics and the Human Sciences*, Edited, Translated and Introduced by John B. Thompson, Cambridge University Press, 1981, p. 174.
　　② Ibid. , p. 175.
　　③ Ibid. , p. 171.

面。这里的指称既是话语对外在于语言的事物的指称，也是对话语的参与者的自我指称。

文本在解释的层次上为我们提供理解隐喻的关键的原因在于，只有在文本——尤其是在文学作品的层次上话语的某种特征才开始起一种明确的作用。这种特征就是我们在前文讨论过的一级指称和二级指称的分裂。对此，我们可以略作回顾。与说话中的明确的语境条件指示出话语的现实或者说表面的指称不同，文学作品指称的限定条件变得模糊不清甚至被消除，因而其指称处于一种未决的状态。文学作品的指称不再是表面的，而是通过表面指称即一级指称的隐退开启了更为根本的指称层次，即作为"生活世界"与"在世界之中"的二级指称。利科把这一层次的指称称作文本或作品的世界："世界是文本所展现的世界的总体。"① 在利科看来，这种"指称的分裂"以及作品世界的揭示，对于解释的概念引出了重要的结论："它意味着一个文本的意义并不在文本之后而在文本之前。意义并不是某种被隐藏的东西，而是被敞开的东西。通过文本的非表面指称，引起理解的东西正是指向一个可能的世界的东西。……解释因而变成了对那种由本文的非表面指称所敞开的可能的世界的理解。"② 可以看到，这种解释的观念与浪漫主义诠释学把解释看做作者心理体验的重构的观念相反，解释的对象超出了读者与作者的主观视域，而指向更广阔的文本世界。不过，这并不是说解释不再是自我解释，而是说，自我只能在文本及其世界面前来理解自己。文本及其世界扩展了自我的视域，自我只有先失去自身，才能复归自身。可以发现，这正是前文提到过的"占有"。

---

① Paul Ricoeur, *Hermeneutics and the Human Sciences*, Edited, Translated and Introduced by John B. Thompson, Cambridge University Press, 1981, p. 177.

② Ibid..

　　因此，文本解释所展现的解释模型即是占有，它是在文本的世界的揭示与自我的揭示的辩证法。这种解释的占有模型在何种程度上适用于隐喻呢？利科认为，我们可以通过回到亚里士多德的隐喻的诗学理论来探讨这一问题。如前文所述，亚里士多德的隐喻理论同时涉足了修辞学与诗学的领域。隐喻的修辞学理论仅仅是亚里士多德的隐喻研究中的一个方面。我们还必须注意到他对隐喻的诗学研究。而诗学所涉及的对象正是文学作品。利科指出，在《诗学》中，隐喻被置于"陈述"（lexis，或译措词、言语等）的标题之下。亚里士多德诗学中的陈述指的是"格律文的合成本身"①与"用词表达意思"②。具体来看，它包括普通词、外来词、隐喻词、装饰词、创新词、延伸词等等。这表明，隐喻属于词的非普通用法之一。不仅如此，陈述还构成了悲剧的六要素之一。而在亚里士多德指出的悲剧六要素中，情节（muthos）占据了核心的地位。因此，在文学作品中，陈述——包括隐喻只有同情节联系在一起才是有意义的。情节本身构成了悲剧的结构特征，因而可以被看做是悲剧意义的含义部分。不过，情节在根本上又是与模仿（mimesis）联系在一起：情节就是对行动的模仿。而模仿则涉及悲剧意义的指称。利科认为："亚里士多德的模仿概念已经包含了指称的全部悖论。一方面，表达了已经存在的人类行为的一种世界；悲剧注定要表达人类的现实，表达生命的悲剧。但另一方面，模仿并不意味着对现实的翻版；模仿不是复制，模仿是诗，也就是建构、创造。"③因此，悲剧的模仿，不仅旨在恢复人的本质，而且旨在恢复其更伟大、

---

　　①　亚里士多德：《诗学》，陈中梅译，商务印书馆1996年版，第63页。
　　②　同上书，第65页。
　　③　Paul Ricoeur, *Hermeneutics and the Human Sciences*, Edited, Translated and Introduced by John B. Thompson, Cambridge University Press, 1981, pp. 179 – 180.

更高尚的方面。这与文本解释的世界的揭示与自我的揭示的辩证法是一致的。悲剧的模仿同样表现为一种双重的结构。而正是在这一点上，隐喻可以视为建立在模仿的基础之上的。模仿使人类行为显得比现实中更高尚，而隐喻的特殊程序则使语言抬高到它自身之上，在这两者之间存在着一种深层的亲和力。因此，在亚里士多德的诗学中，隐喻在文学作品的内部和作品自身的三个特征相联系：陈述的其他形式；作为作品含义的情节；以及作为作品整体意向性的模仿。在利科看来，这也就意味着，隐喻在词语、含义和指称的层面上都是与作品相关的。因此，与文本的指称世界相关联的作为占有的解释，同样适用于隐喻。

综上所述，在隐喻与文本之间是一种交互的关系。隐喻的说明，构成了文本说明的一种范例，而文本的解释，则揭示了隐喻解释的关键。这种交互关系可以视作文本自身的整体与部分的诠释学循环的交互关系："如果局部的隐喻的解释由作为整体的文本的解释来阐明，并由该作品所筹划的世界来澄清，反过来看，作为整体的诗的解释也是由作为文本的局部隐喻的说明所控制的。"① 正是在此意义上，利科指出，在诠释学的范围内，我们可以把隐喻看做一种"缩微的作品"，而作品则可以被看做是一种"被强化或扩大的隐喻"②。隐喻与文本的关联本身就是一种诠释学的关联。

三 隐喻的真理

对隐喻与文本之间的诠释学关联的揭示，是在作为文本诠释学的基本概念的说明与解释的基础上作出的。它们分别与意义的

---

① Paul Ricoeur, *Hermeneutics and the Human Sciences*, Edited, Translated and Introduced by John B. Thompson, Cambridge University Press, 1981, pp. 180 – 181.

② Ibid. , p. 167.

含义层面的语义创新和意义的指称层面的世界指称相关。利科认为，前者构成了诠释学的语义学基础，后者才是诠释学的中心问题。因此，隐喻理论从语义学向诠释学的过渡，实际上就是从含义说明到意义解释，从语义创新到世界指称的过渡。而正是在指称问题这里，我们遇到了真理问题。利科称之为"隐喻的真理"。既然隐喻与作品有一种诠释学的同构的关系，那么，隐喻的真理同时也就是作品的真理。

在利科看来，隐喻的语义创新特征为我们开启了通向真理问题的路径。但是，隐喻的语义创新的问题是一个尚未完全解决的问题。尽管通过对布莱克与比尔兹利的隐喻作用理论的批判，利科已经向我们表明，隐喻的新的意义不是从任何既成的常识系统和涵义系列中汲取和引出的，而是隐喻话语自身的创造，并借助解释者的参与和建构得以实现，但是，隐喻的语义创新的机制本身仍然是晦暗不明的。利科认为，这需要重新引入在隐喻修辞学的替代理论中占有重要地位的"相似性"的概念来解决。

如前所述，在传统修辞学的隐喻研究模式中，相似性乃是隐喻的替代范例的基本结构，它是在名称的隐喻转换中发挥作用的替代的基础。因此，相似性概念实际上构成了传统修辞学的隐喻研究的核心概念。但是，有如隐喻的修辞学研究的词语优先性假设妨碍了它正视隐喻的述谓性质一样，其相似性概念也带来了诸多无法解决的理论困难。[①] 因此，必须把相似性概念和隐喻陈述的相互作用理论结合起来。利科指出，这种结合的困难在于，相互作用理论首先强调的是作为隐喻陈述的基本动力因素的语义不一致性，这恰恰与相似性概念所蕴涵的一致性、同一性相矛盾。不过，在利科看来，也恰恰是这一矛盾，表明了相似性是一种在

---

① 参见利科《活的隐喻》，汪堂家译，上海世纪出版集团 2004 年版，第 238—257 页。

相互作用理论中比在替代理论中更为必要的因素。语义的不一致性引发了隐喻陈述内在的语义冲突，因而使得隐喻表现为意义之谜，但是，"隐喻意义本身并不是语义冲突，而是回应这种挑战的新的适当性"①。也就是说，隐喻不仅是意义之谜，而且是意义之谜的解决。如何解决呢？如何从语义的不一致性转换为语义的新的适当性呢？这就需要借助于相似性的语义学方面的功能。在利科看来，相似性的语义学功能是和"形象化"的问题关联在一起的。亚里士多德曾经指出，善于使用隐喻就是善于"看出"事物之间的"相似之处"②。利科认为，这里的"看出"，就隐含了形象化的因素。事实上，丰塔尼埃就直接把隐喻看做一种话语的形象化表达。③ 不过，利科指出，这里的形象化不仅是心理学意义上的，而且是语义学意义上的。借助康德的创造性想象与图式概念，形象表现了语词的维度："在成为减弱的知觉对象的场所之前，它就成了新生的意义的场所。"④ 而形象、图式在根本上是与相似性联系在一起的："图式是显示归属关系的东西，是赋予它形体的东西。……它是语义类似性的载体。这样，它有助于解决在字面意义层次上被发现的语义的不一致性。"⑤ 隐喻作为话语的形象化表达与隐喻陈述中的语义冲突构成了同一过程的正反两面。语义冲突消除了原有的部分逻辑界限，打破了事物的僵化类别，与此同时，形象化的表达在原有界限的消除之上又建立了新的界限，在原有的意义的废墟上又建立的新的意义。不仅如此，话语的形象化表达本身就隐含了语义的偏离过

---

① 利科：《活的隐喻》，汪堂家译，上海世纪出版集团2004年版，第266页。
② 亚里士多德：《诗学》，陈中梅译，商务印书馆1996年版，第158页。
③ 参见利科《活的隐喻》，汪堂家译，上海世纪出版集团2004年版，第69—74页。
④ 利科：《活的隐喻》，汪堂家译，上海世纪出版集团2004年版，第274页。
⑤ 同上书，第275页。

程，因而正是形象化表达促成了话语冲突的语义场的产生。因此，正是借助形象化的功能，相似性概念结构"将同一性与差别性对立和统一起来"①。这种同一性与差别性的对立和统一，正是隐喻的意义创新的基本机制。

通过相似性概念的讨论，隐喻的语义创新机制被揭示出来。可以看到，这一机制本身也表现为一种双重化的结构。这种双重化和我们在前文通过从解释的观点出发经由文本延伸到隐喻的指称的双重结构有着相似之处。事实上，在利科看来，正是前者为后者提供了首要的支持："构成隐喻意义的方式提供了将指称双重化的钥匙。"② 首先，指称的双重化是由意义的双重化所引发的。隐喻陈述的表面的语义不一致性不仅导致了字面解释的失败，也导致了隐喻陈述的更新了的意义的产生，因此，"我们难道不能说，隐喻的解释在使语义的新的适当性突然出现于字面意义的废墟之上时，由于消除了符合陈述的字面解释的指称，也产生了新的指称目标？"③ 进一步来看，隐喻的语义创新的相似性机制同样贯穿于隐喻指称的两个层次之间："隐喻的意义设定了迄今遥远的意蕴之间的一种'近似'。现在，我还要说，一种新的实在观的出现。正是源于这种近似。"④ 也就是说，我们之所以可以借助一级指称的中介过渡到二级指称，之所以一级指称的退隐能敞开二级指称的世界，同样是因为这两个层次的指称之间具有一种相似性。问题在于，这种相似性是什么样的相似性呢？相关的问题是，隐喻指称是一种什么样的指称呢？利科试图通过对古德曼的隐喻的符号理论和布莱克与赫西的隐喻的模型理论的

① 利科：《活的隐喻》，汪堂家译，上海世纪出版集团2004年版，第270页。
② 同上书，第316页。
③ 同上。
④ 利科：《隐喻过程》，见刘小枫主编《20世纪西方宗教哲学文选》，上海三联书店1991年版，第1061页。

讨论来回答这些问题。

　　古德曼在《艺术语言》一书中阐述了一种一般的符号理论。在他看来，指称功能是符号的普遍功能，而符号正是凭借其指称功能组织世界与再造现实。因此，这种符号理论事实上也可以称作一种普遍化的指称理论。古德曼认为，隐喻是符号理论的主要方面，直接处在指称的框架之中。那么，隐喻是一种什么样的指称呢？在古德曼看来，指称的概念有两种定向：从符号到事物；从事物到符号。前者是日常语言的指称方式，即给事物贴上"标签"。后者则是隐喻和艺术作品的指称方式，"它在于起例示作用，即把意义表示为某种事件所具有的特性"①。比如，一幅表达悲哀的灰色的画，灰色在此就起着一种悲哀的例示的作用。因此，这里的指称是一种反向的指称。悲哀在此成为灰色的反向的指称，而灰色在此成为悲哀的"样本"。古德曼进一步指出，从正向的指称的角度来看，说一幅画是悲哀的是贴上了一个错误的标签，但从反向的指称来看，标签的错误意味着重新给了一个标签，"由于贴错了标签而导致的文字错误通过重贴标签而变成了隐喻的真理"②，作为贴错的标签的悲哀和作为悲哀的样本在此是适切的。而之所以如此，是因为隐喻的指称在此暗中发动了一种转换，即整个情感领域与视觉领域的转换，即在情感领域中重组了视觉的秩序。因此，悲哀在此作为隐喻和颜色一样真实。字面的假乃是隐喻的真的一个要素。如果结合到相似性来看，这与其说是隐喻寻找和表达相似性，不如说隐喻创造了相似性。不过，利科指出，古德曼对隐喻指称、相似性以及隐喻真理的思考受到了他的唯名论与实用主义的影响，因而既没有充分考虑艺术作品的隐喻中的日常指称的消失，也没有发现隐喻指称对现实的

---

①　利科：《活的隐喻》，汪堂家译，上海世纪出版集团2004年版，第321页。

②　同上书，第324页。

重新描述，也不能充分解释隐喻的语义创新的适当性，因此，必须得到布莱克、赫西的隐喻的模型理论的补充。事实上，在利科看来，正是这种补充对隐喻指称及其真理问题具备根本的重要性。

所谓隐喻的模型理论，就是隐喻与模型之间的亲缘关系的理论。布莱克把模型分为三个等级：比例模型、类比模型与理论模型。与隐喻具有亲缘关系的是理论模型。在科学语言中，理论模型的功能在于引入一种新的语言对原有事物进行描述，并将此描述得出的模型应用到实在领域之中以此发现或检验新的联系。因此，这种理论模型一方面是虚构的，另一方面是具有启发性的：理论模型"本质上是起启发作用的工具，它旨在通过虚构消除不适当的解释并为更适当的新解释开辟道路"[1]。比如，麦克斯韦把电场描述为"一种想象的不可压缩的流体"就是一种颇具启发性的虚构的模型。布莱克认为，隐喻陈述的功能就近似于这种理论模型在科学语言中的功能。在此基础上，赫西指出："我们必须修改和完善科学说明的演绎模型并把理论说明看作对解释的对象领域的隐喻性描述。"[2] 利科认为，赫西的这一观点强调了两个方面。首先是"说明"。如果理论模型像隐喻一样引入了新的语言，那么，它的描述就需要说明。不过，这种说明不是必然性的演绎，而是对相似性——描述与被描述事物之间的同构性——的解释。其次是"重新描述"。事物以某种有待说明的方式与模型的可描述性质统一起来，模型的使用即是事物的重新描述。这意味着由模型使用提出的问题实际上就是隐喻指称的问题。隐喻的指称因隐喻陈述而得到描述，并且随隐喻的描述而变

---

① 利科：《活的隐喻》，汪堂家译，上海世纪出版集团 2004 年版，第 329—330 页。

② 转引自利科《活的隐喻》，汪堂家译，上海世纪出版集团 2004 年版，第 332 页。

化。描述的结果是：事物就是这个样子。由此可见，通过理论模型，隐喻指称的机制再一次被揭示为相似性，即模型描述的相似性。这种相似性具有一种网络结构，因为理论模型本身就是一个复杂的陈述网络。不仅如此，隐喻的启发式虚构与重新描述之间的联系被突出出来。利科指出，这种联系的突出再一次把我们引回到了亚里士多德的《诗学》。在亚里士多德那里，隐喻作为陈述的一种与悲剧的情节与模仿是关联在一起的。情节的基本特点就是它的顺序性、结构性与条理性，而正是这个情节的结构构成了模仿。此外，模仿是使人高尚的模仿，它不仅旨在恢复人的本质，而且是恢复其更伟大更高尚的方面。与此对应，"情节不仅是以比较一贯的形式对人的活动重新安排，而且是一种进行升华的创作"①。因此，悲剧的情节与模仿之间的关系岂不正是模型理论中的启发式虚构与重新描述的关系吗？悲剧的情节岂不表现出模型和隐喻的网络结构的特点，因而在本质上是隐喻性的吗？模仿作为重新描述并关联于情节的基本指称特点——如赫西所说——岂不正是"'隐喻指称'的名称"②吗？因此，隐喻作为启发式虚构与隐喻指称作为重新描述，重新向我们展示了隐喻指称的世界。

　　经过对隐喻指称的"例示"、"启发式虚构"与"重新描述"的功能的说明，我们现在可以回到我们的中心问题即"隐喻的真理"的问题上来了。隐喻凭借其相似性机制所"例示"、"虚构"和"重新模仿"的世界何以具有真理性呢？或者说，这样的一种真理是什么样的真理呢？利科认为，这要求我们把握住始终贯穿于其隐喻研究之中的作为指导线索的张力理论。所谓张力理论，实际上就是相互作用理论，或者说是由相互作用理论扩

———————————————

① 利科：《活的隐喻》，汪堂家译，上海世纪出版集团2004年版，第53页。
② 同上书，第336页。

展而来的。利科指出，在我们的隐喻研究中已经出现了三重张力：1. 陈述的张力。即隐喻陈述中内容与表达手段、焦点与框架、主词与修饰词之间的张力。2. 解释的张力。即被表面的语义的不一致性所破坏的字面解释与意义重新突现的隐喻解释的张力。3. 相似性的张力。即作为隐喻语义创新机制以及指称关联的相似性中的同一性与差异性之间的张力。可以看到，这三者在紧密关联的同时又有着层次上的差别。陈述的张力停留在陈述意义的含义的单纯的语义学层次；解释的张力则不仅涉及了隐喻陈述的双重意义反思的层次，而且初步涉及了隐喻指称的问题；而相似性的张力则不仅深入到了隐喻陈述的语义创新的基本机制，而且还深入到了隐喻指称本身的发生机制之中。在利科看来，正是张力的第三个层次最明确的向我们展现了隐喻真理的可能。从作为语义机制的相似性来说，作为同一性与差异性的张力，相似性概念已经突破了把隐喻的述谓关系看作认同关系的观念。推而广之，"'是'、'称为'、'命名'、'做'、'认作'或'代表'也不是认同关系。这些关系本质上是系词关系"①。因此，相似性的张力实际上也就是系词功能中的张力，即关联意义的"是"与"不是"的张力。但是，相似性不仅是隐喻语义创新的机制，还是隐喻指称发生的机制，还与隐喻指称的"例示"、"启发式虚构"与"重新描述"功能相关。这表明系词"是"必须突破它的关联功能："它还意味着，现在'是'的东西通过述谓关系而被重新描述；它说，事物原本是如此。"② 因此，"隐喻过程影响的不仅是词项，也不仅是系词的指称功能，而是动词'是'的存在功能"③。而这也就是说，相似性概念所启示的隐喻的真

---

① 利科：《活的隐喻》，汪堂家译，上海世纪出版集团 2004 年版，第 284 页。
② 同上书，第 340 页。
③ 同上书，第 341 页。

理，在根本的层面上，正是"是"——"存在"的真理。隐喻所"例示"、"虚构"和"重新模仿"的世界是在存在层次上所展现的可能的世界，因而也就敞开了存在的真理。也正是隐喻陈述之"是"的存在功能，承诺了隐喻指称所展开的可能世界的真理性。当然，这里的"是"是保留了"不是"的"是"，就像相似性的张力中的"同一性"是保留了"差异性"的"同一性"，解释的张力中的有意义的"隐喻解释"是保留了无意义的"字面解释"一样。因而，隐喻的真理作为存在的真理同样具有张力的特征："除了把'不是'的临界点引入'是'的本体论的强烈色彩中，没有其它方式去公正地对待隐喻的真理概念。"[1]

　　正如隐喻是微缩的诗一样，隐喻的真理也可以放大为诗——艺术的真理。实际上，理论模型所揭示的隐喻的网络结构，正是诗的隐喻性结构："这种隐喻的网络不是飞逝的，而是经久的，它使诗歌成为一个连续、持久的隐喻。"[2] 而且，诗使得隐喻指称的"例示"、"启发式虚构"与"重新描述"的特征更为突现。在亚里士多德那里，悲剧岂不正是情节与模仿的统一的结果吗？还有什么样的话语类型，能够像诗一样在彻底地悬置日常指称的世界的同时，又"例示"着一个更为根本的世界，"重新描述"着一个我们都能居住于其中的可能的世界呢？因此，"诗歌把世界当成我们生活于其中的世界来谈论；它以不同方式构造出我们的生活态度。正是在这个意义上，诗歌谈论真理。但真理在此不再意味着可证实。诗歌并不提出什么理解与事物之间的等价。在诗歌中，真理意味着表明存在的东西，而被表明的东西就

---

　　① 利科：《活的隐喻》，汪堂家译，上海世纪出版集团2004年版，第351页。

　　② 利科：《言语的力量：科学与诗歌》，见胡经之、张首映主编《西方二十世纪文论选》第三卷，中国社会科学出版社1989年版，第301页。

是我们在存在中存在的态度。"① 不仅如此，隐喻的真理的张力
特征同样在诗这里以最为激烈的形式表现出来。诗就是"活的
隐喻"的典范。正是诗的话语使得存在的所有静态的可能性显
现为绽放的东西，使得行为的所有潜在的可能性表现为现实的东
西。因此，"一方面，诗，本质上并且独自地，为思想提供了
'具有张力的'真理观的轮廓；后者概括了语义学所揭示的各种
'张力'：主辞与宾词之间的张力，字面解释与隐喻解释之间的
张力，同一性与差异性之间的张力。其次，它把这些张力纳入了
有关二重的指称的理论中；最后，它使这些张力最终演变为系词
的悖论，按照这种悖论，作为所指的存在既'存在'又'不存
在'"②。

---

　　① 利科：《言语的力量：科学与诗歌》，见胡经之、张首映主编《西方二十世
纪文论选》第三卷，中国社会科学出版社 1989 年版，第 304 页。
　　② 利科：《活的隐喻》，汪堂家译，上海世纪出版集团 2004 年版，第 438 页。

第五章　真理的反思:诠释学的艺术哲学批判

　　在前面的章节里，我们追溯了古代、近代诠释学与艺术问题的关联;讨论了由海德格尔所引发并由伽达默尔所完成的诠释学的存在论转向及其现代经典理论形式——哲学诠释学，正是在这里艺术哲学表现为诠释学哲学的一个基本的向度;我们还进一步讨论了围绕伽达默尔的哲学诠释学展开的几次重要的诠释学论争，从中我们可以经验到现代诠释学哲学及其艺术哲学向度所展示出的广阔的问题域;此后，我们对现代诠释学哲学的另一杰出代表利科的诠释学的迂回之途的构想及其以文本理论为核心的诠释学哲学理论进行了考察，后者本身就构成了一种文本诠释的艺术哲学。但是，我们的已经相当冗长的探究，并未囊括现代诠释学哲学的全域。作为诠释学哲学在神学领域的拓展的布尔特曼等人的神学诠释学，以及赫施之外的诸多施莱尔马赫与狄尔泰诠释学哲学构想在20世纪的追随者的理论，都没有纳入我们的研究之中。更遗憾的是，诠释学哲学的当代发展的几位代表人物，即被笼统地列入"新诠释学"思潮的几位重要哲学家，比如美国的罗蒂、意大利的瓦蒂莫、德国的弗兰克等人的思想，也未能进入我们的讨论。不过，尽管诠释学哲学作为开放的思想论域已经渗入了当代文化意识的各个方面，并且本身还处于持久的发展流变之中，我们仍然不得不承认，诠释学的哲学的全盛时期，或者说，最具创造力的时期，已经过去了。事实上，西方现代诠释学最具活力的时期应该是 20 世纪六七十年代：除了海德格尔的持续的影响之外，伽达默尔的里程碑式的巨著《真理与方法》的出版，围绕伽达默尔的哲学诠释学的论争，利科的视野宽广、博大弘深的诠释学探究及其主要诠释学著作的写作和问世，以及德里达所掀起的解构理论的风暴，大部分都集中在这一时期，而现代诠释学哲学的最重要的一些观点、命题和思想，也都在这一时期得以提出。因此，把我们的研究范围限定在这一时期，是有其合理性的。

　　但是，我们的研究是一种批判性的研究，或者更准确地说，是以艺术真理问题为核心的批判性的研究。在此，批判首先意味着划界，意味着局限分析，也就是划定边界、寻找限度。如果艺术真理问题构成了现代诠释学的艺术哲学向度的基本线索与核心，那么，现代诠释学的艺术真理论的边界与限度，也就是现代诠释学的艺术哲学向度的边界与限度，进而也指引着、关联着现代诠释学哲学本身的边界与限度。因此，厘定现代诠释学的艺术真理论的边界与限度，构成了我们在本章的首要的任务。不过，理论批判的有效性并不仅仅在于划定边界与局限分析本身，更在于理论的批判蕴涵着新的理论的诞生的可能。这意味着，对现代诠释学的艺术真理论的限度的厘定，仅仅构成了我们的批判的起点。更重要的步骤是，在批判的逐渐地展开中，在艺术真理问题本身的引导之下，凸显出与对此理论限度的深入认识相关联的新的可能的理论前景。这也就是说，批评在此不仅仅是划界，而是由问题本身所引导的一种"穿越性"的尝试和努力。

第一节　理解的真理及其反思

　　厘定现代诠释学哲学的艺术真理论的限度所隐含的一个前提是：有可能把现代诠释学在艺术真理问题上的诸不同路向的探

究，把握为具有一定程度的系统性的理论关联体。我们把这一理论的关联体称为"理解的真理"。也就是说，在现代诠释学哲学视野中，艺术的真理即是理解的真理。这样的理论构造在诠释学发展的事实性上是可能的吗？如果是可能的，该构造本身由一些什么样的层次和要素组成呢？只有回答了这两个问题，我们才能谈到"理解的真理的限度"。

一 理解的真理的线索

现代诠释学的艺术真理作为理解的真理的观点，实际上已经贯穿在我们各个章节对诸诠释学哲学及其艺术哲学向度的考察之中了。总的来看，诠释学作为理解与解释之学，其对真理的实践上或理论上的探究必然是与对理解与解释关联在一起的。但是，"理解的真理"的说法则进一步设定了真理与理解的本质上的相属关系。这就是说，理解在此不是外在于真理的东西，而就是真理本身的本质的构成要素；同样，真理也不是外在于理解的东西，而就是理解之为理解的基本的前提与基础。而这也就是说，只有在诠释学本身发展为一种哲学的时候，才有可能谈论"理解的真理"，因为哲学就是真理之学，就如亚里士多德所言，"把哲学称之为真理的知识是正确的"①。因此，对理解的真理的讨论是从施莱尔马赫和狄尔泰才开始的。不过，无论是在施莱尔马赫那里，还是在狄尔泰那里，理解与真理的关系始终是模糊不清的。就狄尔泰的诠释学来说，一方面，理解作为区别于自然科学的说明方法的精神科学的独特方法，是达到精神科学的真理——包括艺术真理的必要的手段与途径，而也正是在此意义上，诠释学才得以成为精神科学的方法论前提与认识论基础；另

---

① 亚里士多德：《亚里士多德全集》（第七卷），苗力田主编，中国人民大学出版社1997年版，第59页。

一方面，精神科学的真理本身是按照科学主义的客观性模式建立起来的，因而，精神科学的真理并不依赖诠释学的经验，而是客观独立于理解的方法和途径之外的。这正是伽达默尔所指出的狄尔泰的生命哲学倾向与科学主义的认识论倾向的尖锐矛盾的集中体现。而这也就表明，只有彻底的诠释学的存在论转向，即把理解确立为此在生存的基本存在方式，而不仅仅是一种达到客观知识的方法论途径与手段，才能真正把真理确立为理解的真理。

理解的真理的观念在海德格尔这里才被从哲学的根本层面上建立起来。海德格尔在《存在与时间》一书中指出，理解（领会）乃是此在的"此"的生存论建构的基本环节之一，它与"现身情态"一起构成了此在去是它的"此"的两种同等源始的方式，并同等源始地由话语加以规定。进一步来看，此在的理解与现身情态之间又是一种相互缠结的关系，理解是现身的理解，现身是理解的现身，两者统一在"被抛的筹划"的存在结构之中，而被抛的筹划即是此之在的生存论建构。因此，理解在此不是一种主体性的行为，而就是此在的存在本身："领会是此在本身的本己能在的生存论意义上的存在，其情形是：这个于其本身的存在开展着随它本身一道存在的何所在。"① 这个"于其本身的存在开展着随它本身一道存在的何所在"实际上就是此在之"此"，即此在的展开状态。因此，此在展开在理解中，理解就是此在的展开。那么，何谓真理呢？在海德格尔看来，真理不是符合论意义上的命题之真，而是存在者本身的被揭示的存在，即存在者的无蔽状态之真。通俗地说，就是事物自身显现为自身之真。但是，事物显现自身或者说存在者被揭示的存在，只有在此在的展开状态中才得以成为可能。这不仅意味着只有通过此在的

---

① 海德格尔：《存在与时间》，陈嘉映、王庆节译，三联书店 1999 年版，第168 页。

展开状态才能达到存在者的被揭示的存在之真理，而且意味着此在的展开状态本身就是最原始的意义上的真理，此在的基本存在方式就是"此在在真理中"。由此可见：一方面，理解就是此在的展开；另一方面，真理即是此在的展开状态。因此，真理与理解在源始的意义上是本质共属的："真理的存在源始地同此在相联系。只因为此在是由展开状态规定的，也就是说，由领会规定的，存在这样的东西才能被领会，存在之领会才是可能的。"①

海德格尔对理解与真理的共属关系的揭示是在基础存在论的层面上进行的，因而一般地适用于此在的所有的存在领域。伽达默尔正是在此基础上，进一步把基础存在论的一般经验与哲学诠释学的具体经验即艺术、历史和语言的经验结合起来，从而明确地提出了艺术的真理即理解的真理的观点。在伽达默尔看来，艺术的经验就是艺术作品的存在的经验，因此，对艺术经验的考察必须从艺术作品的存在方式本身的考察入手。他认为，艺术作品以游戏的方式存在。游戏的本质就是自我表现。不过，游戏的自我表现同时也是"为……表现"，即为观赏者的表现。这表明，观赏者同样构成了游戏的本质因素，游戏就是把游戏者与观赏者统一在游戏中的整体。游戏的这种整体性，揭示出艺术作品的存在作为"向构成物的转化"和"象征"的意指性特征。"向构成物的转化"，就是从实在向真实的转化，从现实世界向艺术世界的转化，从日常的零乱的有限的意义经验向艺术象征的无限意味的意义整体的转化。因此，一方面，艺术游戏的表现也是被表现之物的表现；另一方面，这种表现又是一种意义的增殖。但是，这种增殖并不意味着对艺术作品存在的同一性的破坏，相反，这种意义的增殖与变迁正是艺术作品的同一性的表现："作品自身

---

① 海德格尔：《存在与时间》，陈嘉映、王庆节译，三联书店1999年版，第264页。

存在于所有这些变迁方面中。所有的这些变迁方面都属于它。所有的变迁都与它同时共存。"① 这就是说,艺术作品的存在的时间结构就是节日,即变迁与重返中的"同时性"。因此,艺术作品的存在方式就是游戏、象征与节日。问题在于,这种艺术作品的存在在何种意义上同理解与真理的经验相关呢?首先,游戏的存在把观赏者作为自身存在本质要素纳入自身,这在艺术经验的层面上就是把艺术作品的理解者及其理解活动视为作品存在的本质因素。事实上,艺术的"向构成物的转化"和作为象征的意指性特征,以及节日的时间性结构,都只有在理解者的理解与参与中才能得以实现。因此,"艺术作品就是那种需要被观赏者接受才能完成的游戏。所以对于所有本文来说,只有在理解过程中才能实现由无生气的意义痕迹向有生气的意义转换。"② 而这也就意味着,艺术经验就是存在论意义上的理解的经验。其次,艺术作品的在理解经验中的存在是一种真理性的存在。在伽达默尔这里,作品的存在作为游戏、象征与节日,是由表现的概念贯穿起来的。艺术的表现包含对表现之物的表现、自我表现与为观赏者的表现。艺术作为表现之物的表现就是向真实的转化,它在艺术作品的意义整体结构中把现实世界的实在提升为艺术世界的真实,即被展现的艺术世界的真理。艺术作为自我表现,揭示出艺术世界的真理是由艺术作品自身的存在同一性所保证的,因而真理的要求不是从外在的某处强加到艺术作品之上,而是其自身存在的基本方式。艺术作为为观赏者的表现,意味着艺术作品的真理存在不仅仅通过观赏者的理解得以实现,而且只有在观赏者的自我理解中才得以实现,艺术的真理也就是观赏者的自我理解的真理。再次,偶缘性的概念进一步揭示出艺术真理的诠释学境

---

① 伽达默尔:《真理与方法》,洪汉鼎译,上海译文出版社 1999 年版,第 156 页。
② 同上书,第 215 页。

遇。偶缘性指艺术作品的意义内容由该意义得以发生和意指的机缘条件和关联境况所规定。它构成了艺术作品的意义理解的普遍诠释学境遇，因而同时也就是艺术真理得以显现的普遍诠释学境遇。进一步来看，作为意义发生和真理显现的条件，偶缘性不是某种需要克服和清除的东西，而就是艺术作品存在本身的本质要素。因此，艺术真理不仅是普遍的诠释学境遇之中的真理，它本身就是一种意义理解的事件。这表明，在存在论和哲学诠释学的视野中，艺术的真理就是理解的真理。

　　伽达默尔所论述的艺术真理即理解的真理的观点在围绕他的哲学诠释学展开的"诠释学论争"中遭受到了挑战。但是，这些论争与挑战，并没有真正否定理解的真理，毋宁是在多层次、多角度上对理解的真理的内涵与外延的扩展。1. 针对伽达默尔的理解存在论及其理解的真理的观点，赫施重提了认识论意义上的理解与解释的有效性以及与之相关的符合论的真理的问题。他区分含义与意义，就是要为理解的真理的客观性、正确性确立一个绝对的标准和稳固的原点。理解的真理是由客观的含义及其正确的解释来保证的："所有真正的科学其理论目的就是获得真理，其实践目的就是使人对此真理达到一种默契。这就是说，真理是大致地获得的，因此，一切真正科学实践的目的就是一种认可——对一组推论比其他推论更具或然性这一点获得一种根基牢固的默契——而正确解释的目的就正是这种认可。"① 当然，就赫施本人的意图来说，他不仅要论证作为正确的解释的理解真理，还试图以此完全否定伽达默尔所提出的理解存在论的真理。不过，我们已经指出，这一尝试并不成功。2. 与此相比较，阿佩尔与哈贝马斯尽管同样提出了理解与解释的有效性的标准和前提的认识论问题，但并不否认伽达默尔的理解的真理的观点的重

---

　　① 赫施：《解释的有效性》，王才勇泽，三联书店 1991 年版，第 3 页。

大意义，而仅仅是对其普遍性的要求以及拒绝认识论与方法论的探究的极端态度加以质疑。在阿佩尔看来，理解的真理不仅是存在论的真理，也是认识论的真理。因此，理解的真理不仅需要理解的存在性、历史性、语言性的经验的洞见，而且需要在认识论层面上对其认识的有效性的可能性条件的先验探究与终极论证。阿佩尔求助于"无限的解释共同体"的概念来进行这样的先验论证。这一无限的解释共同体，既是历史性的，也是规整性的。也就是说，作为知识的普遍有效性的保证的研究共同体的真理一致性在这里被转换成无限探究过程的目标，进而反过来对知识探究起到一种规整性的作用。在此基础上，阿佩尔对伽达默尔的彻底的历史性的理论及其理解与应用的统一等观点进行了批判，认为它们难以为诠释学与人文学科的知识真理提供终极根据与判断标准。3. 哈贝马斯对伽达默尔的批判与阿佩尔的批判有相当的一致之处。不过，在阿佩尔强调先验性的地方，哈贝马斯更强调普遍性。因此，在哈贝马斯看来，有必要从意识形态批判出发对伽达默尔所说的哲学诠释学普遍性加以限制，也就是用批判的普遍性来对理解的普遍性进行限制。他认为，伽达默尔的理解经验的普遍性因为与传统、权威等过于紧密的关系而有政治的保守主义之嫌，同时，其诉诸于语言的日常交往结构也无法解决意识形态因素造成的"一贯被扭曲的交往"的问题。但是，正如我们在前文所分析，伽达默尔与哈贝马斯的"理解与批判之争"既有歧异，又有互补。在真理问题的层面上，两者表现为理解的真理存在论与批判的真理共识论的歧异与互补。就后者而言，两者构成了一种双向互补的关系。4. 即使是在诠释学的最为激进的路向的代表者德里达这里，理解的真理也被以一种迂回和延迟的模棱两可的方式被保存下来了。一方面，真理概念正是德里达试图解构的传统哲学的形而上学与逻各斯中心主义的最核心的"先验所指"之一，但在另一方面，解构作为双重书写，恰恰以真理的存在及其价值作为前提。因此，真理的解构本身同时也是真理的证实。真理被置于意义的绝对的不确定性之中，但真理并未被否定，而是被延宕："超出我们的逻各斯来设置一个如此暴力性的延异——它因此既不能被质询为存在的时间性，也不能质询为本体论差异——决不是摒弃通往存在的真理之途，也不是'批判'、'抵制'或误解它永远的必要性。相反，我们应该呆在这条路径的困境中，并在对形而上学严格的理解中来重复它，不论形而上学是在哪里对西方话语进行规范化，而不仅仅是在'哲学史'的文本中。"[①] 进一步来看，艺术作品的真理正是在永无止境的意义理解之途被作为理解本身的成分而被保存下来。真理被文本用文字作为其功用记述在文本自身的运作中，而文本的运作正是意义本身的无尽延异与撒播，因而，真理本身成为一种多重的、矛盾的、不确定的符号的符号、标记的标记："它是一个踪迹，是抹擦踪迹的踪迹。"[②] 可以认为，在德里达这里，把理解的真理的不确定性、开放性的方面推向了极端。尽管如此，不确定的真理仍然是真理，就像不确定的意义仍然是意义一样。

　　如果说理解的真理的观点在伽达默尔那里得到了最坚决最深刻的辩护，那么，这一观点在利科这里则得到了最系统最完备的说明。也正是在利科这里，诠释学论争所展现出的理解的真理的多元维度与广阔的问题域，得到了一定程度上的有效的调解与综合。尽管利科决意走一条不同于海德格尔与伽达默尔的理解的存在论的捷径的迂回的道路，但他仍然把存在层次的探究看作诠释学的迂回之途所目向的终点。这表明，他在诠释学哲学的根本层次承认了理解的存在论及其真理。而在漫长的从语义学的出发点

　　[①]　德里达：《延异》，见汪民安等主编《后现代性的哲学话语——从福柯到赛义德》，第86页。

　　[②]　同上书，第88页。

到反思的层次的中介的路途上，利科又把方法论与认识论的因素引入到了理解的真理的构造之中。在方法论的层面，从古老的圣经文本、法律和历史文献的注释学诠释学到施莱尔马赫与狄尔泰的重构作者精神或生命体验的客观化表达的方法论诠释学，从弗洛伊德的挖掘被压抑的无意识内容的精神分析诠释学到列维—斯特劳斯的对诸意义构成单元的构成关系的分析的结构主义范式，都获得了其作为诠释学的可能性要素的基本合法性。在认识论的层面上，解释—反思的认识论即批判的认识论，因而，哈贝马斯与阿佩尔的意识形态批判理论同样可以挪用于诠释学的理解的真理的构造。而在对文本自身的运作方式的深入探究中，利科的文本结构的诠释学也在一定程度上构成了对德里达的文本解构的诠释学的回应。不仅如此，在"隐喻的真理"的概念中，我们可以看到艺术真理作为理解的真理的最为系统的说明：隐喻的真理在根本层次上是理解存在论的真理，即"是"与"不是"的张力的真理，但是，它也包括了认识论与方法论的层面，前者指的是被表面的语义的不一致性所破坏的字面解释——反思与意义重新突现的隐喻解释——反思的张力，后者则是属于语义学领域的隐喻陈述中的内容与表达手段、焦点与框架、主词与修饰词之间的张力。因此，隐喻的真理放大为诗——艺术的真理之时，艺术的真理就囊括了这三个层面："一方面，诗，本质上并且独自地，为思想提供了'具有张力的'真理观的轮廓；后者概括了语义学所揭示的各种'张力'：主辞与宾词之间的张力，字面解释与隐喻解释之间的张力，同一性与差异性之间的张力。其次，它把这些张力纳入了有关二重的指称的理论中；最后，它使这些张力最终演变为系词的悖论，按照这种悖论，作为所指的存在既'存在'又'不存在'。"①

---

① 利科：《活的隐喻》，汪堂家译，上海世纪出版集团 2004 年版，第 438 页。

二 理解的真理的构造

既然在利科的诠释学理论中艺术真理作为理解的真理的观点得到了最为系统完备的说明，那么，我们也就可以参照利科对诠释学真理的构想来解说我们所说的作为具有一定程度的系统性的理论关联体的"隐喻的真理"的构造。这种构造可以从哲学层次、存在畿域、经验类型三个方面来说明。

（一）哲学层次：存在论—认识论—方法论

在上文对理解的真理的线索的梳理之中，我们可以看到，理解的真理，或者说作为艺术真理的理解的真理，实际上涉及了三个不同的哲学层次：存在论、认识论与方法论的层次。无疑，存在论层次是最为根本的层次。因为，只有在存在论的层次上把理解确立为此在的基本存在方式，把真理视为此在的展开状态以及存在者的被揭示的存在，理解才能在本质上与真理以及艺术的真理关联起来。存在论的探究为理解的真理提供了最彻底的论证。不过，这并不意味着存在论是唯一的层次。艺术真理作为理解的真理不仅要求存在论的奠基，它也要求在认识层面的有效性的经验的或先验的效度。因为我们必须回答这样的问题：对艺术作品的解释的真理性可以怎样决定？对一件艺术作品的不同断言之间的真理程度如何判定？众多相互冲突的真理断言能够得到调和吗？这些问题实际上就是理解的真理在认识论层面上的有效性的问题，因而也就是诠释学的认识论与方法论中的真理有效性的问题。这也就是说，理解的真理不仅是存在的真理，也是认识的真理与方法的真理。可以看到，在围绕伽达默尔的哲学诠释学展开的诠释学论争之中，以及在利科的诠释学的迂回之途的构想中，认识论与方法论的问题构成了关注的焦点。当然，这种关注不同于理解存在论的提出之前的近代诠释学的认识论与方法论思考。一方面，理解的存在论构成了现代诠释学的认识论、方法论思考的基础与终点；另一方面，现代诠释学的认识论、方法论思考也最大限度地与现代人文科学如语言学、符号学、精神分析学、社会学等知识成就关联起来，展现了最大的幅度与广度。利科的诠释学可以视作这两个方面的有效的综合。

（二）存在畿域：世界—自我—文本

在理解存在论的层面上，理解的真理是直接与世界联系在一起的。这里的世界并不是作为现成存在的存在者之总体的世界，而是意义的世界，即胡塞尔的"生活世界"与海德格尔的"在世界之中"的世界。意义的世界是一个意义连续性的整体。正是在艺术作品的存在之中，意义世界被揭示为意义整体，因而被揭示为被揭示的世界的真理。伽达默尔称之为"向构成物的转化"："向构成物的转化就是指，早先存在的东西不再存在。但这也是指，现在存在的东西，在艺术游戏里表现的东西，乃是永远真实的东西。"① 利科则把它描述为一级指称的日常世界的退隐与二级指称的真实世界的显现："这种指称的显示特征的消除无疑使得我们称作'文学'的这种现象成为可能，文学可以消除所有的与给定现实的关联。……但是，这样的话语指向了比我们的日常话语所达到的描述、表态和教诲的层次更为根本的层次。在此我的观点是，由小说与诗所引发的一级指称的消灭，为二级指称的解放提供了可能，它不仅在控制对象的层次上达到了世界，而且在达到了胡塞尔用'生活世界'的表述和海德格尔用'在世界之中'的表述所指的那个层次上的世界。"②

但是，正如这里所暗示的，在诠释学这里，世界以及世界的

---

① 伽达默尔：《真理与方法》，洪汉鼎泽，上海译文出版社 1999 年版，第 144 页。

② Paul Ricoeur, *Hermeneutics and the Human Sciences*, Edited, Translated and Introduced by John B. Thompson, Cambridge University Press, 1981, p. 141.

真理的展现不是知觉直观的展现，而是在艺术与文学作品的理解中的展现，因此，世界的畿域在根本上是与诠释学的最初的领域即文本领域相关的："诠释学问题是在一种旨在理解文本——根据文本试图说的东西去理解一开始就带有其意向的文本——的学科框架内被提出的。"① 可以看到，文本的问题在利科与德里达那里都成为了诠释学思考的中心问题。尽管他们对文本的语义构成以及符号模式的理解大相径庭，但恰恰是他们的探究揭示了文本运作的建构性与解构性、文本语义的确定性与不确定性的文本理论的两级，进而弥补了伽达默尔在存在论上指明的作品的同一性与差异性、意义的确定性与不确定性的辩证法缺乏具体的认识论和语义学的说明的缺憾。

不过，文本之前的世界的展开，是理解活动中的展开，就像存在者的存在之揭示是此在的展开状态中的揭示一样，因此，文本与世界的关联还必须考虑到自我的因素。利科明确地把自我反思作为语义学层次与存在层次的中介引入到诠释学的迂回路途之中。在接近存在层次的一级，文本展开了自我与世界的辩证法；而在接近语义学或文本的一级，世界也展开了文本与自我的辩证法。世界在文本的展开中扩充了自我，而自我则在世界的展开中反思和"占有"了自身。因此，自我既不是理解的起点，也不是理解的终点。自我就是文本与世界的展开，自我理解的真理就是文本与世界的理解的真理。这样的观点与伽达默尔的观点是一致的。在伽达默尔看来，"一切理解都是自我理解，但这并不意味着原初的自我占据（self - possession）或者终极的决定性的获得。因为自我理解仅仅在理解某个论题内容时才得以实现，并且并不具有自我实现的自由特征。我们所是的自我并不自我占据；

---

① 利科：《存在与诠释学》，见洪汉鼎主编《理解与解释——诠释学经典文选》，东方出版社 2001 年版，第 247 页。

我们只能说它'发生着'（happens）。"①

　　（三）经验类型：理解—解释—说明

　　伽达默尔把哲学诠释学称为一种"诠释学经验理论"。这充分说明了经验概念在诠释学中的重要性。经验的本质是其历史性、有限性、开放性与辩证性。正是在此意义上，经验构成了属于此在生存本质的东西。尽管在伽达默尔与阿佩尔之间进行了诠释学的"经验与先验之争"，但是，一方面，诠释学认识论的先验效度的问题本身就是与经验问题相关的；另一方面，作为此在生存整体的经验概念也一定程度上包含有"准先验"的维度。因此诠释学的"经验与先验之争"并未真正质疑经验概念在诠释学中的核心地位。在伽达默尔看来，经验概念在根本上是与诠释学的普遍性问题相关的。诠释学的普遍性就是诠释学经验及其真理的普遍性。当然，这并不意味着我们可以直接把握到某种囊括此在生存全域的类似于绝对精神运动的经验总体，而是说，既然诠释学经验具有其普遍性，"那么它就应该从任何一个出发点出发都能达到的"②。这里的出发点，就是某种具体的经验。这里的具体的经验从涉及的领域来看，是无穷无际的。但是，我们仍然可以根据诠释学理论的实际探讨区分出几种基本的类型，即理解的经验、解释的经验与说明的经验。

　　理解的经验本身有广义和狭义之分。广义的理解的经验其实就是诠释学的经验的总称，而狭义的经验则特指与诠释学的存在论层面相关联的存在理解的经验。在此我们讨论的是狭义的理解经验。在理解存在论的视野中，理解的经验乃是最基本的存在经

---

　　①　Hans – Georg Gadamer, *Philosophical Hermeneutics*, Translated and Edited by David E. Linge, University of California Press, 1976, p. 55.

　　②　伽达默尔：《真理与方法》，洪汉鼎译，上海译文出版社 1999 年版，第 629 页。

验。理解的经验在此不是存在如何被理解的经验，而是理解如何存在以及理解在什么意义上就是存在的经验。此在就是这种以理解的方式存在的存在。理解就是此在的"此"，即展开状态。正是在这一存在理解的经验的层面上，理解的真理就是存在的真理。不过，理解作为此在的展开，不仅是可能性的开展，而且会"反冲"到此在之中，因而本身就具有"成形"的可能性，即演化为解释的可能性："我们把领会使自己成形的活动称为解释"①，这种成形实际上就是意义的具体化，因而最终表现在语言之中，如伽达默尔所说："一切理解都是解释，而一切解释都是通过语言的媒介进行的。"② 在他看来，正是这种由语言的世界经验所保证的理解与解释以及应用的同一性构成了最基本的诠释学经验。但是，理解与解释在同一性中也存在着差异。解释作为理解的语言化同时也是理解的概念化、命题化，理解在此从存在的问题转化为认识的问题，因此，解释在此表现出更多的认识论的色彩。可以看到，这种认识论的倾向到赫施、阿佩尔、哈贝马斯以及利科等人这里大大加强了。利科把解释与反思结合到一起，从而明确提出了"解释的认识论"的概念。在他看来，反思不是一种自我明证的直觉，而是一种中介化的行为。必须经过对象、作品、行为的中介，反思才能重新把握到自我。因此，认识论上的解释的经验其实就是反思的经验，它把意识形态批判的反思、精神分析学的反思等等都包含在其中。进一步来看，认识论的探究必然导向方法论的思考，而诠释学在最初成为哲学之时就是一种明确意识到自身的方法论。因此，解释不仅是一种反思的经验，同时也是一种方法的经验。不过，在现代人文科学，尤

---

① 海德格尔：《存在与时间》，陈嘉映、王庆节译，三联书店1999年版，第173页。

② 伽达默尔：《真理与方法》，洪汉鼎译，上海译文出版社1999年版，第496页。

其是语言学、符号学的方法论模型的启示之下，利科越来越倾向于把这种方法的经验称作"说明"。联系到文本来看，就是对结构系统的逻辑关系及其运作模式的分析与说明。可以看到，这里实际上是引入了现代思想中的所谓的"科学主义"，如符号学、结构主义等等的结构分析的方法论经验。当然，正如我们在前文所指出的，这种说明的方法模式必须最终和解释的认识论反思以及理解的存在论洞见关联在一起，在诠释学上才是有效的。利科形象地把这种关联描述为"诠释学之弧"，即说明经验、解释经验与理解经验的并列与迂回，而理解的真理也正游移在这一"诠释学之弧"的拱顶与支点之间。

三　理解的真理的限度

理解的真理的哲学层次上的完备性、存在畿域上的广泛性以及经验类型的多重性，在根本上都是与现代诠释学哲学的普遍性要求关联在一起的。这也就是说，理解的真理欲求着自身成为一种具有哲学普遍性的真理。当然，理解的真理并不企望成为黑格尔的绝对精神式的绝对总体性的真理。正如诠释学经验总是从某种具体的、特殊的经验而指向其理解的经验的普遍性一样，理解的真理本身也建立在有限性的人类本质之上。用伽达默尔的话说："正是通过我们的有限性、我们存在的特殊性，才在我们所在的真理方向上开辟了无限的对话。"① 理解的真理是从人类的有限性向语言、意义、理解的无限性开放的真理，理解的真理的普遍性是一种"特殊的普遍性"②。但是，一种有限性的理论对

① 伽达默尔：《哲学解释学》，夏镇平、宋建平译，上海译文出版社1994年版，第16页。
② 利科：《诠释学与意识形态批判》，见洪汉鼎主编《理解与解释——诠释学经典文选》，东方出版社2001年版，第449页。

有限性的承认最终必须应用于其自身，对理解的真理的普遍性的承认并不能阻止我们去追问其理论自身的限度。什么是诠释学哲学及其理解的真理的理论自身的限度呢？

在我看来，**诠释学哲学及其理解的真理的限度集中表现为"意义内在性"的问题**。这里所说的"意义内在性"有两层意思。**其一是意义的"先设定"，其二是理解的"自循环"**。所谓意义的先设定，指的是意义的预先设定。也就是说，理解总是意义的理解，因而理解作为意义理解总是预先设定了意义的存在。利科在谈到狄尔泰的生命诠释学的内在困难时写道："如果生命原本不是有意义的，那么理解就永不可能。"[①]　实际上，这一先在设定的难题是诠释学固有的难题，因而不仅仅表现在狄尔泰那里，也表现在以伽达默尔与利科为代表的现代诠释学那里。利奥塔就明确地指出，诠释学哲学在根本上依赖于一种意义与知识的"元叙事"的先设："当代的解释学话语就来自这种先设，这种先设最终保证了存在着需要认识的意义，这样它就使历史，尤其是知识的历史具有了合法性。"[②]　不管是作为此在存在方式还是主体行为，理解都不是空洞的理解，要理解首先就要"有意义"。但是，意义从何而来呢？如果意义来自理解之外，这一问题就已经超越了诠释学的边界。但如果意义就来自理解，一种从无意义而来的理解是何以可能的呢？因而，对诠释学自身来说，意义只能是一种先验的或准先验的在先设定。当然，这种在先设定在现代诠释学这里仅仅是"有意义"的设定，而不是对意义内容本身的设定。因此，这种先在设定表现为理解者的一种可变

---

①　利科：《存在与诠释学》，见洪汉鼎主编《理解与解释——诠释学经典文选》，东方出版社 2001 年版，第 249 页。

②　利奥塔：《后现代状态：关于知识的报告》，车槿山译，三联书店 1997 年版，第 73 页。

的意义预期，即"前理解"。但是，前理解本身已经是一种理解了。因此，作为理解的存在结构的理解与前理解的循环，在根本上是一种理解与理解的自循环。这也就是说，尽管我们在理解的循环中获得了理解，但理解自身却是不可理解的。不仅如此，这种理解的自循环还表现在理解与解释的循环以及理解与被理解物的循环之中。就前者而言，"对领会有所助益的任何解释无不已经对有待解释的东西有所领会"①。就后者而言，理解属于被理解的东西的存在，但被理解的东西的存在就是意义的存在，即可理解的存在，因而伽达默尔所描述的理解与被理解物的"互相运动"同样是理解的自循环的运动。可以看到，理解的自循环根本上依赖于意义的先设定，而意义的先设定则在理解的自循环中充实其自身。这表明，意义的内在性实际上也就是理解的内在性，而理解的内在性正是由意义的内在性所规定的。

　　即使在伽达默尔把理解的循环结构扩展到艺术、历史和语言的广阔领域之后，这种意义的内在性的问题仍然存在。在艺术领域，艺术的理解经验的循环性表现为艺术游戏的自我表现的存在，即游戏自身。意义先在设定则表现为游戏中的意义的先在设定：艺术作为游戏总是意义的游戏，但艺术游戏的意义则无法在自身中从"无意义"到"有意义"产生出来，因而必须以先在设定的意义作为出发点。在历史领域，理解的自循环在此具体化为效果历史的结构与视域融合的过程。这里也出现了与狄尔泰那里出现的如何将个体生命体验与社会历史的客观经验关联起来相类似的问题，即如何把此在生存层面的意义筹划运动与历史经验层面的意义效果的运动关联起来的问题。固然此在本身就是历史性的存在，但此在的意义筹划毕竟带有更多的个体在世的色彩，

---

　　①　海德格尔：《存在与时间》，陈嘉映、王庆节译，三联书店 1999 年版，第 178 页。

而效果历史的运动则超出了个体在世的层面而表现为普遍的世界历史的经验。我们是如何为普遍的世界历史运动赋予先在的意义关联的呢？或许正是为了解决这一难题，伽达默尔不得不把效果历史既看做一种存在，也看做一种意识。但是，效果历史作为意识岂不仍然需要历史意义的在先设定吗？效果历史的意识与存在的双重性岂不表露出回到历史先验论的危险吗？因此，伽达默尔最终把这一问题转移为语言的问题："理解的语言性是效果历史意识的具体化。"① 不过，这仅仅是转移了问题，并没有解决问题。语言的世界经验固然有囊括此在所有经验的普遍性，但是，语言之所以构成世界的整体经验是因为语言总是有意义的语言，那么，语言的意义从何而来呢？能被理解的存在就是语言，而被理解的存在也就是有意义的存在，因此，语言与意义具有同一性。进一步来看，语言是活的语言，即对话。对话就是语言的意义事件。但是对话如何发生呢？对话总是已经发生，就像意义总是已经先在设定了一样："我觉得不证自明的是，向人类的世界经验的原始对话的回返乃是不可还原的。"② 这不过表明，意义的内在性在此转化为了语言的内在性。

在赫施、阿佩尔、哈贝马斯、德里达，以及利科那里，诠释学的意义内在性的问题同样没有得到解决。赫施试图通过区分含义与意义为理解的真理确立标准，但其含义与意义的划分本身不仅没有说服力，还有意义实体化的危险，而他求助于作者意图的做法则重演了心理主义层面的意识内在性的难题。阿佩尔与哈贝马斯看到了哲学诠释学的意义内在性的局限。比如，阿佩尔指出，伽达默尔从"完全性先把握"出发对传统流传物的意义及其真理性的"先识"，是一种"解释学的抽象"；

① 伽达默尔：《真理与方法》，洪汉鼎译，上海译文出版社1999年版，第497页。
② 伽达默尔：《伽达默尔集》，严平编选，上海远东出版社2003年版，第13页。

哈贝马斯则认为伽达默尔陷入了一种"语言上的唯心主义"。但他们提出的解决方案的基础，即作为意义理解及其真理知识的有效性的规整性原则的先验的解释共同体，以及从普遍语用学的维度推演出的理想化的交往共同体，仅仅是把意义—理解—语言的内在性的意义先在设定的极点从理解运动的起点转移到了无限的理解运动的终点而已，因此并未真正克服意义的内在性。德里达在哲学的起点上就注意到了胡塞尔现象学的意义内在性的问题，进而也看到了伽达默尔对这种内在性结构的延续。他试图通过颠覆语音中心主义，揭示意义在语言能指链条上的无限延异与播撒的开放性生成方式，来打破这种理解的自循环与意义的自生成的内在性的魔圈。但是，无限延异与播撒的意义观与其说突破了意义的内在性，不如说更深地进入了语言的内在性，因为能指链条的延异运动完全是语言或文本的自身的运动。意义的"无底棋盘的游戏"的结果是"文字之外一无所有"。这恰恰是最彻底的语言的内在性，是"语言上的唯心主义"的顶峰。而在利科这里，他试图从语义学的出发点所踏上的诠释学的迂回之途同样没有走出意义—语言的内在性的范域。利科认为，理解的自循环结构固然是理解的存在结构的正确描述，但从认识论的角度来看仍然是一种恶性循环，因而需要方法论模式的矫正。他写道："正是在这里我们能够看到从恶性循环中撤退的必要性，因为在这种循环中由于语文学解释以从精确科学那里借来的科学性模式来理解自身，它转变为由我们所是的真正存在的预期结构而构成的非恶性循环。"①但是，利科所借用的结构主义的结构说明模式恰恰是一种语言内在性的方法论模式，因而进一步强化了诠释学的意义——语

---

　　① 利科：《诠释学与意识形态批判》，见洪汉鼎主编《理解与解释——诠释学经典文选》，东方出版社 2001 年版，第 441 页。

言的内在性。利科通过隐喻理论对语言和文本的语义创新机制和指称结构的卓越探究，也仍然是在意义先在设定的语言内在性的视野中来进行的。

意义内在性作为诠释学固有限度，其关键在于无法真正解决意义生成的问题。尽管理解作为意义存在的方式，把意义的运动性引入到了意义的存在之中，因而不仅是意义的展露，也是意义在理解事件中的生成，但是，理解的意义运动所描述的意义的理解生成是在意义的先在设定的前提下的意义生成，因而这种意义的理解生成是从"有意义"到"更多意义"的增殖，而不是从"无意义"到"有意义"的生成。可以认为，意义生成在诠释学这里被揭示为"自然性"的"生生"的方式，而不是"人为性"的"创生"的方式①，这或许可以说明为何诠释学哲学在中国语境中显示出如此明显的亲和性的原因。虽然我们必须承认，意义的理解生成方式或许是最广泛、最普遍的意义生成的方式——我们的日常生活正是一种"自然性"的生活，因而诠释学的现实性、普遍性以及理解的真理的现实性、普遍性在此是毋庸置疑的。但是，如果不能对意义从"无"到"有"的生成加以说明，我们就无法真正回答"意义从何而来"或者说"意义何以可能的问题"。进一步来看，艺术的真理作为存在的真理，实际上也就是意义显现与生成的真理。如果诠释学不能真正解决意义生成的问题，我们也就必须怀疑，艺术真理是理解的真理的观点是否真正切中了作为存在的真理的艺术真理的内涵。因此，理解的内在性的限度实际上凸显出的诠释学哲学及其理解的真理在存在论层次上的不彻底性。事实上，伽达默尔自己也承认，他

---

　　①　关于"自然性"的"生生"与"人为性"的"创生"的两种意义生成方式的区别，可参见吴炫教授的《否定主义美学》（北京大学出版社2004年版）中的第四章的有关内容。

的哲学诠释学在一定程度上"缺乏一种终极的彻底性"①。他说："我因此得以理解，何以海德格尔认为，我没有真正脱离现象学的内在性的禁脔，一如胡塞尔始终不渝地坚持着这种内在性，这种内在性也构成了我的新康德主义的最初特征的基础。我因此也得以理解，人们何以认为在对解释学循环的坚持中可以识别出这一方法上的'内在性'。事实上，我也觉得要打破这种内在性，它是一种不能实行的，也即一种实际上荒谬的要求。因为这种内在性——诸如在施莱尔马赫及其后继者狄尔泰那里——无非是一种对理解的描述。"②"现象学的内在性"，在此不仅是指胡塞尔现象学的纯粹自明的我思的意识内在性，更多指的是现象学作为意识的意向性结构之前设的意义的内在性："有意义或'在意义中有'某种东西，是一切意识的基本特性。"③ 而如利科所说，现代诠释学实际上是一种诠释学的现象学嫁接，现象学的意义存在论构成了一切诠释学探究的基本前提。这进一步表明，意义内在性的限度正是诠释学之为诠释学的本质的限度。它构成了诠释学在存在论上规划自身的边界，跨越这一边界，就意味着走出诠释学。

第二节　艺术作品存在的重释

　　跨出现代诠释学的边界来追问艺术真理的问题，并不意味着否认现代诠释学在意义、理解、解释和艺术真理问题上的探究的卓越贡献。相反，我们的越界正是建立在原有界域内的探索的丰

---

①　伽达默尔：《真理与方法》"第 2 版序言"，洪汉鼎译，上海译文出版社 1999
年版，第 15 页。

②　伽达默尔、德里达等：《德法之争：伽达默尔与德里达的对话》，孙周兴、
孙善春编译，同济大学出版社 2004 年版，第 9—10 页。

③　胡塞尔：《纯粹现象学通论》，李幼蒸译，商务印书馆 1992 年版，第 227 页。

富性和深邃性之上的。毋宁说，正是诠释学在自身界域内的广泛、深刻的探究，触及自身的边界，从而要求突破自身。更具体地来看，正是诠释学在其视野范围内对艺术哲学向度的拓展和对艺术真理问题的追问，才使得艺术哲学与艺术真理问题的思考最终意识到诠释学的本质限度，进而超越诠释学的视域。因此，我们的质疑实际上是针对伽达默尔的著名断言——"美学必须被并入诠释学中"①的质疑。伽达默尔所说的"美学"，就是艺术哲学。按照他的观点，"诠释学本来就必须这样宽泛地加以理解，它可以包括整个艺术领域及其问题"②。但是，诠释学的艺术哲学向度受到诠释学固有视野的限制，因而并不能如伽达默尔所说的那样囊括艺术哲学的全域。作为其艺术哲学向度的核心的艺术真理问题恰恰促使我们超出诠释学的领域本身。正如有学者指出："解释学的固有范围是宗教的、神学的，后来又是法学的、历史学的，但不是艺术的。运用艺术的眼界和角度，必然会超出，走出解释学。"③

在艺术真理问题的引导下走出诠释学的固有边界，要求我们直接面对艺术真理的问题本身。艺术真理是艺术经验的真理，而艺术经验在根本上则是艺术作品存在的经验。我们已经知道，诠释学的艺术哲学向度在理解存在论维度上的展开，同样是以艺术作品的存在的考察为起点的。因此，我们将首先对诠释学的作品存在的观点加以反思和批判。

一　作品的游戏存在论的反思

现代诠释学的艺术作品存在论是一种游戏存在论。这就是

---

①　伽达默尔：《真理与方法》，洪汉鼎译，上海译文出版社 1999 年版，第 215 页。

②　同上。

③　郑涌：《批判哲学与解释哲学》，中国社会科学出版社 1993 年版，第 397 页。

说，游戏的存在方式就是艺术作品的存在方式。在前文中我们已经看到，伽达默尔对艺术作品的存在方式的探究以"游戏"概念作为出发点。在他看来："如果我们就与艺术经验的关系而谈论游戏，那么游戏并不指态度，甚而不指创造活动或鉴赏活动的情绪状态，更不是指在游戏活动中所实现的某种主体性的自由，而是指艺术作品本身的存在方式。"① 艺术作品作为"向构成物的转化"与象征的意指性特征，以及节日性的时间结构，都可以归属到游戏的存在方式之中。因此，艺术作品的存在就是游戏的存在，也就是理解的存在经验与理解的真理经验的存在。我们也可以从前文中看到，伽达默尔的作品的游戏存在论的观点，在利科那里几乎得到了完全的赞同。利科认为，作品或文本的理解就是占有，而占有的存在方式就是游戏。文本世界的自我表现作为一种"启发式的虚构"，就是游戏的自我表现。在文本的理解——占有的游戏中，作者作为游戏者表现为文本世界中的虚构角色的变形，而读者也作为游戏的观赏者参与到游戏之中并且经历了一场想象性的自我转化。可以看到，利科在此大致上重复了伽达默尔的作品的游戏存在论的基本方面。

　　究竟在何种意义上，游戏构成了艺术作品的基本存在方式呢？伽达默尔首先在一种较为松散的类比的意义上来讨论这一问题。在他看来，游戏之所以构成艺术作品的存在方式的首要的一点在于，游戏是一种非对象性的存在："游戏的存在方式不允许游戏者像对待一个对象那样去对待游戏。"② 游戏者在游戏中游戏，而不是在主观化的意识中或者主客对峙的认识论格局中游戏。因此，与其说游戏者是游戏的主体，不如说游戏的主体就是

---

　　① 伽达默尔：《真理与方法》，洪汉鼎译，上海译文出版社 1999 年版，第130 页。

　　② 同上书，第 131 页。

游戏自身。这与艺术作品的存在方式的非对象性存在的特征是相对应的。"保持和坚持什么东西的艺术经验的'主体'，不是艺术经验者的主体性，而是艺术作品本身"①。其次，游戏作为自为主体的游戏表现为一种往返重复的运动，这种运动构成了游戏自身的游戏秩序。反过来说，游戏自身的秩序也正是展现为游戏的这种往返重复的运动。因此，游戏的自我游戏实际上就是一种自我表现，"游戏的存在方式就是自我表现"②。伽达默尔认为，这也对应于艺术作品的非对象性存在的自我表现的特征。因为艺术作品的意义同样超越了其作者的视域，并在被经验的过程中不断得以更新，把自身展现为一种自我表现的存在。再次，所有表现活动按其可能性都是一种为某人的表现活动，都是"为……表现着"的表现。尤其是在宗教膜拜游戏和观赏游戏中，游戏的自我表现总是"同时越过自身指向了那些观看性地参与到表现活动中去的人"③。游戏在为游戏的观赏者而表现自身为一个意义的整体的行为中，才真正实现了自身。在伽达默尔看来，这种观赏者在游戏中的本质作用的发现，对于艺术作品的存在来说，成为了"决定性的东西"④。这也就是说，艺术作品的存在，即其意义的展露，没有观赏者的参与是不可能实现的。观赏者的参与活动实际上就是观赏者或读者的意义理解的活动，它表现为艺术作品的效果历史存在中的视域融合。用利科的术语来说，尽管艺术作品所呈现的意义世界仿佛是一个完全虚构的、自身封闭的世界，但却在观赏者与读者的意义理解活动中敞开，并在其中获得并实现其完全的意义。在此意义上，艺术作品的存在是一种

①　伽达默尔：《真理与方法》，洪汉鼎译，上海译文出版社1999年版，第132页。

②　同上书，第139页。

③　同上书，第140页。

④　同上。

理解的存在。

　　以伽达默尔为代表的现代诠释学从游戏的现象学描述中获得了关于艺术作品存在方式的诸多深刻的洞见。比如，艺术作品的存在是一种非对象性的、自我表现的存在，它必须经由读者与观赏者的参与才能实现自身，因而艺术作品的存在既不是一种自足的意义实体，也不是主观化的纯粹审美意识的叠加，而就是一种动态开放的意义事件等等。这表明，从游戏来探究艺术作品存在是一种合适的路径。问题在于，现代诠释学视野中的这种艺术作品的游戏存在方式的考察是一种充分的考察吗？事实上，在伽达默尔这里，从游戏出发来考察艺术作品的存在的目向一开始就是诠释学的，而不是艺术哲学的。正如《哲学诠释学》一书的编者林格所说，游戏的自我表现、自我存在、自我更新的结构，"使伽达默尔能够解决解释学中最困难的难题，即意义问题以及解释是否忠于文本意义的问题"①。不仅如此，游戏的模式实际上就是存在论意义上的理解的基本模式，因而与历史领域中的效果历史模式和语言领域中的对话模式是具有一种异质同构的关系。伽达默尔指出，这里提出的游戏概念，"蕴含着一个本体论问题"，因为"在这个概念中糅合了事件和理解的相互游戏以及我们世界经验的语言游戏"②。这表明，伽达默尔在此引入游戏概念，并不是从艺术本身出发来探究艺术作品的存在方式，而是从诠释学自身的视域出发来规划艺术作品。既然先已设定了规划的视域，那么其揭示的结果也就恰好处于诠释学的领域之中，从而构成了"美学必须被并入诠释学中"的最好证据。这样一种事先的规划就诠释学

---

　　①　伽达默尔：《哲学诠释学》编者导言，夏镇平、宋建平译，上海译文出版社1994年版，第14页。

　　②　伽达默尔：《真理与方法》，洪汉鼎译，上海译文出版社1999年版，第740页。

自身的寻求哲学普遍性的目的来说无疑有其合理性，但是，我们也不得不怀疑，这种事先的规划是否会妨碍我们直接面对艺术作品的存在本身？甚至是否会妨碍我们对游戏的把握本身？

在《真理与方法》中，被直接展现给我们的对作品的游戏存在的考察路线是：游戏—艺术作品—理解。也就是说，从游戏概念出发，把游戏看作作品存在的基本方式，进而论证艺术经验是一种理解的经验。但是，既然伽达默尔已经预先把游戏把握为理解经验本身的存在方式，那么，在这样一种表面的考察路线之下，实际上隐含着另一种路线：理解—游戏—艺术作品。这就是说，艺术作品存在的考察的真正出发点与其说是游戏，不如说是理解的概念本身。在伽达默尔看来，理解就是游戏。因而，借助于游戏的概念，就可以把理解的经验与艺术的经验关联起来，进而等同起来。由此可见，游戏在此之所以构成了艺术作品存在方式的考察的基本概念，不仅与传统艺术哲学对游戏概念的重视有关，而且与伽达默尔对理解自身的存在结构的把握有关。游戏概念构成了把艺术经验归于理解的经验的关键。问题在于，这里出现了一种概念意义的转移。我们必须追问：作为理解经验的模式的游戏，与作为艺术作品的存在方式的游戏，是同一种意义上的游戏吗？如果把前一种意义的游戏称作理解游戏，后一种意义上的游戏称作作品游戏①，那么，我们的问题就可以表述为：理解游戏与作品游戏是同一种游戏吗？

二　理解游戏与作品游戏

现代诠释学哲学对理解游戏与作品游戏的同一性的把握是借

---

　　①　此处关于游戏、理解游戏、作品游戏的区分，受到了董虫草先生的研究的启发。他把伽达默尔的游戏概念区分出三个层次：一般游戏、理解游戏与艺术游戏。参见董虫草《艺术与游戏》，人民出版社2004年版，第137—170页。

助于"转化"或"变形"的概念来达成的。不过，也正是在这两个概念这里，隐含着理解游戏与作品游戏的区分。"转化"是伽达默尔的概念，"变形"则是利科的概念。这两者在内涵上存在一定的差异，但在基本的方面则是相似的。因此，我们在此主要讨论伽达默尔的"转化"概念。

伽达默尔认为，尽管通过把游戏与艺术的类比，已经在一定程度上揭示出艺术作品的存在方式就是游戏，但是，游戏毕竟不是艺术作品。游戏要真正作为艺术作品，还必须进一步加以规定。对此规定，伽达默尔称之为"向构成物的转化"。只有通过这种转化，游戏才赢得它的理想性，以致游戏本身就可视为艺术作品。那么，何谓转化？"转化并不是变化，或一种特别大规模的变化。……从类别上看，一切变化均属于质的领域，也就是属于实体的某种偶性的领域。反之，转化则是指某物一下子整个地成了其他的东西，而这其他的作为被转化成的东西则成了该物的真正的存在，相对于这种真正的存在，该物原先的存在就不再是存在的了"①。这就是说，转化在此就是向真实事物的转化，它不是从一物到另一物的渐变，而是通过此物的不再存在换来另一物的存在，即"一下子整个地成了其他的东西"。在伽达默尔看来，这种转化由两个具体的方面所组成。首先，"原先的游戏者就是不再存在的东西"②。既然游戏的主体是游戏自身，因而游戏的本质就是自我表现，那么，游戏者相对于游戏就不具有一种特有的自为的存在，所存在的仅仅是被他们所游戏的东西。其次，不再存在的东西也是"我们作为我们自己本身所生存于其中的世界"③。这里的"我们"，指的是作为观赏者的我们。按照

---

① 伽达默尔：《真理与方法》，洪汉鼎译，上海译文出版社 1999 年版，第 143 页。
② 同上书，第 144 页。
③ 同上。

伽达默尔的看法，游戏的意义整体在观赏者这里才得以真正的实现。"最真实感受游戏的，并且游戏对之正确表现自己所'意味'的，乃是那种并不参加游戏，而只是观赏游戏的人。在观赏者那里，游戏好像被提升到了它的理想性"[①]。这实际上也就是说，游戏向艺术作品的转化正是在观赏者这里才得以实现的。之所以如此，因为游戏在观赏者这里，就像戏剧在观众的"第四堵墙"那里一样，获得了其意义的封闭性，即表现为游戏自身的意义世界的整体。但是，观赏不是某种审美的静观的行为，而是一种"同在"或"参与"，即投入游戏自身的意义世界之中。正是在此投入之中，游戏自身的意义世界得以展露，而观赏者作为观赏者自己本身所生存于其中的世界则不再存在。

　　我们的问题是，经由这样一种转化，游戏就可以规定为艺术作品的游戏了吗？或者说，这种从游戏向艺术作品的转化，在诠释学这里得到正确的描述了吗？可以看到，在伽达默尔这里，所谓的"转化"或者说"向构成物的转化"的关键之处，仍在于观赏者的作为游戏的本质要素的地位的彰显与突出。观赏者实际是就是理解者。观赏的活动就是理解的活动。因此，"转化"的概念所表明的，不仅是游戏向艺术作品的转化，也是游戏向理解的转化。正是转化的概念暗示了理解游戏与作品游戏的同一性。但是，这种同一性本身难道不是一种先行的设定，而不是经由"转化"概念而被证明的吗？转化真的只有在观赏者——理解者那里才能得以实现吗？如果转化是从游戏的意义世界的整体向作品的意义世界的整体的转化，那么，作为游戏自身的整体构成要素的观赏者与游戏者，岂不同样应该保留在作品的意义世界的整体的规定之中，而不是仅仅保留下观赏者，游戏者却成为"不

---

① 伽达默尔：《真理与方法》，洪汉鼎译，上海译文出版社 1999 年版，第141 页。

再存在的东西"?

　　实际上，在伽达默尔的作品的游戏存在论的讨论之中，游戏
者的位置始终是一个暧昧模糊的问题。尽管游戏的真正主体是游
戏自身，游戏的存在方式不允许游戏者像对待一个对象那样去对
待游戏，但是，游戏始终是游戏者的游戏，不存在无游戏者的游
戏，就像存在始终是存在者的存在，不存在脱离了存在者的抽象
的存在一样。因此，游戏作为游戏自身的自我表现，也总是在游
戏者的表现中的自我表现。甚至可以认为，游戏者的表现与游戏
的自我表现是同一的。游戏的自我表现就是游戏者的自我表现：
"游戏的自我表现就这样导致游戏者仿佛是通过他游戏某物即表
现某物而达到他自己特有的自我表现"①。由此可见，游戏者同
样是游戏的整体构成的本质性的要素。但是，在伽达默尔进一步
在游戏的构成中引入观赏者的要素之后，游戏者的位置则变得暧
昧不明了。一方面，游戏的自我表现在观赏者那里的实现还是经
由游戏者的表现来完成的："游戏者其实是表演他们的作用，他
们对观赏者表现他们自己。"② 因此，游戏在此乃是游戏者与观
赏者所组成的整体。另一方面，既然游戏只有在观赏者那里才能
实现自身，那么，从与游戏的意义整体的关联的角度来看，在游
戏之中的游戏者不再出现在游戏的意义整体关联之中，而应当出
现在那里的是观赏者。观赏者在本质上获得了一种相对于游戏者
的优先性："只是为观赏者——而不是为游戏者，只是在观赏者
中——而不是在游戏者中，游戏才起游戏作用。"③ 这里的难以
理解的地方在于，既然游戏总是游戏者的游戏，那么，游戏何以

----

　　① 伽达默尔：《真理与方法》，洪汉鼎译，上海译文出版社 1999 年版，第 139
页。
　　② 同上书，第 141 页。
　　③ 同上书，第 142 页。

竟不对游戏者起游戏作用？这一点连伽达默尔本人也感觉到了。因此，他不得不马上补充道："当然，这倒不是说，连游戏者也不可能感受到他于其中起着表现性作用的整体的意义。观赏者只是具有一种方法论上的优先性：由于游戏是为观赏者而存在的，所以下面这一点是一目了然的，即游戏自身蕴涵某种意义内容，这意义内容应当被理解，因此也是可与游戏者的行为脱离的。在此，游戏者和观赏者的区别就从根本上被消除了，游戏者和观赏者共同具有这样一种要求，即以游戏的意义内容去意指游戏本身。"①

　　不过，在"转化"的讨论中，这种"方法论上的优先性"，实际上已经发展为一种"存在论上的优先性"了。因为，游戏者在此已成为"不再存在的东西"。这也就是说，游戏者在游戏向艺术作品的转化之中，成为了某种在存在论上是无足轻重的东西。真是如此吗？游戏的"向构成物的转化"，不仅意味着"游戏就是构成物"，而且意味着"构成物就是游戏"。这岂不是说，艺术作品仍然保持为一种游戏的结构吗？我们如何能想象一种无游戏者的游戏呢？事实上，这种游戏者不再存在的游戏只能是理解的游戏。在理解游戏中，作为理解者的观赏者直接面对游戏所展开的意义的世界，而游戏者要么转化为观赏者，要么已融入这一意义的世界之中并不再把自身表现为一自为的存在。就像利科所说，文学作品的作者作为游戏者表现为文本世界中的虚构角色的变形，而文学作品的读者所理解的是角色而不是作为游戏者的作者本身。但是，这种理解的游戏仅仅构成了整体的游戏的一部分。或者说，在"转化"的视域中，理解游戏仅仅构成了艺术作品的游戏存在的整体中的一部分。从游戏的整体来看，游戏者

----

　　① 伽达默尔：《真理与方法》，洪汉鼎译，上海译文出版社1999年版，第142页。

仍保留在游戏的或者说艺术作品的存在的规定之中，而不是"不再存在的东西"。当然，这里必须强调的是，游戏者在此同样不是一个可以超然于游戏或作品之外，以一种对象化的态度对待游戏或艺术作品的主体式的存在。游戏者的存在在此为游戏的存在所规定，进而构成了游戏或艺术作品的整体的另一本质要素。这就是说，游戏者的存在是为游戏所规定的存在，因而在根本上归属于游戏自身的存在。

　　为游戏所规定的游戏者的游戏存在是一种什么样的存在呢？此游戏者的游戏存在为作为游戏存在的艺术作品的存在贡献了什么样的存在的特征呢？我们可以通过与观赏者的游戏即理解游戏的对比来初步地探讨这一问题。伽达默尔在讨论向真实事物的转化之时写道："它不是指使用巫术这种意义的变幻，变幻期待着解巫咒语，并将回归原来的东西，而转化本身则是解救，并且回转到真实的存在。在游戏的表现中所出现的，就是这种属解救和回转的东西，被揭示和展现的，就是曾不断被掩盖和摆脱的东西。"① 我们已经知道，伽达默尔所谈到的"转化"实质上是游戏向理解的转化，因此，他对转化的特征的描述实际上就是对理解游戏的存在特征的描述。可以看到，理解游戏在此表现为一种"解救"与"回转"。解救，意味着摆脱遮蔽与迷误。回转，意味着回到无蔽与真实。这也就是说，在理解的游戏中，艺术作品所敞开的意义世界先在的是一个真实的世界。对艺术作品的理解就是为艺术作品的真理所引导的解救与回转。不仅如此，这种解救与回转也是观赏者自身的意义世界及其真理的解救与回转。观赏者投身于艺术作品的意义世界之中，因而其本身生存于其中日常世界消隐不见了。但是，正是这种日常世界的消隐使得观赏者

---

　　① 伽达默尔：《真理与方法》，洪汉鼎译，上海译文出版社 1999 年版，第 145页。

获得了对在他之前表现的东西的真正的、全面的参与，进而在这个世界中认识了自己，重获了自身的意义的连续性："正是从他作为观赏者而丧失自身这一点出发，他才有可能指望达到意义的连续性。"① 这就是观赏者自身的世界的真理，即其自身的意义世界与艺术作品的意义世界的视域融合的真理。它表现为利科所说的自我与世界的辩证法。由此可见，观赏者的理解游戏作为"解救"与"回转"，实际上是为艺术作品的意义与真理的先在性以及意义的连续性的承诺所保证的。

　　游戏者的游戏呢？游戏者投身游戏之中，但却没有意义与真理的先在性以及意义的连续性的承诺。意义与真理正是在游戏者投身于游戏之中才产生出来——当然也可能不产生出来；游戏者投身于游戏之中，疏离了日常的生活世界，但却无法保证能从其游戏展开的世界回到自身的意义世界。因此，游戏者的游戏不是表现为一种"解救"与"回转"，而是一种"冒险"。伽达默尔已经看到了这一点。他说："游戏本身对于游戏者来说其实是一种风险。……游戏对于游戏者所施以的魅力正存在于这种冒险之中。"② 这里实际上也有两层意思。首先，"冒险乃是投入游戏"③。这就是说，游戏者投入游戏本身就是一种冒险的行为。游戏的主宰是游戏自身，游戏是某种超出和高于游戏者的东西，因此，游戏者投入游戏就要冒失去自己的危险。游戏者投入游戏的行为是一种冒险的行为。游戏者就是冒险者。其次，冒险之所以是冒险，根本在于冒险者在冒险中是无保护的。游戏本身对游戏者恰恰是无保护的。游戏的秩序表现为游戏的规则，游戏的规

　　①　伽达默尔：《真理与方法》，洪汉鼎译，上海译文出版社1999年版，第166页。

　　②　同上书，第136页。

　　③　海德格尔：《林中路》，孙周兴译，上海译文出版社1997年版，第285页。

则是由游戏者制定的，进而只有在游戏者的遵守中才实现为规则。游戏者既可以建立规则，也可以推翻规则；既可以遵守规则，也可以改变规则——这正是观赏者所做不到的。尽管游戏者之为游戏者就在于他的游戏是有规则的——没有规则就没有游戏，但是游戏的规则的建立与推翻、遵守与改变，却又取决于游戏者自身。游戏并不能保护游戏者，游戏本身就是无保护的。因此，不仅仅游戏者投身于游戏中是冒险的行为，游戏者的游戏本身就是一种冒险。游戏着的游戏者，不仅仅是一个冒险者，而且是一个"所冒险者"：游戏者之所以是冒险者，正在于游戏者受游戏这种冒险所"摆布"，所规定①。由此可见，冒险构成了游戏者的游戏的基本特征。这也就是说，**艺术作品的游戏不仅是一种理解的游戏，即"解救"与"回归"的游戏，也是一种"冒险"的游戏，理解游戏仅仅是作品游戏的整体中的一部分而已。**

三 创造：被遮蔽的作品存在之维

把游戏者的游戏存在规定为冒险，是从游戏现象学的角度对游戏者的游戏的初步规定。我们的前提是，艺术作品的存在就是游戏。因而，作品游戏不仅是观赏者的理解的解救与回归的游戏，也是游戏者的冒险的游戏。不过，仅仅把作品游戏中的游戏者的游戏规定为冒险，并不是艺术作品的存在本身的现实性的规定，因此，还需要进一步将此游戏存在的规定落实到作品存在之上。艺术作品的存在在何种意义上被视为一种冒险的游戏呢？实际上，在一般的艺术哲学的语汇中，我们把这种冒险称作创造。

何谓创造？创造难道不是一个主体主义的词汇，因而与作品存在作为自我表现的存在的存在论规定格格不入吗？海德格尔

---

① 关于"冒险"、"冒险者"、"所冒险者"，参见海德格尔《林中路》，孙周兴译，上海译文出版社1997年版，第284—287页。

说："现代主观主义直接曲解了创造，把创造看做是骄横跋扈的主体的天才活动。"① 确实，如果我们仅仅把创造看做一种主体天才以其绝对权威宰制作品对象的行为，此创造就是和我们的以作品存在的经验为核心的艺术经验的考察格格不入的。但是，也正如海德格尔用"曲解"一词所暗示了的，我们还可以有另外的一种关于创造概念的解释。这种解释的关键就在于，**不是从主体，而是从作品存在本身来解释创造**。这并不是否认作品是艺术家的创造，而是认为，无论是艺术家的创造还是艺术家本身，都是由作品存在并且从作品存在出发来得到规定的：唯作品的存在方使创造成其为创造，唯作品的存在方使艺术家成其为艺术家。用海德格尔的话说："尽管作品的被创作存在与创作有关，但被创作存在和创作都得根据作品的作品存在来规定。"② 这也就是说，创造的概念，在此首先是从存在论的层面来看待的。

如何从作品的存在来规定创造呢？作品的存在方式就是游戏，而作品的关联于游戏者或艺术家的方面的游戏是一种冒险的游戏。因此，我们可以通过对冒险的游戏的进一步考察来讨论作为冒险的游戏的创造。

首先，冒险的游戏具有偶在性。何谓"偶在"？"偶在是由对不可能的否定和对必然性的否定来界定的。据此，凡是虽然可能，但并非必然的东西，都是偶在的"③。冒险就是这种"虽然可能，但并非必然"的东西。冒险的游戏之为冒险的游戏，就在于冒险的游戏本身是无保护的。游戏必有规则。游戏以规则规定自身，进而规定游戏者。但是，规则之成为规则，端赖游戏者本身。因此，游戏者的游戏并不是某种必然存在的东西，而只是

---

① 海德格尔：《林中路》，孙周兴译，上海译文出版社1997年版，第59页。
② 同上书，第44页。
③ 张志扬：《偶在论》，上海三联书店2000年版，第62页。

某种可能存在的东西。这也就是说，作品的存在并不是某种必然
性的存在，而只是某种偶然的、可能的存在。因此，作品存在的
关键之处就在于：作品"居然"存在了！一种本来不存在或者
说可以存在也可以不存在的东西居然存在了！这样一种可以存在
也可以不存在的存在者的居然得以存在的存在方式就是艺术的创
造："致力于艺术意味着考虑创造一种可以存在也可以不存在的
事物的方式。"① 因此，艺术作品的存在作为创造的存在就是一
种偶在的存在。问题在于，这种偶在的存在在艺术作品的现实性
中意味着什么呢？"作品之为作品，唯属于作品本身开启出来的
领域。"② 作品本身所开启出来的领域，就是我们所说的作品的
世界。因此，说作品的创造存在是一种偶在的存在，首先就是指
作品的世界是一种偶在的存在。作品的世界可以存在，也可以不
存在。作品的世界本身就处于冒险的无保护的游戏之中。这也就
是说，作品的世界在创造的冒险中，既可能成为一个世界，也可
能不成为一个世界。前者我们称为成功的创造，后者我们称为失
败的创造。不论是成功的创造，还是失败的创造，都表现为一种
创造。因此，就作品的世界而言，创造就是世界成为或未能成为
世界的过程。此外，作品的世界不是空洞的世界，而是有形的世
界，表现为一种形象的体系或形式的结构。因此，创造可以被称
作作品的世界的构形。可以看到，这种作为作品世界的构形的创
造，与西方的传统的创造观念的源头有相近的地方。按照塔达基
维奇的看法，西方的创造观念的源头，就是基督教所说的上帝的
创世的观念："创造性的概念出现在欧洲文化之中并不是通过艺
术，而是通过宗教，而尤其是基督教。基督教有一条教义便是世

---

① 利科：《活的隐喻》，汪堂家译，上海世纪出版集团2003年版，第34页，
注1。

② 海德格尔：《林中路》，孙周兴译，上海译文出版社1997年版，第25页。

界为上帝创造。"① 不同的地方在于，上帝的创造是对宇宙世界的万有的创造，而艺术的创造乃是作品的虚构的世界的创造；上帝作为绝对的超越者是他所创造的世界的主宰，而艺术的创造本身则是由作品的世界所规定，进而从属于作品的世界与作品的存在。

其次，冒险的游戏具有新异性。冒险的游戏区别于其他种类的游戏的地方，就在于作为冒险的游戏具有一种新奇的、异常的特性。在日常生活中，我们谈到某人是一个爱冒险的人，指的就是此人的行为常常是他人所不为，因而其行为具有区别于所有其他人的新奇性、异常性。那么，作品存在作为冒险的游戏，其新异性何在呢？我们已经谈到，作品存在的关键之处就在于：作品"居然"存在了，一种本来不存在或者说可以存在也可以不存在的东西居然存在了。因此，作品的存在本身就是一种异乎寻常的事情："它作为这件作品而存在，这乃是非同寻常的事情。"② 何以异乎寻常呢？作品属于作品所开启出来的作品的世界。因此，借用维特根斯坦的话来说，作品的存在的异乎寻常之处就在于："世界是怎样的这一点并不神秘，而世界存在着，这一点是神秘的。"③ 当然，维特根斯坦的话对我们来说，只能有一半的适用性。因为，不仅仅作品的世界的存在是"神秘"——异乎寻常的，作品的世界的"怎样"存在同样是异乎寻常的。作品的世界是一种意义的世界，在理解的活动中，它表现出一种意义的整体性。但就作为世界的构形的创造本身来看，作品的世界作为意义的世界是生成中的世界。也就是说，创造在此就是作品的意义

---

① 塔达基维奇：《西方美学概念史》，褚朔维译，学苑出版社 1990 年版，第 345 页。

② 海德格尔：《林中路》，孙周兴译，上海译文出版社 1997 年版，第 50 页。

③ 维特根斯坦：《逻辑哲学论》，贺绍甲译，商务印书馆 1996 年版，第 104 页。

的生成。何谓生成？我们必须注意把创造的意义的生成与理解的
意义的增殖区分开来。后者我们也曾称作意义的理解生成，但
是，这种意义的理解生成终究是在意义的先在设定与理解的内循
环，也就是意义的内在性结构中的生成，因而它不过是原有的意
义——尽管此意义本身又是开放性——的组合、繁衍与增生。创
造的意义生成，首先就是从"无意义"到"有意义"的生成，
是意义从"无"到"有"的创化。因此，创造的意义生成突破
了理解意义内在性的先验图式，突入了意义的"有"与"无"
的转换的深层界面，进而成为的作品意义的真正源泉。这种为创
造所生成的意义是一种什么样的意义呢？我们可以把它看做一种
"新"的意义：还有什么比从意义之"无"中而来的意义更
"新"的意义呢？因此，作品的世界的异乎寻常在根本上是和其
意义世界的"新"是关联在一起的。这也就是作为创造的作品
存在所表现出的新异性。可以看到，这种作为意义生成的创造及
其作品存在的新异性的规定，构成了西方现代的创造观念的深层
基础。塔达基维奇指出："就现代的认识而言，创造性是一个非
常广义的概念……在各种领域之中……将创造性区分出来的属性
都是新奇性，亦即活动或作品之中的新奇性。"[1] 如果在艺术的
领域中，这种创造的新奇性不仅停留在海德格尔所说的"好奇"
的层面上，那么，就有必要把这种新奇性建基于作品本身的存在
的异常性与作品意义的新颖性之上。

　　再次，冒险的游戏具有自持性。对冒险问题做过深入思考的
现代思想家西美尔认为："冒险的最一般形式是它从生活的连续
性中突然消失或离去。"[2] "从生活的连续性中突然消失或离去"，

---

　　① 塔达基维奇：《西方美学概念史》，褚朔维译，学苑出版社 1990 年版，第
349 页。

　　② 西美尔：《时尚的哲学》，费勇等译，文化艺术出版社 2001 年版，第 204 页。

就是连续性的中断，就好像从熟悉的世界到了另一个陌生的世界。这就是说，冒险相对于我们的熟悉的意义世界具有某种独立性、异质性。但是，西美尔也指出，冒险终究还是我们存在的一部分，它以"中断"的方式存在于生活之中："直接和那些居于它之前与尾随它的其他部分相邻接。"① 因此，冒险作为中断恰恰表现为一种"聚集"，即凭借激进的方式与强度把自身构造成生活的焦点与中心："冒险把生活聚集在自身之中，其强度之猛烈，往往使该事件本身的实质性变得无关紧要。"② 因此，冒险的独立性实际上是一种自持性。这也就是说，冒险的游戏是一种自我保持的游戏，它既是生活的中断，同时也是生活在更高层面上的聚集，冒险在此中断与聚集中自我保持为自身。可以看到，艺术作品的存在同样具有这种既中断又聚集的自我保持的特性。作品的世界是一个与日常世界截然不同的世界。作品世界的存在以日常世界的中断为前提。正如利科所说，作品的世界作为第二指称的世界是以第一指称世界的消隐为前提的。但是，作品的世界却是更真实的世界，是胡塞尔的"生活世界"或海德格尔的"在世界之中"的层面上的世界，因此，作品的世界又是日常世界及其意义在更高层面上的聚集。作品的世界在日常世界的中断与更高层次的聚集中自我保持为自身。这种自我保持不仅是作品的理解存在中的保持，也是作品的创造存在中的自我保持。在后者这里，作品的世界还是构形中的世界，作品的意义还是生成中的意义，但是，这种世界的构形与意义的生成已经超出了艺术家所能控制的范围。用杜夫海纳的话说，作品的世界本身召唤着艺术家的创造："世界对他发出的呼声是酝酿中的作品的呼声，是要求他完成的这种刺激性的和迷人的可能性的呼声。然而讲话的

---

① 西美尔：《时尚的哲学》，费勇等译，文化艺术出版社 2001 年版，第 204 页。
② 同上书，第 215 页。

是世界：它恰恰就是这种内在于真实性中的可能性的潜能。"①
这表明，作品的世界即使在正在创作它的艺术家面前也是自我保
持的，而绝不是艺术家宣泄其主观经验的载体与工具。值得注意
的是，杜夫海纳还提到了"真实性"。事实上，作品的创造的存
在的这种自我保持就是作品的真理的发生。在前文中，我们在讨
论伽达默尔的艺术真理论之时，曾经对这一点表示同意：正是在
诗的词语的自我实现的意义上，诗的语词自身就是真理。这一观
点可以进一步推论为，作品的自我表现的存在本身就构成自身的
真理性的证明。伽达默尔主要是在作品的理解经验的意义上来讨
论这一问题的。这种艺术作品的自我实现与自我表现，实际上就
是作品在理解经验中的自我保持。这与创造经验中的作品的自我
保持都可以归属于作品存在的同一性。因此，作品的创造的自我
保持的存在同样是和作品的真理在本质上相关联的。不过，作品
在理解经验中的自我保持的真理，是先行设定了的真理，或者
说，是先行保证为"有真理"的存在中的真理。而作品在创造
经验中的真理，则是真理的原始发生："在这里，存在者之无蔽
发生了，而这种发生还是第一次。"② 存在者之无蔽，就是存在
的真理。在创造经验中的作品存在的自我保持，正是作品的存在
的真理的发生的自我保持。这也就是说，作品的真理不仅超越了
理解者，也超越了创造者。如果联系到冒险游戏的中断与聚集的
双重特性来看，创造作为真理的发生方式同样具有中断与聚集的
双重特性：日常的、流俗的、符合论意义上的真理的中断与本真
的、深层的、存在论意义上的真理的聚集。因此，与冒险的自持
性相关的，正是作为作品的真理之发生的创造。

---

①　杜夫海纳：《美学与哲学》，孙非译，中国社会科学出版社 1985 年版，第
30 页。

②　海德格尔：《林中路》，孙周兴译，上海译文出版社 1997 年版，第 49 页。

由此可见，从作为作品存在方式的冒险的游戏的偶在性、新异性与自持性出发，**作品的创造可以被规定为作品世界的构形、作品意义的生成与作品真理的发生**①。创造与理解一样，构成了作品存在的基本维度之一。

值得注意的是，现代诠释学及其艺术哲学向度的展开，并非不讨论创造。相反，创造本身构成了诠释学的理解概念的重要内涵之一。伽达默尔在论证"有所理解总是不同的理解"的重要命题之时指出，对流传物的意义理解并不是向流传物的作者的主观意图的回溯与重构，流传物的意义总是超越它的作者，因此，"理解就不只是一种复制的行为，而始终只是一种创造性的行为"②。利科的隐喻诠释学理论的一个关键的内容就在于隐喻结构的语义创新的问题。他认为，相似性构成了隐喻的语义创新的基本机制。由此可见，现代诠释学极为重视创造的问题。但是，诠释学视野中的创造，实际上是包含在理解的活动之中的创造或"再创造"，因而是诠释学的固有的意义内在性的限度之内的创造。在我看来，这种创造的观念因为并未面对作品的世界构形、意义生成与真理发生的问题，因而缺乏存在论上的彻底性。存在论意义上的创造不能被限制在理解的概念的视野之中。就作品存在而言，创造是与理解相并列的基本的艺术经验。因此，诠释学把创造纳入理解概念的内涵之中，与其说是彰显了创造，不如说

---

① 从作为作品存在方式之一的冒险的游戏来讨论创造，所涉及的也仅仅是创造的存在论意义的方面。实际上，与诠释学的理解可以在存在论、认识论、方法论三个层面上展开相似，创造的概念也可以在这三个层面上展开。简单地说，**创造的存在论是冒险，创造的认识论是新知，创造的方法论则是技艺**。限于篇幅，本书无法对此展开加以说明。下文关于理解与创造的关系的讨论，也仅仅只涉及存在论的层面。

② 伽达默尔：《真理与方法》，洪汉鼎译，上海译文出版社1999年版，第380页。

是遮蔽了创造。创造乃是被诠释学所遮蔽了的作品存在之维。

四　作品存在：理解与创造的张力

理解与创造构成了作品存在的相并列的两个基本的维度。在此意义上，作品的存在既是理解的存在，也是创造的存在。当然，在一般的语境中，我们也把作品称为被理解与被创造的存在，这一点与此处所说的作品的存在是理解与创造的存在并不矛盾。作品的被理解与被创造的存在，就其与理解者与创造者的此在的本质关联而言，构成了作品存在的最直接的现实性。但是，正如伽达默尔所说，理解属于被理解者的存在，创造也属于被创造者的存在。作品作为被理解与被创造的存在同样具有一种"被动式而含有主动式"[①] 的含义。理解与创造作为基本的艺术经验的严肃性正在于此：**理解与创造乃是超出了创造者与理解者的主观性的意义与真理的事件，这一事件是艺术作品的真正的凯旋。**

还没有解决的问题是，作为作品存在的相并列的两个基本维度的理解与创造之间是一种什么样的关系呢？理解与创造作为作品存在的基本维度共属于作品的意义与真理的动态存在的统一体。这是一种什么样的"共属"和"统一体"呢？我们将尝试从两种不同的方位即"从创造到理解"的方位与"从理解到创造"的方位来讨论这一问题。

（一）从创造到理解

按照一般的艺术经验，艺术就是一个"艺术创造—艺术品—艺术接受这样一个由三个环节组成的动态流程"[②]。这实际

[①]　伽达默尔：《真理与方法》，洪汉鼎译，上海译文出版社 1999 年版，第 133 页。

[②]　朱立元：《美的感悟》，华东师范大学出版社 2001 年版，第 242 页。

上也就是一个从创造的经验到理解的经验的运动的流程。问题在于，这种从创造到理解的运动，究竟是一种什么样的运动呢[①]？是创造"过渡"为理解？抑或，这种从创造到理解的运动乃是一种建立在创造与理解的断裂之上的一种"飞跃"？何以会有这种从创造到理解的"运动"呢？这种运动具有一种本质上的必要性吗？

　　如果从创造到理解的运动乃是一种从创造到理解的过渡，那么，理解在本质上必定也是一种创造了。我们岂不经常把理解或解释称为一种"再创造"么？何谓再创造？现代诠释学对理解问题的深入探究已经表明，作为理解或解释的再创造不能被看做理解者对创造者的创造的心理状态以及构造行为的重演或重构："解释在某种特定的意义上就是再创造，但是这种再创造所根据的不是一个先行的创造行为，而是所创造的作品的形象，解释者按照他在其中所发现的意义使这形象达到表现。"[②] 值得注意的是，"意义"在此是被"发现"的。这也就是说，意义在此已经被先在设定了。作品的存在在再创造之中已经是先在的"有意义"的存在。如果进一步联系到理解者的理解与前理解之间的自循环结构来看，再创造实际上仍处于诠释学的意义内在性的界限之中，再创造的结构乃是视域融合的结构。因此，如果理解可以被称作再创造，那么，这里的再创造并不是我们所说的作为从意义之"无"到意义之"有"的冒险的创造。这也就表明，在创造与作为再创造的理解之间，并不存在一种连续性的过渡。

　　因此，这种从创造到理解的运动并不是一种连续的过渡，毋

---

　　① 此处的两个"运动"的含义是有区别的。前者是一种主体运动，后者则指一种"存在运动"。前者是从主体论的角度而来的运动，后者则是从存在论——在此即作品存在本身而来的运动。作品的"存在运动"归属于作品的存在。

　　② 伽达默尔：《真理与方法》，洪汉鼎译，上海译文出版社 1999 年版，第 155 页。

宁说是一种建立在创造与理解的断裂之上的"飞跃"。事实上，
创造与理解之间的这种断裂，根源于创造与理解的存在结构的根
本的差异。理解的存在结构乃是一种先行意义设定的封闭性的循
环结构。尽管这种封闭性的循环结构具有其内在的无限性、开放
性与未完成性，但是，这种无限是有意义的限度内的无限，开放
乃是自循环的界域内的开放，而未完成性则是动态增殖的未完
成。与此不同，创造的存在结构则是冒险。它具有偶在与异乎寻
常的特性。它是连续性的中断与悖论式的聚集。因此，创造就其
存在结构而言，恰恰是理解的封闭性与循环性的中断。创造正是
理解所不能理解的东西。而从另一方面来看，这种创造与理解之
间的存在结构的差异，乃是其时间结构的差异。我们在前文中已
经讨论过，理解作为现身的领会即被抛的筹划，其存在结构本身
就是时间性：在理解的存在结构中，理解的前结构与曾在相对应，
理解与作为理解之成形的解释与将来相对应，而作为理解与解释
的衍生样式的命题则与当前相对应。但是，理解的自循环的结构，
在根本上源于理解的前结构的准先验的必然性，因此，理解的时
间结构就其基点而言指向作为曾在的过去。与此不同，创造的时
间结构的基点则是将来。创造作为从意义之"无"到意义之
"有"的突破，是一种突破了日常的意义与时间的连续性的东西。
这也就是说，它不是源于作为曾在的过去，而是源于将来。被创
造的新事物、新意义，乃是某种从将来而来的东西："新事物只有
从将来出发才能获得解释。这是创造和新事物产生的秘密。……
在历史时间里，创造行为悖论地表现为产生于将来。"[①] 由此可
见，创造与理解的存在结构在其时间的基点上是截然不同的。

　　如果从创造到理解的运动是一种建立在创造与理解的断裂上

---

　　① 别尔嘉耶夫：《末世论形而上学》，张百春译，中国城市出版社2003年版，
第178页。

的飞跃，那么，为什么会有这种飞跃呢？这种飞跃有其本质上的必要性么？事实上，上文中所引的别尔嘉耶夫的话已经作出了某种暗示。新事物只有从将来出发才能获得解释。这句话一方面表明了创造的时间的基点乃是将来，另一方面，也提到了"解释"。新事物为什么要获得解释呢？这是因为，新事物只有通过理解与解释才能被承认为新事物。同样，创造只有通过理解与解释才能被承认为创造。创造作为冒险的游戏，不是杂乱无章的随心所欲，而是必须创造游戏自身的规则，进而遵守自身创造的规则。但是，仅仅由创造者承认的规则还不是真正的规则，就像私人语言不是真正的语言一样。只有同样被理解者承认的规则才是真正的规则。因此，尽管创造与理解有着根本的断裂，但创造若要实现自身，则又必须进入理解的意义内在的循环结构之中。当然，这只是说创造所生成的意义必须是可理解的，而不意味着创造本身转化、过渡为理解。事实上，创造正是在理解中保持为创造自身。因为，创造作为作品的世界之构形、意义之生成与真理之发生，正是理解的意义先设定所设定的东西。只不过，为意义的内在性所围的理解，并不能理解此设定。这也就是说，进入理解的循环之中的创造，同样保持为理解所不能理解的创造。但是，正是这一"不能理解"，构成了创造在理解中被承认的方式：创造被承认为不能理解的，因而超出了理解的界限。只有理解才能表明某某是不能理解的。因此，创造必须以此方式进入理解，进而在理解中保持自身。

（二）从理解到创造

在一般的艺术经验之中，艺术的流程不仅包括了从创造到理解的运动，也包括了从理解到创造的运动。后者更多的表现在创造者与理解者的双重身份[①]之上。实际上，按照现代诠释学的理

---

① 这对应于游戏中的游戏者与观赏者的双重身份。伽达默尔曾暗示过这一点。参见伽达默尔《真理与方法》，洪汉鼎译，上海译文出版社 1999 年版，第 141—142 页。

解存在论的观点，理解乃是此在的基本存在方式。因此，创造者
在创造之前，就已经是一个理解者了。创造者总是由理解者转化
而来。而作为艺术家的创造者在其创作①过程中，也可以退出创
造，转而对作品采取理解的态度。但是，这种主体身份的改变，
在根本上从属于作品存在自身的理解经验与创造经验之间的运
动。因此，我们追问的问题仍然是：从理解到创造的运动，究竟
是一种什么样的运动呢？

　　在现代文艺理论之中，关于这种从理解到创造的运动，我们
常常用"误读"的概念来描述。因此，我们有必要对"误读"
的概念加以讨论。现代的误读理论的最权威的阐释者是哈罗德·
布鲁姆。在著名的《影响的焦虑》一书中，布鲁姆认为，"一部
诗的历史就是诗人中的强者为了廓清自己的想象空间而相互
'误读'对方的诗的历史"②。在他看来，新生诗人总是处于前辈
诗人的诗歌传统的影响的阴影之中，这就是影响的焦虑。这种影
响的焦虑，在新生诗人中的强者那里，激发起一种逆反运作的动
力，即通过有意无意地对前人诗作的误读来摆脱乃至否定传统，
进而为自己的创作开辟出新路。因此，误读理论实际上就是一种
创造的理论，是一种以误读来摆脱理解的经验从而达到创新的理
论。但是，误读理论的缺陷也是颇为明显的。首先，这种诗的历
史与弗洛伊德的"家庭罗曼史"的精神分析学模式的类比，是
否能够成立还值得考虑。其次，误读理论作为对诗的摆脱传统的
创造经验的一种解释，恰恰强化了新作品与旧作品的关联，以致
于"一首诗的意义只能是另一首诗"③。最关键的是，误读一定

---

　　①　在本书中，创造与创作的含义有相当大的差异。创造是与理解并列的基本艺
术经验，创作则是作品产生过程的总称，因而既包含了创造的经验也包含了理解的
经验。

　　②　布鲁姆：《影响的焦虑》，徐文博译，江苏教育出版社 2006 年版，第 5 页。

　　③　同上书，第 96 页。

能导致创造吗？事实上，能导致创造性的成果的误读，恰恰是在创造经验的引导下的误读。否则，误读仅仅就是一种错误的理解与解释而已。这也就是说，误读理论的最关键的缺陷，就在于混淆了两种不同的误读，即仅仅作为一种错误的理解的误读与由创造本身所引导的误读。这种混淆导致的后果是，作为一种错误的理解的误读仿佛构成了从理解到创造的运动的一道天然的桥梁。实际上，作为错误理解的误读与为创造所引导的误读之间有着根本的差异：前者归属于理解，后者归属于创造。

因此，从理解到创造的运动不能用误读的概念来解释。实际上，就和上文中谈到的从创造到理解的运动，乃是建立在创造与理解的断裂之上的一种飞跃一样，从理解到创造的运动同样是一种飞跃。创造本身就是理解的中断。这就是说，创造作为从意义之"无"到意义之"有"的突破，本身以理解的意义的内在性的突破为前提。从理解到创造的运动，可以描述为这样一种过程：意义之"有"→意义之"无"→意义之"有"。

这种从理解到创造的运动有其根本的必要性吗？理解的意义之"有"，何以中断为意义之"无"？毫无疑问，这里不存在一种因果关系的必然性的联系："创造的新事物是无原因的。"① 但是，我们仍然可以从两个方面来说明这种从理解到创造的运动的必要性。首先，创造需要理解的经验为其提供的基本的质料。意义总是某物或某事的意义，不存在抽象的意义本身。创造尽管是从意义之无到意义之有的突破，其突破也是建立在必要的质料的基础之上的。创造的行为在根本上就是一种重新赋意的行为。其次，更重要的在于，理解若要彻底地理解自身，就必须越过自身的边界，从创造来理解自身。现代诠释学把理解的结构视为意义

---

① 别尔嘉耶夫：《末世论形而上学》，张百春译，中国城市出版社 2003 年版，第 175 页。

先设定与理解自循环，因而既无法解决这在先设定的意义从何而来的问题，又无法突破自循环的先验内在模式。创造作为从意义之"无"到意义之"有"的突破，作为作品世界之构形、意义之生成与真理之发生，正是对意义从何而来的问题的解答。创造作为冒险的游戏，作为意义连续性的中断，则突破了理解的自循环的封闭性。这就是说，理解必须在理解的中断与越界中来理解自身，而理解的中断与越界，正是创造。

　　综上所述，无论是从创造到理解的运动，还是从理解到创造的运动，都不是一种连续性的过渡或转化，而是建立于两者的断裂的基础上的飞跃。但是，这种飞跃本身却又有其根本上的必要性：创造必须在理解中自我保持与实现，理解的经验则为创造提供了基本的质料，而且理解也必须从创造而来理解自身。因此，作为作品存在的基本维度的理解与创造的关系，可以被描述为一种张力的关系。一方面，两者在本质上相互有别；另一方面，两者又在作品存在中相互依存。这种相互有别又相互依存的关系，我们称为"张力"。因此，**作品的存在，作为理解与创造的共属的存在，实际上就是理解与创造的张力的存在。**

第三节　艺术真理经验的探究

　　艺术作品存在作为理解与创造的张力的存在，超出了现代诠释学的艺术哲学向度所展现出的艺术的理解经验及其真理探究所能把握的范围。这表明，诠释学并不能涵盖艺术哲学的全域，理解的真理也并不能涵盖艺术真理的全域。艺术真理乃是艺术经验的真理，而艺术经验在根本上是艺术作品存在的经验。既然我们把艺术作品的存在把握为理解与创造的张力的存在，那么，我们也就必须从作品存在的作为理解与创造的张力存在的经验来重新把握艺术的真理。作品的理解与创造的张力存在在何种意义上与真理相关联呢？这样的真理究竟是一种什么样的真理呢？在此，我们将对这些问题加以初步的考察与探索。

一　从理解的真理到理解与创造的真理

现代诠释学把艺术真理揭示为一种理解的真理。这里所说的"理解"首先是广义的理解，即作为诠释学经验的总称的"理解"。如前文所述，诠释学经验本身包含了存在论、认识论与方法论三个既关联又区分的层面。因此，艺术真理作为理解的真理同样包含了存在论、认识论与方法论的不同的层次。在存在论的层面上，艺术真理关联于作为此在基本存在方式的存在理解的经验，真理在此是"显现存在为一个存在在于理解存在的存在的问题"①。在认识论的层面上，艺术真理关联于作为认识批判的解释、反思等认识论经验，真理在此既是共识论的真理，也是符合论的真理。在方法论的层面上，艺术的真理的有效性是由一系列的现代人文科学方法尤其是说明的经验所保证的，在此意义上，作品的真理与文本的分析说明方法是统一的。不过，就此三个层面而言，存在论层面上的理解的真理对诠释学的艺术真理问题探究而言无疑最具根本性。艺术真理与意义理解在此层面上表现为本质相属的，两者都归属于作品自身的存在。作品的存在是真理性的存在。此真理性要求只有在意义理解的活动中才得以实现。作品的存在作为真理性的存在与作为理解的存在是统一的。因此，作品的存在也就表现为一种理解的真理事件。这表明，艺术真理的经验在根本上就是一种理解的存在经验，理解构成了艺术真理的基本存在方式。

但是，我们已经指出，把作品存在仅仅揭示为一种理解的存

①　利科：《存在与诠释学》，见洪汉鼎主编《理解与解释——诠释学经典文选》，东方出版社2001年版，第253页。

在，是与诠释学自身固有的意义内在性的局限相适应的。"意义内在性"在此既指意义的"先设定"，也指理解的"自循环"。两者在根本上是联系在一起的：理解的自循环依赖于意义的先设定，而意义的先设定则在理解的自循环中充实其自身。而艺术真理作为理解的真理实际上就是作品意义的展露与敞开。因此，在理解中实现的艺术真理同样是预先设定的真理。吉登斯曾以此来批评伽达默尔的诠释学："伽达默尔认为，解释学是'捍卫真理的一门学科'。但是，这意味着真理固有于存在中，这是存在主义现象学的原则性错误，而且是一个伽达默尔无法通过求助于辩证法而得到补救的错误。"① 这里所说的"原则性错误"就在于，把艺术真理局限于理解的真理的范围，不仅不能解决作品的意义生成与真理发生的问题，反而遮蔽了这一问题。尽管伽达默尔所说的理解的真理，已经是一种非现成的动态增殖的真理，即一种作品的"存在扩充"的"事件"，但是，如果不能回答作品如何从意义之"无"向意义之"有"的突破与生成的问题，如果不能把真理本身是如何发生的问题纳入艺术哲学的视野，那么，这种作为理解事件的真理在根本上就没有脱离意义与真理的现成化、实体化的危险。实际上，赫施的固定不变的"含义"的理论，正是把意义与真理现成化、实体化的结果。由此可见，此危险并非是外在于诠释学的。

对诠释学及其理解的真理的意义内在性的局限的突破，是艺术作品存在本身的经验的突破。作品存在的基本经验不仅包含理解的经验，也包含创造的经验；作品存在不仅仅是理解的存在，也是创造的存在。创造是为诠释学的艺术哲学探究所遮蔽了的作品存在的另一基本维度。何谓创造？我们在前文中已经指出，从

---

① 吉登斯：《社会学方法的新规则——一种对解释社会学的建设性批判》，田佑中、刘江涛译，社会科学文献出版社2003年版，第143页。

作品存在而来所规定的创造，就是作品世界的构形、作品意义的生成与作品真理的发生。因此，正是把创造的经验引入作品存在的经验之中，才解决了诠释学把艺术真理局限于理解的真理所不能解决的问题，即意义生成与真理发生的问题。创造作为作品意义的生成，就是从"无意义"到"有意义"的生成，是意义从"无"到"有"的突破。而从意义之"无"到意义之"有"的突破，也就是作品的真理的发生。在创造经验中的作品存在的自我保持，正是作品的存在的真理的发生的自我保持。因此，创造也就超出了理解意义内在性的先验图式的边界，突出了意义的"有"与"无"的转换的深层界面，进而成为的作品意义与真理的真正源泉。在此意义上，艺术的真理就是创造的真理。当然，正如创造必须在理解与解释的活动中才得以承认一样，在作品存在的创造经验中生成的意义与发生的真理，也必须在理解与解释的经验即诠释学经验中才得以承认和实现自身。艺术作品的理解与解释的经验，实际上也就是作为创造的存在的作品的世界、意义与真理得以被展露的经验。不仅如此，正如我们在前文所讨论过的，在作品存在的动态经验中，不仅有从创造到理解的运动，也有从理解到创造的运动，两者都有着根本上的必要性。因此，从作品的创造与理解的张力的经验来看，作品的意义与真理的发生与展露同样保持为一种张力的状态：真理的发生在其展露中并不是一览无余的展露，而是在展露的同时又遮蔽着自身；真理的展露同样不仅是单纯的现成意义与真理的展露，而是常常在展露中飞跃为新的真理的发生。这也就是说，艺术的真理的存在方式是一种动态的方式，它与作品的理解与创造的张力的存在在其张力的结构上是相通的。

因此，我们的观点是，艺术的真理不仅仅是理解的真理，也是创造的真理。**艺术的真理是理解与创造的真理，理解与创造构成了艺术真理的存在方式，它表现为作品意义的发生与展露及其**

张力关系。这是我们从作品存在本身的考察所得到的关于艺术真理问题的结论。但是，这样的结论本身是稳固的吗？诠释学的艺术真理探究给我们的一个重要启示在于，艺术的真理归根到底是存在与人的真理。艺术的真理是理解的真理，而理解乃是此在存在的基本方式，因此，"并不存在任何永恒的真理，真理就是与此在的历史性一起给出的存在的展开"①。也正如海德格尔在著名的《艺术作品的本源》一文中所说，"在'真理之设置入作品'这一标题中——其中始终未曾规定但可规定的是，谁或者以何种方式'设置'——隐含着存在和人之本质的关联"②。艺术的真理在根本上是与"存在和人之本质的关联"问题联系在一起的。"存在和人之本质的关联"的问题，是存在论的根本问题。这表明，艺术哲学本身必须深入到存在论的层面。而这也就是说，如果我们不能从存在论的层面对"艺术的真理是理解与创造的真理"加以进一步的论证和说明，如果我们不能对理解与创造及其张力的经验的存在论意义及其真理内涵加以进一步的考察与探究，那么，我们的这一结论仍然处于不稳固的状态之中。

二 走向意义与行动的存在论

讨论理解与创造及其张力关系的存在论意义，首先要承认理解与创造的经验本身是以存在为基础的。这一点我们已经在前文指出过。从主体论角度来看，作品是被理解与被创造的存在，作品归属于作为理解主体与创造主体的欣赏者与艺术家。但从存在论的视角来看，作品作为被理解与被创造的存在具有一种"被

① 伽达默尔：《真理与方法》，洪汉鼎译，上海译文出版社 1999 年版，第 698—699 页。

② 海德格尔：《林中路》，孙周兴译，上海译文出版社 1997 年版，第 70 页。

动中见主动"的意义，即作品的被理解与被创造的存在实际上
就是作品的理解与创造的存在，理解与创造在此是从作品的存在
本身来规定的。但是，理解与创造的经验并不仅仅是艺术作品存
在的经验。或者说，理解与创造之所以构成了艺术作品存在的基
本经验，就在于其本身就是存在的经验。艺术和存在的根本关联
就在于艺术本身也是归属于存在的："现实和艺术都从属于存
在。"① 因此，必须把理解与创造作为存在经验来考察。在此存
在经验的考察中，才能彰显出理解与创造，以及作为理解与创造
的张力的艺术作品存在的存在论的意义。

　　对作为存在经验的理解与创造的考察，关键的地方在于厘清
理解与创造经验的存在结构。就理解而言，其存在结构已得到了
现代诠释学——尤其是伽达默尔的哲学诠释学的详切深入的探
究。简而言之，理解的存在结构就是理解与前理解的循环结构。
但是，正如我们在前文中所指出，理解的循环结构本身是以意义
的先在设定为前提的。这种意义的先在设定作为关联于被理解者
的意义预期，就是前理解。因此，前理解实际上就是一种意义的
"先把握"："对本文的理解永远都是被前理解的先把握活动所规
定。"② 伽达默尔还进一步把这种"先把握"发展为一种"完全
性的先把握"："显然，这也是支配一切理解的一种形式的前提
条件。它说的是，只有那种实际上表现了某种意义完全统一性的
东西才是可理解的。"③ 之所以是"形式的前提条件"，是因为在
伽达默尔看来，这种完全性的先把握并未对被理解者的意义内容
加以规定，只是规定了其完全性的形式。这也就是我们在前文所

---

　　① 杜夫海纳：《审美经验现象学》，韩树站译，文化艺术出版社1996年版，第
581页。
　　② 伽达默尔：《真理与方法》，洪汉鼎译，上海译文出版社1999年版，第376
页。
　　③ 同上书，第377页。

说的意义与理解的先设定只是"有意义"的先设定，而不是对意义内容本身的设定的意思。因此，"完全性的先把握"的提法最明显地表现出了诠释学的"意义内在性"这一先验哲学的残余①。当然，这并非我们讨论的重点。我们的问题是，这种理解循环与意义先设的经验是一种什么样的存在经验呢？首先，如果正是意义内在性构成了理解的存在经验本身的边界，而在诠释学看来，理解的经验正是最普遍的存在经验，那么，我们就可以说，正是意义本身构成了存在。这也就是说，意义不仅仅是一种存在，而就是存在。存在与意义是同一的。这是一种意义存在论。因此，理解的存在经验就是一种意义存在论的经验。其次，前理解的意义预期或者说意义的先设定尽管不是对意义内容的设定，而仅仅是对"有意义"设定，但是，"有意义"也就意味着意义已经"有"了，只不过是未被揭示出来而已。理解正是对这种已经"有"了意义的揭示与展露。这也就是说，意义虽然已经"有"了，但是仍然是被遮蔽、被隐藏的，只有在理解的运动中，意义才得以敞开、显露出来。既然意义与存在是同一的，那么，意义的被遮蔽、被隐藏和被敞开、被展露，也即是存在本身的被遮蔽、被隐藏和被敞开、被展露。可以看到，理解的经验正是处于这一存在本身的"隐"和"显"的转换的界面。因此，理解的经验就是存在的"隐""显"转换的经验。结合到理解经验的意义存在论特征来看，这也就是说，**理解的经验作为**

---

　　① 伽达默尔并不讳言这一点："因而，这种支配一切理解的完全性的先把握本身在内容上每次都是特定的。它不仅预先假定了一种内在的意义统一性来指导读者，而且读者的理解也是经常由先验的意义预期所引导，而这种先验的意义预期来自于与被意指东西的真理的关系。"（《真理与方法》，洪汉鼎译，上海译文出版社1999年版，第377页）可以看到，这种完全性的先把握的观念，在除德里达之外的现代诠释学的诸代表人物都得到了或多或少的认可。而德里达虽然突破了"完全性"的设定，但并未突破——甚至反而加强了意义先在的设定。

一种意义存在论的经验，就是意义或存在的"隐""显"转换的经验。

与理解的存在经验得到了诠释学的深入探究相比较，创造的经验的存在结构仍未曾得到彻底考察。我们在此也仅能根据前文中对创造的经验的一些初步的论述对此加以探究。我们认为，创造即冒险即理解的中断。这表明，创造的存在结构在一定程度上应该具有和理解相反的特征。如果理解的存在是一种循环的结构，那么，创造则是非循环、非连续的。这也就是说，与理解的意义先设相反，创造本身并不事先设定什么①，因而也就不存在自我循环的可能。创造作为理解的中断是非循环的。不仅如此，创造作为理解的中断，其本身的存在就表现为一种中断，因而是非连续的。这种非连续性的中断不仅是意义的连续性的中断，同时也是时间连续性的中断。当然，这并不是说创造是非时间性的。我们已经指出，创造的时间基点在于将来。别尔嘉耶夫认为，创造的时间是一种区别于"历史时间"的"生存时间"："真正创造的新事物在生存时间里，在没有被客体化的时间里完成，即按垂直线，而不是按照水平线完成的"②。作为"垂直线"的生存时间，也就是中断的时间。中断本身就是一种时间的样式。这里的关键的问题是，这种"事先不设定什么"的非循环与非连续是如何可能的？"事先不设定什么"，并不是说什么也没有，而是事先不进行意义的设定。这也就是说，意义在此首先是"无"。创造就是从意义之"无"到意义之"有"的突破。可以看到，正是意义之"无"的引入，才使得创造的非循环与

---

①　这不是说创造不需要质料。质料不管设定不设定，都是存在着的。创造接受质料，而不是设定质料。

②　别尔嘉耶夫：《末世论形而上学》，张百春译，中国城市出版社 2003 年版，第 173 页。

非连续的特征成为可能。我们已经谈到过，创造作为理解的中断，是一种彻底的中断，因而不能被完全整合到理解的效果历史与视域融合的辩证运动中。如果理解的经验就是存在，那么，理解的彻底中断就是存在的中断，存在的中断就是非存在，也就是"无"。因此，"无"是比非循环、非连续更为原始的东西，是使得后者成为可能的东西。但是，正如冒险不仅是中断，也是聚集一样，创造并也不仅仅是意义之"无"，而是从意义之"无"到意义之"有"的突破。这表明，尽管创造包含了意义之"无"，但意义之"无"又恰恰是创造要克服的东西："在更深刻的意义上，创造是对非存在的胜利。"① 另一方面，当创造克服了意义之"无"，而获得了其胜利的果实即新的意义，创造本身也就隐退了，因为新意义为了获得承认必须进入理解之中。因此，创造既不仅仅是意义之"无"，也不仅仅是意义之"有"，而是从意义之"无"向意义之"有"的突破本身。与理解的经验作为意义的"隐""显"转换的经验相对应，创造的经验就是意义的"无""有"的生成的经验。不过，由此也引发的进一步的问题是，这种作为意义"无""有"生成的经验的创造的经验，其存在论的意义是什么？

我们已经把理解的经验阐释为一种意义存在论的经验。意义存在论的核心是意义与存在的同一。也就是说，意义就是存在，存在者的存在就是有意义的存在。可以看到，意义存在论实际上就是一种意义先验论，即"有意义"的先验设定的理论。但在创造的经验中，意义不仅"有"，而且首先是"无"，或者说，意义是从"无"到"有"。因此，创造的经验不能被局限在意义存在论的范围之内。但是，超出意义存在论，并不意味着超出存

---

① 别尔嘉耶夫：《末世论形而上学》，张百春译，中国城市出版社2003年版，第183页。

在论。一方面，意义存在论只是存在论的某种样式，尽管常常是被等同于存在论本身的样式。比如，海德格尔把存在论的基本问题设立为"存在的意义"的问题，但是，"存在的意义"不能等同于"意义的存在"①，正如勒维纳斯所说，"海德格尔的论说的关键在于，它提出了存在是任何意义的本源"②，存在在存在者状态上的显现就是意义，但是存在之为存在本身却不能等同为意义，而是意义的本源。另一方面，作为"非存在"的"无"同样归属于存在。事实上，在海德格尔看来，如果从存在者的角度来看存在，存在就是"无"："无是对存在者的不，因而是从存在者方面被经验的存在。"③ 也就是说，只有存在者才存在，而存在不是存在者，因此，从存在者的角度来看，存在本身恰恰是不存在的。作为不存在的存在就是对存在者的"不"，也就是非存在，即"无"，因此，存在和"无"在根本上是共属一体的："作为与存在者不同的东西，无乃是存在之面纱。"④ 不过，存在也不仅仅是"无"。存在终究是存在者的存在，存在者存在着，在此意义上，存在是"有"。存在在存在者状态上的显现就是意义，因此，存在作为"有"，是意义之"有"。而存在作为存在本身，超出了意义的存在，因而是"无"意义的。从此角度来说，存在作为"无"，也就是意义之"无"。因此，存在既是"无"，也是"有"；既是意义之"无"，也是意义之"有"。存

---

① 这种等同在国内的海德格尔研究者中颇为常见。比如叶秀山先生就认为，"真正存在论的'存在'，是'意义'的存在，是'存在'的意义"。参见《思·史·诗》（人民出版社1988年版）中有关海德格尔与萨特的章节。当然，这与海德格尔本人的思想的前后变化及其表述的模糊性也有极大的关系。

② 勒维纳斯：《上帝·死亡与时间》，余中先译，三联书店1997年版，第143页。

③ 海德格尔：《路标》，孙周兴译，商务印书馆2000年版，第142页。

④ 同上书，第364页。

在本身就包含了"无"与"有"、意义之"无"与意义之
"有"的区分①。不过，正如海德格尔所指出的那样，这种区
分不是静态的分割，而是动态地差异性的"争执"或"运
作"："存在本身的一体性的区分化的运作。"② 事实上，存在
如果终究是存在者的存在，那么，存在之"无"或者说意义之
"无"也就必须关联于存在之"有"或者说意义之"有"，进
而保持为存在或意义之"有""无"之间的运作。因此，存在
者存在，就是在此运作中存在。这种运作，勒维纳斯称之为存
在本身的"行动"："海德格尔所带来的最非凡的东西，是动
词存在的一种新的音质：确切地说，是它的动词音质。存在：
不是存在着的东西，而是动词，是存在之'行动'。"③ 存在是
存在之行动。这也就是说，存在本身就是行动。这是一种行动
的存在论。在行动存在论的视野之中，存在作为行动表现为存
在之"无"与存在之"有"、意义之"无"与意义之"有"之
间的运动。但是，我们在前文岂不是已经指出，创造的经验正
是意义之"无"与意义之"有"的生成经验吗？意义之无与
意义之有的生成岂不正是归属于存在本身的"有""无"运作
的行动吗？这表明，创造在根本上归属于存在之行动本身。**创
造的经验作为一种意义"无""有"生成的经验，在根本上是
一种行动存在论的经验。**

在此，我们必须进一步思考"行动"。行动在原始的意义上
是存在本身的行动："行动的本质乃是完成。而完成意味着：把
某种东西展开到它的本质的丰富性之中，把某种东西带入这种丰

---

① 这种区分实际上就是海德格尔所说的"存在论差异"。

② 孙周兴：《说不可说之神秘》，上海三联书店 1994 年版，第 13 页。

③ 勒维纳斯：《上帝·死亡与时间》，余中先译，三联书店 1997 年版，第
136 页。

富性之中，即生产出来。因此，真正来说，唯有已经存在的东西才是可完成的。而首先'存在'的东西乃是存在。"① 存在的行动就是存在的"展开"与"生产出来"，即存在的敞开状态的"完成"。但是，存在是如何"展开"与"生产出来"的呢？如果不是借助于人的参与，存在又如何得以展开与生产呢？当然，这并不是说存在可以像对象性存在者那样被作为主体的人摆置、规划与制造，也不是说存在必须归结为人这种存在者的存在，而是说，存在在作为行动的维度上达乎人与存在的本质关联。海德格尔把这种存在与人的本质关联称为"此在"："为了用一个词语既表示存在与人之本质的关联，又表示人与存在本身的敞开状态（即'此'）的本质关系，我们选择了'此在'这个名称，以之意指人之为人所置身于其中的那个本质领域。"②人作为此在就是总已经站入存在之敞开状态的存在者。此在意指这样一种存在者的存在："这个存在者为存在之敞开状态保持敞开，它由于忍受着这种敞开状态而立身于此种敞开状态之中。"③ 由此可见，存在与人的本质关联首先就在于人本身就是从存在的敞开状态来规定的。人与存在的关联在根本上就归属于存在。但是，如果人本身就是从存在的敞开状态来规定的，人本身就已经站入了存在的敞开状态之中，这岂不意味着，人总是已经参与了存在的展开与生产之中吗？用海德格尔的话说，此在的"本质"就是"去存在"。"去存在"也就是参与到存在中去，就是在存在中对存在"有所作为"，而"有所作为"就是行动。因此，存在本身的行动在此也就必须表现为人的行动。或者说，存在的行动正是通

---

① 海德格尔：《路标》，孙周兴译，上海译文出版社1997年版，第366页。
② 同上书，第439页。
③ 同上书，第441页。

过人的行动而达乎自身。①

　　人作为存在者归属于存在，而存在作为行动则通过人的行动达乎自身，那么，人的行动对人本身来说就表现为一种"本能"，并具有一种存在论上的"根源性"："行动的本能从本体论上就是根源性的。"② 值得注意的是，这里所说的"本能"，并不是生物学意义上的本能，而是指作为人的存在的根本性规定。用阿伦特的话说，行动乃是"人类独有的特权"，因而是人类"诞生"——人之为人的"诞生"——的基本因素。③ 那么，这种在人的行动意义上的行动，是一种什么样的行动呢？"就其最一般的意义而言，行动意味着采取主动，意味着开始，意味着促使某物启动。由于他们就诞生而言是 initium（即新来者和初学者），所以，人们采取主动性，促成行动的产生"④。由此可见，人的行动的最主要的含义就在于"主动"和"开始"。人的行动之所以是主动的，因为就人的存在或者说从存在而来的对人的规定来说，人是"新来者和初学者"，而作为"新来者和初学者"若欲有所得，就必须主动。主动，就是主动去"做"，主动去开始某事，而开始某事总是意味着开始某些新的东西："我们对我们的

---

　　①　这里是本书所不同意于海德格尔，尤其是后期海德格尔的地方。在后期海德格尔那里，由于过多地强调"存在之天命"，因而掩盖了人的行动对存在自身运动的根本的重要性。

　　②　阿伦特：《人的条件》，竺乾威等译，上海人民出版社 1999 年版，第 237 页。本书对"人的行动"方面的阐释，在很大程度上借重阿伦特的思考。但是，阿伦特强调人的行动的群体性，因而认为，行动在根本上是政治行动。本书不同意这一观点。在我看来，行动有群体性的行动，也有个体性的行动。艺术作为行动在根本上就是一种个体行动。**艺术与政治，就其个体性与群体性的区分而言，构成了人的行动的两级**。这些观点在本书中并未得到展开。

　　③　参见阿伦特《人的条件》，竺乾威等译，上海人民出版社 1999 年版，第 18、2 页。

　　④　同上书，第 180 页。

主动性开启一些新的东西，以对这一刻作出反应。"① 着眼于新
事物的诞生就是开始的本质。但是，新事物何以是"新"的呢？
新事物之所以为新，首先在于它是我们原来没有的东西。因此，
开始作为新事物的诞生就是从"无"到"有"的运动。不过，
正是因为新事物是从"无"到"有"的，那么，新事物在诞生
之前就是不可预见的。这也就是说，行动作为开始，具有一种不
可预见性："这一让人甚感诧异的不可预见性是起源和开端所固
有的。"② 不可预见，也就是其存在未得到规定、未得到保护的。
因此，在此意义上，行动就是冒险，而冒险——正如我们在前文
所说的在艺术游戏的范围中——就是创造。但是，新事物之所以
为新还有另一个方面，即此新事物的"新"必须得到承认。这
也就是说，此新事物必须被编织到已有的旧事物的意义网络之
中："通过言说来表明'谁'，通过行动来确定新的开端，所有
这些总会陷入一张早已存在的网中，在这张网中可以感受到它们
直接的后果"③。无疑，这种对新事物的"承认"或者说"编
织"入已有的意义之网的活动，即是理解。这也就是说，**人的
行动在根本上就是理解与创造**。

　　我们从创造的经验出发，把创造的经验揭示为一种行动存在
论的经验，然后又从存在的行动推演出人的行动，而人的行动在
根本上就是理解与创造。但是，理解的经验岂不是已被我们归属
于一种意义的存在论么？这岂不是前后矛盾吗？在我看来，这一
矛盾恰恰揭示出了行动存在论与意义存在论之间的深层关联。这
也就是说，行动和意义在根本上是交织在一起的。一方面，**行动**

---

① 阿伦特：《人的条件》，竺乾威等译，上海人民出版社 1999 年版，第 180 页。
② 同上。
③ 同上书，第 185 页。

构成意义①。这里的构成既包含生成、发生的意思，也包含展开、构造的意思。行动的意义生成或发生，也就是意义从"无"到"有"的突破，即创造。这种意义从"无"到"有"的创造的行动，直接关联于存在本身的"无"、"有"生成的行动。但是，行动还有更为广泛的意思。它也把作为意义从"隐"到"显"的运动的理解包含在自身之中。行动所生成的意义，本身并不就是敞开着的，而同样是隐而未彰的。因此，只有意义最终被理解了，即此意义被展开、被显露了，行动的意义生成才能得到最终的实现与完成。如果说作为创造的意义从"无"到"有"的行动可以直接看做一种存在本身的行动，那么，作为理解的意义从"隐"到"显"的行动则可以被看做此存在行动在存在者状态上的一种衍生与变形。② 我们已经指出，理解作为意义的"隐""显"转换的经验是一种意义存在论的经验。这种意义存在论预先设定了意义的存在，而这种预先设定了的意义存在就是存在者状态上的存在，因为存在者总是已经"有"存在，总是"有意义"的存在。因此，意义存在论本身同样也可以看作行动存在论在存在者层次的衍生。另一方面，**意义可以还原、中断为行动**。正如我们在前文中讨论过的那样，理解若要彻底地理解自身，就必须越过自身的边界，从创造来理解自身，那么，与理解经验相适应的意义的存在论要摆脱意义设定的先验性，也就必须

---

① 这正是"行动"与"行为"的区别。行动构成意义，行为则不构成意义。行动与行为的概念的差异是现代行动哲学的一个基本的区分。

② 在海德格尔那里，存在的"无""有"生成与"隐""显"转换之间的关系并不清楚。研究者一般认为，这两者实际上就是一回事。此观点可参见张志扬先生、孙周兴先生等的相关论著。但在我看来，"无""有"生成与"隐""显"转换在存在论上并不处于同一层次。**"无""有"生成是在存在本身的层次上的运作，即作为存在的存在，而"隐""显"转换则是存在在存在者层次上（即"有"）的运作，即存在者之存在。这两个层次之间的关系是一种"两重性"的"区分"之统一**。此问题在本书中也并未展开。

从行动的意义生成来理解自身。或者说，既然意义是由行动构成的，那么，意义也就可以还原为行动。不过，这种还原实际上也就是中断，即意义之"有"中断为意义之"无"。只有通过这种中断，意义才能还原为行动。这一点可以得到现象学的意义世界理论的证明。许茨在《社会实在问题》中提出了"多重实在"的概念。多重实在也就是多重意义世界。这就是说，我们所面对的意义世界本身就是多重的，每一重世界就是一个"有限意义域"。不仅如此，诸有限意义域之间不是以相互融合的形式呈现的。因此，意义域之间的转换就不是一种连续性的转换，毋宁是一种中断性的"悬置"与"跳跃"，而这种"悬置"与跳跃也就是行动。① 这表明，行动始终贯穿于意义存在之中。行动构成意义，意义可以还原、中断为行动，而且这种中断和还原本身就是行动。因此，意义与行动、意义存在论与行动存在论始终是交织在一起的。**理解与创造及其张力的存在经验所指向的就是一种意义与行动的存在论。**

三 艺术真理与自由的召唤

如果理解与创造及其张力的存在经验就是意义与行动的存在论的经验，而艺术作品的存在就是理解与创造的张力的存在，那么，艺术作品的存在本身就可以归属为意义与行动的存在论。在意义与行动的交织的层面上，艺术作品的存在就是意义的行动与行动的意义。因此，我们对艺术真理的探索，也就必须纳入意义与行动的存在论的框架。在前文我们已经指出，艺术的真理是理解与创造的真理，它表现为作品意义的发生与展露。既然理解与创造的经验的存在论的层面上指向意义与行动的存在论，那么，

---

① 参见许茨《社会实在问题》，霍桂桓、索昕译，华夏出版社 2001 年版，第283—347 页。

理解与创造的真理在存在论上也就是意义与行动的真理。行动构成意义，而意义则可以中断、还原为行动。意义与行动、意义存在论与行动存在论始终是交织在一起的。但在意义与行动之间，行动无疑占有优先性。行动的真理为意义的真理奠基。因此，意义与行动的真理最终可以还原为行动的真理。但是，行动何以与真理关联呢？行动何以"有"真理呢？或者说，行动的真理性何在呢？对此，我们的观点是，**行动的真理性即是自由**。这也就是说，行动在根本上是和自由关联在一起的，而自由则在根本上关联于真理，因此，自由也就构成了行动的真理。

把行动与自由关联在一起并不是什么新颖的观点。这里的关键在于，行动与自由的关联是一种根本性的关联。这就是说，自由就是行动，行动就是自由。何以自由就是行动、行动就是自由呢？自由岂不首先是意志的自由吗？确实，在传统西方哲学的视野中，人的自由首先是某种"内在"的东西，然后才表现为外在的行动的自由，而这种内在的东西就是自由意志。因为意志就是能够自我主宰的东西，而自我主宰就是自由。但是，如果我们不把意志看作某种被先验设定的东西，我们就必须追问：意志何以成为意志呢？这也就是问，意志何以显现为意志呢？意志只有在受到阻碍的情况下才显现为意志。不仅如此，这种阻碍还必须是意志的自我阻碍，意志才真正显现出来。意志的原初现象就是在"心灵的密室"中发生的"我与我自己展开的激战"①。但是，这岂不就是说，意志的经验本身既是自由的，又是不自由的吗？"如果人真的具有一种意志，我们就必然总是会看到一种离奇的现象，仿佛在同一个人身上同时存在着两个意志，互相战斗

---

① 奥古斯丁：《忏悔录》，第8卷第8章。转引自阿伦特《什么是自由》，见贺照田主编《西方现代性的曲折与展开》，吉林人民出版社2002年版，第382—383页。

着控制他的心灵的力量。因此，意志既是有力的，也是无力的，既是自由的，也是不自由的。"① 按照阿伦特的看法，意志的经验实际上就是"我欲"与"我能"的分裂，这种分裂的结果恰恰意味着"我能"的活动能力的丧失。因此，"人一旦开始意志自由，就意味着他们不再能够成为自由的"②。这也就是说，意志自由不是人的真正的自由，意志与自由之间的关联并不是一种根本性的关联。意志的自由源于某种更为原始的真正的自由，后者不能局限于主体自我的孤独的"内在空间"。什么是这种更为原始的真正的自由呢？如果意志之所以既是自由的，又是不自由的，就在于"我欲"与"我能"的分裂，那么，人的真正的自由就必须是"我欲"与"我能"的合二为一。与"我能"关联的"我欲"，就意味着"我"能够采取主动。与"我欲"关联着的"我能"，则意味着我有做某事的能力，我能够开始某事、启动某事。因此，"我欲"与"我能"的合二为一，也就意味着"主动"与"开始"的统一。"主动"与"开始"的统一，正是人的行动的基本含义。这表明，人的真正的自由，恰恰就是人的行动本身："人是自由的——因而与他们所拥有的自由的能力不同——当且仅当他们行动之时，既非行动之前也非行动之后；因为是自由的与是行动着的实际上是一回事。"③ 我们在前文中已经指出，行动乃是人的存在的基本规定，因为人在根本上就是一个"开始"或"诞生"，而在此我们可以看到，人的真正的自由作为行动，恰恰就是这种主动去开始某种新的东西的能力与经验本身，因此，正是这一行动与自由的根本关联的意义上，可以

---

① 阿伦特：《什么是自由》，见贺照田主编《西方现代性的曲折与展开》，吉林人民出版社 2002 年版，第 386—387 页。

② 同上书，第 387 页。

③ 同上书，第 377 页。

说："成为人与成为自由是一回事情。"①

我们已经论证了行动与自由的根本关联：对人来说，是自由的与是行动着的实际上是一回事。但是，自由何以构成行动的真理呢？如果自由构成了行动的真理，那么，首先需要论证的就是自由本身的真理性。我们所说的真理乃是存在论意义上的真理。这就是说，真理在此根本上是和存在关联在一起的。因此，自由的真理性，也是就自由的存在论意义来说的。何为自由的存在论意义？"自由乃是绽出的、解蔽着的让存在者存在"②。何谓"让存在者存在"？就是让存在者成其所是。海德格尔解释说，这种"让……存在"或"让……成其所是"，不包含放任某物、放弃某物、疏忽某物、对某物漠然置之的消极意义，甚至也不是指对某物的保管、照料和安排，毋宁说是对存在者的存在本身——存在者的敞开状态的一种参与："让存在——即让存在者成其所是——意味着：参与到敞开域及其敞开状态之中，每个仿佛与之俱来的存在者就置身于这种敞开状态之中。"③ 也正是在此意义上，"让存在"本身就是"绽出着"、"解蔽着"的。但是，何谓敞开域或敞开状态呢？敞开就是无蔽。存在者的敞开状态，就是存在者之无蔽状态。存在者之无蔽，岂不正是存在论意义上的真理吗？"真理乃是存在者之解蔽，通过这种解蔽，一种敞开状态才成其本质。"④ 如果自由就是让存在者存在，而让存在者存在就是参与到存在者的敞开状态之中，而存在者的敞开状态正是作为存在者之解蔽的存在论的真理，那么，这也就意味着，在存在论的意义上，自由就是存在论的真理。用海德格尔的话说，

---

① 阿伦特：《什么是自由》，见贺照田主编《西方现代性的曲折与展开》，吉林人民出版社 2002 年版，第 393 页。

② 海德格尔：《路标》，孙周兴译，商务印书馆 2000 年版，第 221 页。

③ 同上书，第 217 页。

④ 同上书，第 219 页。

"真理的本质乃是自由"①，"如此这般来理解的作为让存在者存在的自由，是存在者之解蔽意义上的真理之本质的实现和实行"②。不仅如此，正是在对自由与真理的存在论关联的讨论中，我们进一步发现了自由、真理与行动的关联的问题。在前文中，我们已经谈到，行动可以从存在而来理解为存在自身的行动，也可以从人而来理解为人的行动，存在的行动通过人的行动达乎自身。一方面，何谓存在的行动？存在的行动就是存在的"展开"与"生产出来"，即存在的敞开状态的"完成"。存在的敞开状态岂不正是"让存在者存在"，岂不正是存在论意义上的真理以及作为真理的本质的自由吗？这意味着，在存在论的意义上，存在的行动本身就表现为真理与自由。另一方面，存在的行动必须表现为人的行动，这也就反过来意味着，如果没有人的行动，如果没有人的存在的参与，存在的行动本身也就成为不可能。我们已经把人的行动论证为人的真正的自由，如果存在的行动本身就表现为作为"让存在者存在"的自由，那么，这种自由也必须表现在作为人的行动的人的真正的自由之中。事实上，当我们谈到"让存在"乃是对存在者存在的一种参与之时，已经隐含了这一点了。这里所说的"参与"，如果不是人的参与，又是什么呢？"自由乃是参与到存在者本身的解蔽过程中去。被解蔽状态本身被保存于绽出的参与之中，由于这种参与，敞开域的敞开状态，即这个'此'，才是其所是。"③"此"就是存在者的敞开域的敞开状态，而人就是参与到这一敞开状态之中的作为自由的存在，即"绽出的此之在"，而绽出的此之在也就是自由。这表明，作为人的行动的人的自由与作为存在的行动的存在的自由在

---

① 海德格尔：《路标》，孙周兴译，商务印书馆2000年版，第214页。
② 同上书，第219页。
③ 同上书，第218页。

存在论及其真理的意义上是统一的。或者说，**在存在论的意义上，人与存在的自由、真理与行动实际上是一回事情**。也正是在此意义，我们说，行动的真理性就是自由。

在此，我们可以回顾一下我们的思路。在上一节中，我们提出的观点是，艺术作品的存在就是理解与创造的张力的存在。如果艺术真理是艺术经验的真理，艺术经验在根本上是艺术作品存在的经验，而作品存在被揭示为理解与创造的张力的存在，那么，我们的艺术真理探究也就突破了现代诠释学的把艺术真理局限于理解的真理的观点，艺术真理在此被表述为理解与创造的真理，它表现为作品意义的发生与展露及其张力关系。但是，如果我们不能从存在论的层面对此观点加以进一步的论证和说明，如果我们不能对理解与创造的经验的存在论意义及其真理内涵加以进一步的考察与探究，那么，我们的这一结论仍然处于不稳固的状态之中。因此，我们通过对作为存在经验的理解与创造的存在结构的考察，进一步把理解与创造及其张力的经验揭示为一种意义与行动的存在论。这也就意味着，我们对艺术真理的探索，也就必须纳入意义与行动的存在论的框架。艺术真理作为理解与创造的真理也就是意义与行动的真理。不过，在意义与行动的交织之中，行动具有优先性，因而可以把意义与行动的真理还原为行动的真理。对此，我们的观点是，行动的真理性就是自由，自由构成了行动的真理。这也就是说，我们对艺术真理的探究，最终指向了自由。

事实上，当我们把艺术的真理最终在意义与行动的存在论的层面上揭示为自由，也就触及了西方思想关于艺术的探究的另一个重要线索，即美的线索。何以如此说呢？因为，**美的存在论意义，同样也就是自由**。在"美的先知"柏拉图那里，美不仅在理念世界"放着璀璨的光芒"，即使是在灵魂被污损的扰攘的尘世之中，"她仍然比一切更明朗"，因此，"只有美才赋有一种能力，使她显得最出色而且最可爱"。① 这表明什么呢？这表明美的存在具有一种最终的显明性，它在给出美的事物的同时也给出自身，就像光在使得被光所照耀的事物得以显露的同时也显露出自身。因此，美的存在论结构就可以描述为"一种使事物在其尺度和范围中得以出现的显露"②。事物在其尺度和范围中的显露，也就是存在者在其存在中的自我显露与敞开。这正是存在论意义上的作为"让存在者存在"的自由。同样，在"美学的真正创始人"康德那里，美也隐含着此种意蕴。在《判断力批判》中，康德对美的第一个规定就是在"质"上的"无功利性"的规定："鉴赏是通过不带任何利害的愉悦或不悦而对一个对象或一个表象方式作评判的能力。一个这样的愉悦的对象就叫做美。"③ 这也就是说，当我们作出"某某东西是美的"这样一个判断时所要求于我们的东西，绝不可能是功利的。何谓"无功利"？它意味着一种冷淡无趣、漠然置之吗？非也！"无功利"首先意味着，要把某物感受为美的，我们就不能着眼于对此物的拥有、利用和使用，着眼于我们自身的目的、意图和利益来考虑它。对某物的审美，就是真正把某物作为某物自身显现出来，让某物在其所是中开放出来："为了感受某物是美的，我们必须让与我们照面的事物本身纯粹作为它自身、以它本身的等级和地位出现在我们面前。"④ 这岂不正是"让存在者存在"的意思吗？因此，"对于美之为美的行为和态度，以康德的说法，乃是自由

---

① 柏拉图：《文艺对话集》，朱光潜译，人民文学出版社1963年版，第126—127页。

② 伽达默尔：《真理与方法》，洪汉鼎译，上海译文出版社1999年版，第616页。

③ 康德：《判断力批判》，邓晓芒译，人民出版社2002年版，第45页。

④ 海德格尔：《尼采》，孙周兴译，商务印书馆2002年版，第119页。

的喜爱"①。实际上，美的这样一种自由的存在论意义，在黑格尔那里已经以一种卓越的方式阐述出来了。在对"美的理念"的考察中，黑格尔写道："因此，审美带有令人解放的性质，它让对象保持它的自由和无限，不把它作为有限需要和意图的工具而起占有欲和加以利用。所以美的对象既不显得受我们人的压抑和逼迫，又不显得受其他外在事物的侵袭和征服。……无论就美的客观存在，还是就主体欣赏来说，美的概念都带有这种自由和无限；正是由于这种自由和无限，美的领域才解脱了有限事物的相对性，上升到理念和真实的绝对境界。"② 黑格尔的卓越之处就在于，他不仅谈到作为"让存在者存在"的存在的自由，而且始终是结合着人的自由——"人的解放"来谈的。如我们在前文所说，存在的自由归根结底必须表现在作为行动的人的自由之中。

　　因此，正是在此意义上，我们触及了海德格尔的谜一样的命题：对艺术作品而言，"美乃是作为无蔽的真理的一种现身方式"③。对此，我们的解释是，作为无蔽的真理就是自由，美作为无蔽的真理之现身也就是自由的现身。自由构成了艺术的美与真的交叉点。当然，此自由既包含了存在的自由，也包含了人的自由。在此意义上，自由就是行动。因此，当我们遭遇伟大的艺术作品之时，当我们为艺术之美心醉神迷之时，我们也正行进在迈向艺术真理的途中。在此路途中，我们倾听着的，乃是行动的呼声，乃是自由的召唤。此召唤，如歌，如风，回荡在永恒的人类历史性的大地之上：

---

　　① 海德格尔：《尼采》，孙周兴译，商务印书馆2002年版，第119页。

　　② 黑格尔：《美学》（第一卷），朱光潜译，商务印书馆1979年版，第147—148页。

　　③ 海德格尔：《林中路》，孙周兴译，上海译文出版社1997年版，第40页。

歌唱，如你的教诲，不是欲求，
不是追索终将企及之物；
歌唱是存在。这对神轻而易举。
可是我们何时在？他何时转动
地球和星辰，转向我们的存在？
……
学会忘却昔日的歌吟吧。它流逝。
在真理中歌唱是另一种气息。
一无所求的气息。神境的吹拂。一阵风。①

---

　①　里尔克：《致奥尔弗斯的十四行诗》，第一部第三首。见里尔克等《〈杜依诺哀歌〉与现代基督教思想》，林克译，上海三联书店 1997 年版，第 48—49 页。

结　语

　　本书的结束，与其说是一个结束，不如说是一个开始。在书中，我们以艺术真理问题为核心，考察了西方现代诠释学的艺术哲学向度所展现出来的广阔的思想领域。在此基础上，我们尝试着为西方现代诠释学的艺术哲学向度及其艺术真理论寻找限度、划定边界。但是，划界也就是越界。我们的设想是，在批判逐渐地展开中，在艺术真理问题本身的引导之下，凸显出与对此理论限度的深入认识相关联的新的可能的理论前景。就此而言，我们还处在它的最初的起点。

　　首先，与现代诠释学的艺术哲学向度的广阔的思想幅度与完备的哲学层次相比，我们对"作为理解与创造的张力存在的作品存在"的探究，远未达到相应的幅度的广阔性与层次的完备性。我们曾经指出，创造也包含存在论、认识论、方法论的层次。创造的存在论是冒险，创造的认识论是新知，创造的方法论则是技艺。但是，这一构想还仅仅是构想，它还需要思想与艺术经验的支持，需要在哲学的根基处的拓展。事实上，这种拓展本身就已经是一门独立的学问了。在古希腊人那里，创造之学即诗学。而我们已经知道，诠释学即理解之学。因此，我们的以"作为理解与创造的张力存在的作品存在"为出发点的艺术哲学的构想，实际上是一种诗学诠释学的宏大构想。但这还仅仅是构想。

　　其次，我们关于艺术真理的讨论同样是远未完成的。我们把艺术的真理思为理解与创造的真理，思为意义与行动的存在论的真理。我们还把意义与行动的交织还原到行动，而行动的真理性则是自由。因此，艺术的真理之途回荡着自由的召唤。但是，什么是此召唤所回荡于其中的敞开之域呢？最根本的敞开之域即世界。但是，世界却建基于大地之上。世界与大地乃是人类的历史性生存的世界与大地。人类的历史性生存，即时间性。因此，意义与行动的问题，真理与自由的问题，最终都要到时间问题的视野中获得根基。但时间却是深渊一样回避着我们的思的东西。

再次，我们讨论艺术揭示的真理，讨论艺术自身的真理性，这是否陷入了虚无缥缈的玄思？在导言中，我们曾经向自己提问：艺术在我们的时代还能够表达、揭示或显现真理吗？艺术的存在本身还葆有其真理性吗？经历过漫长的路途之后，我们回答了这一问题吗？在对现代诠释学的艺术哲学向度及其艺术真理论的批判性研究的基础上，我们重新思考艺术真理的内涵，并用我们的思考来为艺术的真理性辩护。但用艺术的真理性来论证艺术的真理，岂不陷入了自我论证的循环之中了吗？要走出这一循环，只能依靠活生生的真实的艺术经验。这就是说，真理的思考必须转化为真理的批判，艺术的哲学必须转化为艺术的批评。但是，转化还未开始。

我们站在起点。道路却纵横交错的在眼前展现。"我在那路口久久伫立，/我向着一条路极目望去，/直到它消失在丛林深处"（弗罗斯特）。但是，没有上路的人，又如何得知道路两旁的景致，以及此道路将通向何方呢？或许，最要紧的，恰恰是"在路上"，在思想的"林中路"上：

　　　林乃树林的古名。林中有路。这些路多半突然断绝在杳无人迹处。这些路叫做林中路。每人各奔前程，但却在同一林中。常常看来仿佛彼此相类。然而只是看来仿佛如此而已。林业工和护林人认得这些路。他们懂得什么叫做在林中路上。①

---

① 海德格尔:《林中路》扉页题词,孙周兴译,上海译文出版社 1997 年版。

参考文献

一　中文著作

1. 海德格尔：《存在与时间》，陈嘉映、王庆节译，北京：三联书店 1999 年版。

2. 海德格尔：《林中路》，孙周兴译，上海：上海译文出版社 1997 年版。

3. 海德格尔：《路标》，孙周兴译，北京：商务印书馆 2000 年版。

4. 海德格尔：《尼采》，孙周兴译，北京：商务印书馆 2002 年版。

5. 海德格尔：《形式显现的现象学：海德格尔早期弗莱堡文选》，孙周兴译，上海：同济大学出版社 2004 年版。

6. 海德格尔：《形而上学导论》，熊伟、王庆节译，北京：商务印书馆 1996 年版。

7. 海德格尔：《在通向语言的途中》，孙周兴译，北京：商务印书馆 1997 年版。

8. 海德格尔：《面向思的事情》，孙周兴译，北京：商务印书馆 1999 年版。

9. 海德格尔：《荷尔德林诗的阐释》，孙周兴译，北京：商务印书馆 2000 年版。

10. 海德格尔：《演讲与论文集》，孙周兴译，北京：三联书店 2005 年版。

11. 海德格尔：《谢林论人类自由的本质》，薛华译，沈阳：辽宁教育出版社 1999 年版。

12. 海德格尔：《海德格尔诗学文集》，成穷、余虹、作虹译，武汉：华中师范大学出版社 1992 年版。

13. 海德格尔：《诗·语言·思》，彭富春译，北京：文化艺术出版社 1991 年版。

14. 伽达默尔：《真理与方法》，洪汉鼎译，上海：上海译文出版社 1999 年版。

15. 伽达默尔：《哲学解释学》，夏镇平、宋建平译，上海：上海译文出版社 1994 年版。

16. 伽达默尔：《美的现实性》，张志扬等译，北京：三联书店 1991 年版。

17. 伽达默尔：《科学时代的理性》，薛华等译，北京：国际文化出版公司 1988 年版。

18. 伽达默尔：《伽达默尔论柏拉图》，余纪元译，北京：光明日报出版社 1992 年版。

19. 伽达默尔：《伽达默尔论黑格尔》，张志伟译，北京：光明日报出版社 1992 年版。

20. 伽达默尔：《赞美理论》，夏镇平译，上海：上海三联书店 1988 年版。

21. 伽达默尔：《哲学生涯》，陈春文译，北京：商务印书馆 2003 年版。

22. 伽达默尔：《伽达默尔集》，严平编选，上海：上海远东出版社 2003 年版。

23. 伽达默尔、杜特：《解释学 美学 实践哲学：伽达默尔与杜特对谈录》，金惠敏译，北京：商务印书馆 2005 年版。

24. 伽达默尔、德里达等：《德法之争：伽达默尔与德里达的对话》，孙周兴、孙善春编译，上海：同济大学出版社

2004 年版。

25. 洪汉鼎主编：《理解与解释——诠释学经典文选》，北京：东方出版社 2001 年版。

26. 狄尔泰：《精神科学引论（第一卷）》，童奇志、王海鸥译，北京：中国城市出版社 2002 年版。

27. 狄尔泰：《历史中的意义》，艾彦、逸飞译，北京：中国城市出版社 2002 年版。

28. 狄尔泰：《体验与诗》，胡其鼎译，北京：三联书店 2003 年版。

29. 赫施：《解释的有效性》，王才勇译，北京：三联书店 1991 年版。

30. 却尔：《解释：文学批评的哲学》，吴启之、顾洁洪译，北京：文化艺术出版社 1991 年版。

31. 阿佩尔：《哲学的改造》，孙周兴、陆兴华译，上海：上海译文出版社 1997 年版。

32. 哈贝马斯：《认识与兴趣》，郭官义、李黎译，上海：学林出版社 1999 年版。

33. 哈贝马斯：《作为“意识形态”的技术与科学》，李黎、郭官义译，上海：学林出版社 1999 年版。

34. 哈贝马斯：《交往行为理论》（第一卷），曹卫东译，上海：上海人民出版社 2004 年版。

35. 哈贝马斯：《交往与社会进化》，张博树译，重庆：重庆出版社 1989 年版。

36. 哈贝马斯：《后形而上学思想》，曹卫东、付德根译，南京：译林出版社 2001 年版。

37. 哈贝马斯：《现代性哲学话语》，曹卫东等译，南京：译林出版社 2004 年版。

38. 哈贝马斯：《对话论理学与真理的问题》，沈清楷译，北京：中国人民大学出版社 2005 年版。

39.《现代性的地平线——哈贝马斯访谈录》，李安东、段怀清译，上海：上海人民出版社 1997 年版。

40. 德里达：《论文字学》，汪堂家译，上海：上海译文出版社 1999 年版。

41. 德里达：《多重立场》，佘碧平译，北京：三联书店 2004 年版。

42. 德里达：《书写与差异》，张宁译，北京：三联书店 2001 年版。

43. 德里达：《文学行动》，赵兴国等译，北京：中国社会科学出版社 1998 年版。

44.《德里达访谈录：一种疯狂守护着思想》，何佩群译，上海：上海人民出版社 1997 年版。

45. 利科：《解释学与人文科学》，陶远华等译，石家庄：河北人民出版社 1987 年版。

46. 利科：《活的隐喻》，汪堂家译，上海：上海世纪出版集团 2004 年版。

47. 利科：《恶的象征》，公车译，上海：上海世纪出版集团 2003 年版。

48. 利科：《历史与真理》，姜志辉译，上海：上海世纪出版集团 2004 年版。

49. 利科：《虚构叙事中的时间塑形》，王文融译，北京：三联书店 2003 年版。

50. 利科：《法国史学对史学理论的贡献》，王建华译，上海：上海社会科学院出版社 1992 年版。

51. 耀斯：《审美经验与文学解释学》，顾建光等译，上海：上海译文出版社 1997 年版。

52. 艾柯等：《诠释与过度诠释》，王宇根译，北京：三联书店 1997 年版。

53. 吉登斯：《社会学方法的新规则——一种对解释社会学的建设性批判》，田佑中、刘江涛译，北京：社会科学文献出版社 2003 年版。

54. 阿伦特：《人的条件》，竺乾威等译，上海：上海人民出版社 1999 年版。

55. 贺照田主编：《西方现代性的曲折与展开》，长春：吉林人民出版社 2002 年版。

56. 伯恩斯坦：《超越相对主义与客观主义》，郭小平等译，北京：光明日报出版社 1992 年版。

57. 霍埃：《批评的循环：文史哲解释学》，兰金仁译，沈阳：辽宁人民出版社 1987 年版。

58. 比梅尔：《海德格尔》，刘鑫、刘英译，北京：商务印书馆 1996 年版。

59. 贝勒尔：《尼采、海德格尔与德里达》，李朝晖译，北京：社会科学文献出版社 2001 年版。

60. 丸山高司：《伽达默尔：视域融合》，刘文柱等译，石家庄：河北教育出版社 2002 年版。

61. 帕·奥·约翰逊：《伽达默尔》，何卫平译，北京：中华书局 2003 年版。

62. 卡岑巴赫：《施莱尔马赫传》，任立译，北京：商务印书馆 1998 年版。

63. 马克瑞尔：《狄尔泰传》，李超杰译，北京：商务印书馆 2003 年版。

64. 里克曼：《狄尔泰》，殷晓蓉、吴晓明译，北京：中国社会科学出版社 1989 年版。

65. 蒙甘：《从文本到行动——保尔·利科传》，刘自强译，北京：北京大学出版社 1999 年版。

66. 霍尔斯特：《哈贝马斯传》，章国锋译，上海：东方出版中心 2000 年版。

67. 弗兰克：《理解的界限——利奥塔与哈贝马斯的精神对话》，先刚译，北京：华夏出版社 2003 年版。

68. 柏拉图：《文艺对话集》，朱光潜译，北京：人民文学出版社 1963 年版。

69. 亚里士多德：《亚里士多德全集》（第七卷），苗力田主编，北京：中国人民大学出版社 1997 年版。

70. 亚里士多德：《诗学》，陈中梅译，北京：商务印书馆 1996 年版。

71. 鲍姆伽腾：《美学》，简明、王旭晓译，北京：文化艺术出版社 1987 年版。

72. 康德：《纯粹理性批判》，邓晓芒译，北京：人民出版社 2004 年版。

73. 康德：《判断力批判》，邓晓芒译，北京：人民出版社 2002 年版。

74. 黑格尔：《小逻辑》，贺麟译，北京：商务印书馆 1980 年版。

75. 黑格尔：《精神现象学》（上卷），贺麟、王玖兴译，北京：商务印书馆 1979 年版。

76. 黑格尔：《美学》（第一卷），朱光潜译，北京：商务印书馆 1979 年版。

77. 鲍桑葵：《美学史》，张今译，北京：商务印书馆 1985 年版。

78. 克罗齐：《作为表现的科学和一般语言学的美学的历史》，王天清译，北京：中国社会科学出版社 1984 年版。

79. 塔达基维奇：《西方美学概念史》，褚朔维译，北京：学苑出版社 1990 年版。

80. 别尔嘉耶夫:《末世论形而上学》,张百春译,北京:中国城市出版社2003年版。

81. 西美尔:《时尚的哲学》,费勇等译,北京:文化艺术出版社2001年版。

82. 胡塞尔:《纯粹现象学通论》,李幼蒸译,北京:商务印书馆1992年版。

83. 杜夫海纳:《审美经验现象学》,韩树站译,北京:文化艺术出版社1996年版。

84. 杜夫海纳:《美学与哲学》,孙非译,北京:中国社会科学出版社1985年版。

85. 许茨:《社会实在问题》,霍桂桓、索昕译,北京:华夏出版社2001年版。

86. 勒维纳斯:《上帝·死亡和时间》,余中先译,北京:三联书店1997年版。

87. 阿多诺:《美学理论》,王柯平译,成都:四川人民出版社1998年版。

88. 维特根斯坦:《逻辑哲学论》,贺绍甲译,北京:商务印书馆1996年版。

89. 利奥塔:《后现代状态:关于知识的报告》,车槿山译,北京:三联书店1997年版。

90. 韦勒克:《近代文学批评史》(第二卷),杨自伍译,上海:上海译文出版社1997年版。

91. 赵毅衡编选:《新批评文集》,天津:百花文艺出版社2001年版。

92. 布鲁姆:《影响的焦虑》,徐文博译,南京:江苏教育出版社2006年版。

93. 卡勒:《论解构》,陆扬译,北京:中国社会科学出版社1998年版。

94. 米勒：《重申解构主义》，郭英剑等译，北京：中国社会科学出版社 1998 年版。

95. 舒斯特曼：《实用主义美学》，彭锋译，北京：商务印书馆 2002 年版。

96. 韦尔施：《重构美学》，陆扬、张岩冰译，上海：上海译文出版社 2002 年版。

97. 李普曼编：《当代美学》，邓鹏译，北京：光明日报出版社 1986 年版。

98. 费尔曼：《生命哲学》，李健鸣译，北京：华夏出版社 2000 年版。

99. 卡弘：《哲学的终结》，冯克利译，南京：江苏人民出版社 2001 年版。

100. 里尔克等：《〈杜依诺哀歌〉与现代基督教思想》，林克译，上海：上海三联书店 1997 年版。

101. 汉斯·昆等：《神学与当代文艺思想》，徐菲、刁承俊译，上海：上海三联书店 1995 年版。

102. 胡经之、张首映主编：《西方二十世纪文论选》（第三卷），北京：中国社会科学出版社 1989 年版。

103. 刘小枫主编：《20 世纪西方宗教哲学文选》，上海：上海三联书店 1991 年版。

104. 刘小枫主编：《人类困境中的审美精神：哲人、诗人论美文选》，魏育青等译，上海：东方出版中心 1994 年版。

105. 汪民安等主编：《后现代性的哲学话语——从福柯到赛义德》，杭州：浙江人民出版社 2001 年版。

106. 朱光潜：《西方美学史》，北京：人民文学出版社 1979 年版。

107. 蒋孔阳、朱立元主编：《西方美学通史》，上海：上海文艺出版社 1999 年版。

108. 蒋孔阳：《美在创造中》，桂林：广西师范大学出版社1997年版。

109. 叶秀山：《思·史·诗》，北京：人民出版社1988年版。

110. 赵仲牧：《赵仲牧文集·思维学、元理论和哲学卷》，昆明：云南大学出版社2003年版。

111. 李幼蒸：《结构与意义》，北京：中国社会科学出版社1996年版。

112. 李幼蒸：《理论符号学导论》，北京：中国社会科学出版社1993年版。

113. 薛华：《黑格尔与艺术难题——一段问题史》，北京：中国社会科学出版社1986年版。

114. 朱狄：《当代西方艺术哲学》，北京：人民出版社1994年版。

115. 朱狄：《当代西方美学》，北京：人民出版社1984年版。

116. 朱立元、王文英：《真的感悟》，上海：上海文艺出版社1989年版。

117. 朱立元：《美的感悟》，上海：华东师范大学出版社2001年版。

118. 朱立元：《接受美学》，上海：上海人民出版社1989年版。

119. 朱立元主编：《法兰克福学派美学思想论稿》，上海：复旦大学出版社1997年版。

120. 张志扬、陈家琪：《形而上学的巴比伦塔——论语言的空间与自我的限度》，华中理工大学出版社1994年版。

121. 张志扬：《门——一个不得其门而进入者的记录》，上海：上海人民出版社1992年版。

122. 张志扬：《渎神的节日——一个思想放逐者的心路历程》，上海：上海三联书店 1997 年版。

123. 张志扬：《缺席的权利——阅读、讲演和交谈》，上海：上海人民出版社 1996 年版。

124. 张志扬：《偶在论》，上海：上海三联书店 2000 年版。

125. 吴炫：《否定本体论》，贵阳：贵州人民出版社 1994 年版。

126. 吴炫：《否定主义美学》，北京：北京大学出版社 2004 年版。

127. 吴炫：《当代中国思想批判》，上海：学林出版社 2001 年版。

128. 吴炫：《当代中国文学批判》，上海：学林出版社 2001 年版。

129. 吴炫：《当代中国文化批判》，上海：学林出版社 2004 年版。

130. 洪汉鼎：《诠释学——它的历史与当代发展》，北京：人民出版社 2001 年版。

131. 洪汉鼎：《理解的真理——解读伽达默尔〈真理与方法〉》，济南：山东人民出版社 2001 年版。

132. 洪汉鼎主编：《中国诠释学》（第一辑），山东人民出版社 2003 年版。

133. 张汝伦：《意义的探究——当代西方释义学》，沈阳：辽宁人民出版社 1986 年版。

134. 殷鼎：《理解的命运——解释学初论》，北京：三联书店 1988 年版。

135. 郑涌：《批判哲学与解释哲学》，北京：中国社会科学出版社 1993 年版。

136. 王岳川：《现象学与解释学文论》，北京：山东教育出版社 1999 年版。

137. 潘德荣：《文字·诠释·传统——中国诠释传统的现代转化》，上海：上海译文出版社 2003 年版。

138. 杨慧林：《圣言·人言——神学诠释学》，上海：上海译文出版社 2002 年版。

139. 章启群：《意义的本体论——哲学诠释学》，上海：上海译文出版社 2002 年版。

140. 章启群：《伽达默尔传》，石家庄：河北人民出版社 1998 年版。

141. 彭启福：《理解之思——诠释学初论》，合肥：安徽人民出版社 2005 年版。

142. 陈嘉映：《海德格尔哲学概论》，北京：三联书店 1995 年版。

143. 孙周兴：《说不可说之神秘——海德格尔后期思想研究》，上海：上海三联书店 1994 年版。

144. 余虹：《思与诗的对话——海德格尔诗学引论》，北京：中国社会科学出版社 1991 年版。

145. 余虹：《艺术与精神》，北京：社会科学文献出版社 2000 年版。

146. 张弘：《西方存在美学研究》，哈尔滨：黑龙江人民出版社 2005 年版。

147. 刘旭光：《海德格尔与美学》，上海：上海三联书店 2004 年版。

148. 严平：《走向解释学的真理——伽达默尔哲学述评》，北京：东方出版社 1998 年版。

149. 何卫平：《通向解释学辩证法之路——伽达默尔哲学思想研究》，上海：上海三联书店 2001 年版。

150. 张能为：《理解的实践——伽达默尔实践哲学研究》，

北京：人民出版社 2002 年版。

　　151. 李鲁宁：《伽达默尔美学思想研究》，济南：山东大学出版社 2004 年版。

　　152. 陈荣华：《葛达玛诠释学与中国哲学的诠释》，台北：明文书局股份有限公司 1998 年版。

　　153. 李超杰：《理解生命——狄尔泰哲学引论》，北京：中央编译出版社 1994 年版。

　　154. 谢地坤：《走向精神科学之路——狄尔泰哲学思想研究》，南京：江苏人民出版社 2003 年版。

　　155. 盛晓明：《话语规则与知识基础——语用学维度》，上海：学林出版社 2000 年版。

　　156. 李红：《当代西方分析哲学与诠释学的融合——阿佩尔先验符号学研究》，北京：中国社会科学出版社 2002 年版。

　　157. 曹卫东：《交往理性与诗学话语》，天津：天津社会科学院出版社 2001 年版。

　　158. 陆扬：《德里达·解构之维》，上海：华中师范大学出版社 1996 年版。

　　159. 高宣扬：《利科的反思诠释学》，上海：同济大学出版社 2004 年版。

　　160. 阮新邦等：《批判诠释论与社会研究》，上海：上海人民出版社 1998 年版。

　　161. 金惠敏：《后现代性与辩证解释学》，北京：中国社会科学出版社 2002 年版。

　　162. 张隆溪：《道与逻各斯》，冯川译，成都：四川人民出版社 1998 年版。

　　163. 金元浦：《文学解释学》，长春：东北师范大学出版社 1998 年版。

　　164. 李建盛：《理解事件与文本意义——文学诠释学》，上海：上海译文出版社 2002 年版。

165. 李建盛：《后现代转向中的美学》，南昌：江西教育出版社 2004 年版。

166. 李咏吟：《诗学解释学》，上海：上海人民出版社 2003年版。

167. 李咏吟：《创作解释学》，桂林：广西师范大学出版社 2003 年版。

168. 李咏吟：《解释与真理》，上海：上海译文出版社 2004年版。

169. 张祥龙等：《现象学思潮在中国》，北京：首都师范大学出版社 2002 年版。

170. 陈厚诚、王宁主编：《西方文学批评在中国》，天津：百花文艺出版社 2000 年版。

171. 倪梁康：《自识与反思——近现代西方哲学的基本问题》，北京：商务印书馆 2002 年版。

172. 黄裕生：《真理与自由——康德哲学的存在论阐释》，南京：江苏人民出版社 2002 年版。

173. 章忠民：《黑格尔的当代意义》，上海：上海财经大学出版社 2003 年版。

174. 陈春文：《栖居在思想的密林中——哲学寻思录》，兰州：兰州大学出版社 1999 年版。

175. 俞宣孟：《本体论研究》，上海：上海人民出版社 1999年版。

176. 王路：《是与真——形而上学的基石》，北京：人民出版社 2003 年版。

177. 张志伟：《是与在》，北京：中国社会科学出版社 2001年版。

178. 萧诗美：《"是"的哲学研究》，武汉：武汉大学出版社 2003 年版。

　　179. 宋继杰主编:《BEING 与西方哲学传统》, 石家庄: 河北大学出版社 2002 年版。

　　180. 张之沧:《艺术与真理》, 上海: 上海人民出版社 1999 年版。

　　181. 王德峰:《艺术哲学》, 上海: 复旦大学出版社 2005 年版。

　　182. 董虫草:《艺术与游戏》, 北京: 人民出版社 2004 年版。

二　英文著作

1. Martin Heidegger, *Being and Time*, Translated by John Macquarrie and Edward Robinson, China Social Science Publishing House, Beijing, 1999.

2. Martin Heidegger, *Poetry, Language, Thought*, Translated and Introduction by Albert Hofstadter, Harper & Row, Publishers, New York, 1975.

3. Martin Heidegger, *Basic Writings*, Edited by David Farrell Krell, Harper & Row, Publishers, New York, 1977.

4. Hans – Georg Gadamer, *Truth and Method*, Translated by Garrett Barden and John Cumming, China Social Science Publishing House, Beijing, 1999.

5. Hans – Georg Gadamer, *Philosophical Hermeneutics*, Translated and Edited by David E. Linge, University of California Press, California, 1976.

6. Hans – Georg Gadamer, *The Relevance of the Beautiful and other Essays*, Translated by Nicholas Walker, Cambridge University Press, Cambridge, 1986.

7. Hans – Georg Gadamer, *Reason in the Age of Science*, Translated by Frederick G. Lawrence, the MIT Press, Cambridge, 1982.

8. Hans – Georg Gadamer, *Literature and Philosophy in Dialogue*: *Essays in German Literary Theory*, Translated with an introduction by Robert H. Paslick, State University of New York Press, New York, 1994.

9. Paul Ricoeur, *Hermeneutics and the Human Sciences*, Edited, Translated and Introduced by John B. Thompson, Cambridge University Press, Cambridge, 1981.

10. Paul Ricoeur, *Freud and philosophy*: *an essay on interpretation*, Translated by Denis Savage, Yale University Press, New Haven, 1970.

11. Paul Ricoeur, *The Conflict of Interpretations*: *Essays in Hermeneutics*, Edited by Don Ihde, Northwestern University Press, Evanston, 1974.

12. Paul Ricoeur, *From Text to Actions*: *Essays in Hermeneutics*, II, Translated by Kathleen Blamey and John B. Thompson, Northwestern University Press, Evanston, 1991.

13. Dilthey, *Dilthey's philosophy of existence*, Translated by William Kluback and Martin Weinbaum, Greenwood Press, Westport, 1978.

14. Dilthey, *The essence of philosophy*, Translated by Stephen A. Emery and William T. Emery, AMS Press, New York, 1969.

15. Richard E. Palmer:, *Hermeneutics*: *Interpretation Theory in Schleiermacher*, *Dilthey*, *Heidegger*, *and Gadamer*, Northwestern University Press, Evanston, 1969.

16. *Gadamer and Hermeneutics*, Edited with an Introduction by Hugh J. Silverman, Routledge, Chapman and Hall, Inc. New York,

1991.

17. Demetrius Teigas, *Knowledge and Hermeneutic Understanding: a Study of the Habermas – Gadamer Debate*, Associated University Press, London, 1995.

18. *Dialogue and Deconstruction: the Gadamer – Derrida Encounter*, Edited by Diane P. Michelfelder and Richard E. Palmer, State University of New York Press, New York, 1989.

19. Gianni Vattimo, *The End of Modernity: Nihilism and Hermeneutics in Post – modern Culture*, Translated and with an Introduction by Jon R. Snyder, Polity Press, Cambridge, 1988.

20. Theodor W. Adorno, *Aesthetic Theory*, Translated and Edited by Robert Hullot – Kentor, The Athlone Press, London, 1997.

三　单篇论文（部分）

1. 哈贝马斯：《评伽达默尔的〈真理与方法〉一书》，《哲学译丛》1986 年第 3 期。

2. 阿佩尔：《解释—理解争论的历史回顾》，《哲学译丛》1987 年第 6 期。

3. 阿佩尔：《先验指号学与第一哲学的范式》，《哲学译丛》1988 年第 6 期。

4. 帕尔默：《解释学》，《哲学译丛》，1985 年第 3 期、第 4 期。

5. 帕尔默：《海德格尔的本体论和伽达默尔的哲学诠释学》，见成中英主编《本体与诠释：中西比较》（第三辑），上海社会科学院出版社 2003 年版。

6. R. J. 安德森：《解释学》，《哲学译丛》1989 年第 6 期。

7. B. 斯特万：《解释学的两个来源》，《哲学译丛》1990 年第 3 期。

8. L. 格尔德塞策尔:《解释学的系统、循环与辩证法》,《哲学译丛》1988 年第 6 期。

9. M. J. 希米克:《马克思主义和释义学的传统》,《哲学译丛》1990 年第 2 期。

10. P. 肯普:《解释学和伦理学的冲突》,《哲学译丛》1987 年第 2 期。

11. 吉·范吉玛:《尼采和当代诠释学》,《中国社会科学院研究生院学报》1992 年第 4 期。

12. N. 戴维:《鲍姆加登的美学:一个后伽达默尔的反思》,《哲学译丛》1990 年第 4 期。

13. M. 德维尔诺:《艺术能拯救我们吗?——关于伽达默尔的沉思》,《国外社会科学》1992 年第 1 期。

14. 滨田拓志:《从格伦和伽达默尔的艺术理论看对审美问题的解释》,《国外社会科学动态》1987 年第 3 期。

15. A. 格莱塞尔:《论伽达默尔的"意义"和"指称"》,《哲学译丛》1985 年第 4 期。

16. B. G. 张:《海德格尔的解释学与德里达的解构学》,《哲学译丛》1990 年第 3 期。

17. E. 贝勒:《解构学与解释学:德里达和伽达默尔论本文和诠释》,《哲学译丛》1989 年第 2 期。

18. T. 德·布尔:《从本质现象学到解释学现象学》,《哲学译丛》1991 年第 5 期。

19. O. 珀格勒尔:《解释的冲突——"颂词",祝贺 P. 里克尔获黑格尔奖》,《哲学译丛》1991 年第 6 期。

20. J. 克莱施:《法国哲学家 P. 利科尔》,《哲学译丛》1986 年第 6 期。

21. 久米博:《现代法国哲学中解释学的状况与问题》,《哲学译丛》1991 年第 5 期。

22. 裴程：《从保尔·利科的本文解释理论看解释学的发展》，《中国社会科学》1990 年第 3 期。

23. 孔明安：《反思与本文解释》，《中国社会科学院研究生院学报》1992 年第 5 期。

24. 汪堂家：《隐喻诠释学：修辞学与哲学的联姻——从利科的隐喻理论谈起》，《哲学研究》2004 年第 9 期。

25. J. E. 布洛克：《激进解释学批判》，《国外社会科学》1992 年第 7 期。

26. 名安：《激进解释学》，《哲学动态》1993 年第 1 期。

27. M. 施瓦布：《新一代解释学家 M. 弗兰克》，《哲学译丛》1993 年第 1 期。

28. F. G. 弗杰斯：《罗蒂与新解释学》，《哲学译丛》1989 年第 6 期。

29. 今道友信：《传统、阐释与创造》，《哲学译丛》1987 年第 2 期。

30. 克罗齐：《作为创造的艺术和作为行动的创造》，《世界哲学》2002 年第 6 期。

31. 吴炫：《西方美学理论应予批判性研究》，《学术月刊》2003 年第 7 期。

32. 江天骥：《知识、真理、行动主义与萨特新人道主义——人是创造世界之力量》，《江海学刊》2002 年第 3 期。

33. 陈嘉映：《真理掌握我们》，《云南大学学报》（社会科学版）2005 年第 1 期。

34. 陈嘉映：《作品·文本·学术·思想》，《云南大学学报》（社会科学版）2002 年第 1 期。

35. 邓晓芒：《什么是艺术作品的本源？——海德格尔与马克思美学思想的一个比较》，《哲学研究》2000 年第 8 期。

36. 潘德荣：《认知与诠释》，《中国社会科学》2005 年第

4 期。

37. 徐岱：《反本质主义与美学的现代形态》，《文艺研究》2000 年第 3 期。

38. 徐岱：《解释学诗学与当代批评理论》，《宁波大学学报》（人文科学版）2004 年第 4 期。

39. 黄裕生：《真理的本质与本质的真理——论海德格尔的真理观》，《中国社会科学》1999 年第 2 期。

40. 朱国华：《从权力的逻辑看——文学真理观的一个批判性考察》，《江海学刊》2000 年第 4 期。

后 记

2003 年至 2006 年，我在华东师范大学中文系文艺学专业攻读博士学位，师从吴炫教授。本书就是在我的博士学位论文的基础上修改而成的。

本书的写作与出版，首先要感谢我的导师吴炫教授。在吴师门下受教三年，他独到的学术眼光、敏锐的问题意识、坚定的批判立场与明确的创新理念，都已深深影响到我对学术路向的设计与研究课题的把握。我的论文从最初的选题到构思，再到定稿，都是在吴师的悉心指导下完成的。毕业以后，吴师始终如一地关心我的学术进展。而在本书即将出版之际，吴师又于百忙中抽出时间为我作序。拳拳奖掖之心，在此深表谢意。

感谢与怀念尊敬的赵仲牧先生。先生是我在云南大学中文系攻读硕士学位时的导师。在我心目中，先生既是一位卓越的智者，也是一位宽厚的长者。正是先生的谆谆教诲，引领我初窥思想的门径。2006 年 7 月，我博士毕业到云南大学中文系任教。孰料不到一年时间，先生竟驾鹤西去。云大的校园依然美丽，但于我却从此黯淡了许多。愿本书的出版能为先生在天之灵奉上些须微薄的慰藉。

感谢朱立元教授、王纪人教授、王鸿生教授、方克强教授、张弘教授组成的答辩委员会对我的论文的鼓励与批评。感谢余虹教授、陈家琪教授、徐岱教授为我的论文撰写评阅意见，愿余虹教授在天堂安好喜乐。方克强教授、田兆元教授、朱国华教授在论文开题时提出了极富建设性的意见，王峰博士慷慨地给我提供了大量的外文资料，特此致谢。

在我酝酿、写作论文期间，汤拥华兄常与我问难论学，启发良多，尤其是昔日在丽娃河畔漫步长谈的情景，至今历历在目。施立峻兄、霍炬兄、乔焕江兄、伊克巴尔兄、宋国栋兄、王大桥兄、李晓洁师姐、王艳峰师姐、葛卉师妹等同门对我的帮助，铭记于心。

本书的出版得到云南大学"211工程"三期建设项目文艺学学科专项资金资助，云南大学人文学院段炳昌教授、张国庆教授、王卫东教授十分关心本书的出版情况，在此一并致谢。本书的责任编辑关桐老师认真负责，不辞辛劳，深为感谢。

旧作的出版，既是过去心愿的了结，也是对将来的企望。海德格尔有言："源始而本真的将来是来到自身。到自身，亦即作为不之状态的不可逾越的可能性而生存着。"

是为记。

张 震

2010 年 9 月 15 日